Globalisierung und Vergangenheitsbearbeitung

Dominik Pfeiffer

Globalisierung und Vergangenheitsbearbeitung

Eine makrosoziologische
Analyse von Transitional Justice

 Springer VS

Dominik Pfeiffer
Marburg, Deutschland

Dissertation Philipps-Universität Marburg, 2014

ISBN 978-3-658-09111-8   ISBN 978-3-658-09112-5 (eBook)
DOI 10.1007/978-3-658-09112-5

Die Deutsche Nationalbibliothek verzeichnet diese Publikation in der Deutschen Nationalbi-
bliografie; detaillierte bibliografische Daten sind im Internet über http://dnb.d-nb.de abrufbar.

Springer VS

Gedruckt auf säurefreiem und chlorfrei gebleichtem Papier

Springer Fachmedien Wiesbaden ist Teil der Fachverlagsgruppe Springer Science+Business Media
(www.springer.com)

Danksagung

Bei der Anfertigung der vorliegenden Dissertationsschrift erfuhr ich über viele Jahre hinweg in unterschiedlicher Weise den Beistand und die Ermunterung einer Vielzahl von Institutionen und Personen. An erster Stelle gilt mein herzlicher Dank meinem Betreuer Thorsten Bonacker sowie Christoph Safferling für die inspirierenden und ergiebigen Diskussionen, die hilfreichen Kommentare und Anmerkungen und die fortwährende Unterstützung meines Promotionsvorhabens. Auch möchte ich mich bei allen Kolleginnen und Kollegen am Zentrum für Konfliktforschung und am internationalen Forschungs- und Dokumentationszentrum Kriegsverbrecherprozesse der Philipps-Universität Marburg, die mich auf meinem Weg begleitet haben, bedanken. Mein Dank gilt ferner der Studienstiftung des deutschen Volkes sowie der FAZIT-Stiftung für die finanzielle Förderung durch Promotionsstipendien. Besonders profitiert habe ich von den vielen Gesprächen und Diskussionen mit Julia Viebach, Philipp Graebke, Werner Distler und Sina Schüssler. Mirna Vozetic danke ich für Anmerkungen und Korrekturen. Ohne die Unterstützung und Ermutigung durch meine Familie, insbesondere Michael Pfeiffer und Martina Bitz, und meine Freundinnen und Freunde, hätte ich diese Arbeit sicherlich nicht fertigstellen können - ihnen allen sei an dieser Stelle ein großes Dankeschön von ganzem Herzen ausgesprochen. Schließlich gilt ein ganz besonderer Dank Wiebke Peters, die mich auf alle erdenkliche Weise und mit unglaublicher Geduld all die Jahre, und gerade auch in den schwierigen Phasen dieses Projektes, unterstützt hat.

Inhalt

1 Einleitung

Kambodscha, im November 2009. Etwa vier Meilen außerhalb des Stadtkerns der Hauptstadt Phnom Penh finden in einem eigens dafür umgebauten Saal die Schlussplädoyers im Gerichtsprozess gegen Kaing Guek Eav, genannt „Duch", statt. Knapp 30 Jahre nach dem Ende des Regimes der Khmer Rouge muss er sich für seine Rolle als Leiter des berüchtigten geheimdienstlichen Foltergefängnisses Tuol Sleng, oder S-21, wie es offiziell genannt wurde, verantworten. Ihm werden Mord, Folter und Verbrechen gegen die Menschlichkeit zur Last gelegt. Durch Hinrichtung und unmenschliche Behandlung starben in der Einrichtung während der Herrschaft der Khmer Rouge von 1974 bis 1976 etwa 15.000 Menschen. Das Gericht, die „Extraordinary Chambers in the Courts of Cambodia" (ECCC) ist ein in langen Verhandlungen eingerichtetes sogenanntes Hybridtribunal. Ein Tribunal also, das sowohl internationales als auch nationales kambodschanisches Strafrecht anwendet und bei dem alle Rollen – Richterinnen,[1] Anklägerinnen, Administration – von internationaler als auch kambodschanischer Seite nach einem bestimmten Schlüssel paritätisch besetzt werden. Während des Prozesses sitzen alle Prozessbeteiligten aus Sicherheitsgründen hinter dickem Panzerglas, das sie vom Auditorium trennt. Dort haben einige internationale Beobachter-innen Platz genommen; der Großteil der blauen Sitze wird aber von Kambodschanerinnen besetzt – in diesem Fall in erster Linie Menschen aus der Provinz, die von engagierten lokalen Nichtregierungsorganisationen („Non-Governmental Organizations", NGOs) informiert und eingeladen wurden, dem Prozess beizuwohnen. Sie haben die ausgegebenen Kopfhörer für die Übersetzung aufgesetzt, um auch die französischen oder englischen Ausführungen der ausländischen Offiziellen verstehen zu können (das Gericht ist offiziell dreisprachig); um nicht nur zu hören, wie „Duch" ausweicht und sich verteidigt, plädiert und abstreitet, sondern auch die Diskussionen zwischen Anklage, Verteidigung und Richterinnenbank verfolgen zu können. Nach einer langen und zähen ersten Verhandlungsphase an diesem Tag kommt es zur obligatorischen

---

[1] Die Arbeit verwendet aus Gründen der Lesbarkeit durchgängig das generische Femininum.

Pause und ein schwerer weinroter Vorhang zieht sich vor dem Glaskasten zu-
sammen. Vielleicht ist es dies, vielleicht die Theatralik in „Duchs" Auftritt, viel-
leicht etwas ganz anderes, dass einen der hochkonzentriert arbeitenden kambod-
schanischen Simultanübersetzter zu einem kleinen Fauxpas verleitet. Bevor er
sein Mikrofon abstellt, kommentiert er mit leicht erstaunt-empörter Stimme das
Geschehen: „This is a play...", ein Schauspiel.[2]

***

Der Gerichtssaal in Phnom Penh ist nur eine der vielen Bühnen, die in den
letzten Jahrzehnten überall auf der Welt bereitet wurden, um systematische Menschenrechtsverletzungen unter autoritärer Herrschaft, Kriegsverbrechen, Massaker oder Genozide aufzuarbeiten und zu ahnden. Tatsächlich waren seit den
1970er Jahren in weit mehr der Hälfte der Länder der Erde derartige Bestrebungen zu beobachten.[3] Sukzessive hat sich in der jüngsten Vergangenheit unter
Staaten, in internationalen Organisationen und in der transnationalen Zivilgesellschaft die Auffassung durchgesetzt, dass eine solche Praxis notwendig ist, um
den betroffenen Gesellschaften den Weg in eine bessere Zukunft zu ebnen. Im
21. Jahrhundert angekommen, ist Transitional Justice, wie die Aufarbeitung und
Ahndung von Makrogewalt in Politik und Wissenschaft weithin bezeichnet wird,
ein weltweit allgegenwärtiges Phänomen. Als solches verweist sie nicht nur auf
die Entstehung eines neuen Bewusstseins und die Verbreitung von Aufarbeitungsprozessen, sondern auch auf die Emergenz eines Ensembles globaler Normen, Mechanismen, Konzepte und Diskurse, die auf allen Kontinenten und in
den unterschiedlichsten Kontexten den Umgang mit massiver Gewalt und Gräueltaten informieren.

Wo früher über umfassende Verbrechenskomplexe geschwiegen wurde, ist
heute die Rede von einem „right to know the truth".[4] An vielen Orten werden
Wahrheitskommissionen eingerichtet, um die Fakten zu dokumentieren und öffentlich zu machen. Gingen Makrokriminelle[5] lange Zeit straffrei aus, sichern
inzwischen internationale Rechtsnormen wie die Genozidkonvention oder das
Statut von Rom des Internationalen Strafgerichtshofes („International Criminal
Court", ICC) die individuelle strafrechtliche Ahndung der Verbrechen ab.[6] In der

---

[2] Diese Schilderung beruht auf Beobachtungen des Autors vor Ort.
[3] Vgl. Olsen et al. (2010); Backer (2009).
[4] Vgl. OHCHR (2006).
[5] Zum Begriff der Makrokriminalität und einer weitergehenden kriminologischen Perspektive auf
Makrogewalt s. Jäger (1989). Vgl. auch Drumbl (2007) für einen anderen kriminologischen Ansatz.
[6] „Rome Statute of the International Criminal Court", UN Doc. A/CONF.183/9*; „Convention on the
Prevention and Punishment of the Crime of Genocide", UN Doc. A/RES/260(III)[A-C].

Folge finden sich nicht allein einfache Befehlsempfängerinnen, sondern mitunter auch hochrangige Militärs, Staatsoberhäupter und mächtige Personen aller gesellschaftlichen Bereiche auf den Anklagebänken nationaler und internationaler Strafgerichte wieder. Darüber hinaus werden die Opfer und Überlebenden der Gewalt nicht mehr mit dem erfahrenen Leid allein gelassen, sondern etwa über Reparationsleistungen und psychosoziale Traumaarbeit entschädigt und unterstützt. Auch haben sich Reformen des Sicherheitssektors und des Justizwesens sowie Ansätze im Bereich der Erinnerungspolitik als weltweit gängige Praxen zum Umgang mit massiver Gewalt und Gräueltaten etabliert und ergänzen den globalen Maßnahmenkatalog von Transitional Justice.[7]

Zurückgegriffen wird auf diese nicht nur von Staaten, sondern auch von anderen internationalen Akteuren, wie etwa den Vereinten Nationen („United Nations (Organization)", UN). Zudem unterstützt eine immer größer werdende Zahl lokaler und globaler NGOs einzelne Aufarbeitungsprozesse oder stoßen sie sogar maßgeblich mit an. Dabei haben sich in der Zwischenzeit auch spezialisierte zivilgesellschaftliche Organisationen wie etwa das „International Center for Transitional Justice" (ICTJ) oder das „Center for Justice and Accountability" (CAJ) gegründet, die weltweit aktiv sind.

Der übergeordnete normative Anspruch, den diese Akteure mit Transitional Justice verbinden besteht darin, Recht und Gerechtigkeit sowie den Frieden in (Post-)Konfliktgesellschaften zu fördern. In ihren Policies wird sie in dieser Hinsicht mit den unterschiedlichsten Aspekten und Zielsetzungen in Verbindung gebracht. So gilt sie nicht nur als notwendig für die Förderung der „rule of law", der „nationalen Versöhnung" und für Demokratisierungsprozesse, sondern wird auch im Zusammenhang mit Konzepten sozioökonomischer Entwicklung reflektiert.[8] Jenseits der Menschenrechtspolitik im engeren Sinne wird die Auseinandersetzung mit massiver Gewalt und Gräueltaten als wichtiger Teil weitergehender „Peacebuilding"-Initiativen erachtet und im Kontext von „Ziviler Konfliktbearbeitung" diskutiert.[9] Beständig werden neue Konzepte erarbeitet und die Aufarbeitung und Ahndung von Makrogewalt mit weiteren sozialen, politischen und ökonomischen Aspekten verbunden. Dabei können Praktikerinnen und Politikerinnen nicht zuletzt auf einen umfangreichen multidisziplinären wissenschaftlichen Diskurs zurückgreifen. Im Rahmen der „Transitional Justice Studies" hat ein kontinuierlich wachsender Teil der globalen „scientific community" nicht nur einzelne Aufarbeitungsprozesse umfassend analysiert, sondern ist auch darum bemüht, „lessons learned" und „best practices" zu identifizieren, aufzube-

---

[7] Vgl. Roht-Arriaza (2006).
[8] DeGreiff & Duthie (2009).
[9] Kayser-Whande & Schell-Faucon (2008).

reiten und weiterzugeben. In der Tat lässt sich vor diesem Hintergrund feststellen: „(...) [T]he styles of ‚justice' in times of transition have emerged as core business in scholarship and practical policy-making."[10]

***

Im Rahmen dieser Arbeit soll eine eingehende Analyse dieses bemerkenswerten Prozesses einer Globalisierung[11] von Transitional Justice vorgenommen werden. Mein Anliegen ist erstens nachzuvollziehen, *warum nicht nur an einzelnen Orten wie etwa in Kambodscha, sondern überall auf der Welt in den letzten Jahrzehnten vermehrt Prozesse der Aufarbeitung und Ahndung von Makrogewalt zu beobachten waren.* Zweitens möchte ich erklären, *wie sich eine emergent globale Transitional Justice herausgebildet und entwickelt hat.* Dabei soll schließlich auch das Augenmerk darauf gerichtet werden, *inwiefern diese beiden Aspekte miteinander in Verbindung stehen.* Etwas freier und mit Blick auf die Assoziation des kambodschanischen Übersetzers gesprochen, geht es mir also insgesamt um die Frage, warum seit einigen Jahren überall auf der Welt Transitional Justice eine Bühne bereitet wird und gleichzeitig Skripte entstanden sind, welche die „Aufführungen" auf diesen Bühnen informieren und anleiten.

In bisherigen Analysen wird die Globalisierung zum einen unter rechtlichen Gesichtspunkten betrachtet. Unter einer besonderen Berücksichtigung der Menschenrechte, des Völkerstrafrechts und des humanitären Völkerrechts wird dabei dargelegt, wie in einer Reihe weltweit geführter Auseinandersetzungen der Bekämpfung der Straflosigkeit von Makrokriminellen und der „rule of law" Geltung verschafft wurde.[12] Das Interesse derartiger Ansätze besteht darin, aufzuzeigen, welche Rolle das Recht und das Engagement von Menschenrechtsaktivistinnen und Juristinnen in einem Globalisierungsprozess gespielt haben, in dessen Zuge in Phnom Penh und an anderen Orten der Welt Makrokriminalität geahndet wurde. Entwicklungen, Mechanismen, Modelle und Konzepte jenseits dieser rechtlichen und rechtspolitischen Aspekte werden dabei allerdings nur am Rande berücksichtigt.

Zum anderen liegt eine Reihe von Studien vor, in denen globale Transitional Justice als eine Policy und ein politisches Projekt internationaler Akteure

---

[10] McEvoy & McGregor (2008b): 1.
[11] Ich beziehe mich an dieser Stelle zunächst auf einen sehr generischen Globalisierungsbegriff, wie er etwa von Ritzer (2007a: 1) vorgeschlagen wurde: „Globalization is an accelerating set of processes involving flows that encompass ever-greater numbers of the world's spaces and that lead to increasing integration and interconnectivity among those spaces." Ähnl. Lechner (2009): 1.
[12] Teitel (2003; 2006; 2010); Lutz & Sikkink (2001); Sikkink (2011).

analyisert wird.[13] Dabei wird herausgearbeitet, inwiefern sie mit der politischen Praxis der „humanitären Intervention" und „Peacebuilding" verbunden ist, und der Einfluss des politischen Liberalismus, des Legalismus und der Modernisierungstheorie auf mit ihr verbundene Konzepte aufgezeigt. Diese Untersuchungen wollen auf diese Weise den Blick auf Strukturmomente der Globalität von Transitional Justice richten, welche die spezifische Erscheinungsform des Umgangs mit massiver Gewalt und Gräueltaten in Kambodscha und weiteren Ländern geprägt haben. Die weltweite Diffusion von Aufarbeitungsprozessen steht dabei allerdings ebenso wenig im Fokus wie konzeptionelle Öffnungen, die sich jenseits liberaler Einflüsse auf Transitional Justice ergeben haben.

Auf diese Weise wurden zwar bislang in unterschiedlicher Hinsicht detail- und erkenntnisreiche Einblicke in die Globalisierung der Aufarbeitung und Ahndung von Makrogewalt ermöglicht. Doch liegt eine über die zum Teil äußerst detaillierten Studien hinausgehende Gesamtbetrachtung und -analyse des Prozesses bislang nicht vor. Mit dieser Arbeit möchte ich vor diesem Hintergrund an bestehende Ansätze anschließen, zugleich aber eine weitergehen-de Perspektive auf die Dynamik und die verschiedenen Facetten des Prozesses eröffnen. Das Ziel besteht dabei nicht nur darin, in einem sehr allgemeinen Sinne zu einem besseren Verständnis der Globalisierung von Transitional Justice beizutragen. Vielmehr will ich auch einen neuen Blick auf die mit diesem Prozess verbundenen Ambivalenzen ermöglichen. Denn nicht zuletzt in diesem letzten Punkt eröffnen die unterschiedlichen Sichtweisen im Diskurs ein ins-gesamt irritierendes Bild.

In Arbeiten, in denen das Recht und die Bekämpfung der Straflosigkeit im Vordergrund stehen, wird zwar immer wieder auf die weitgehende „Normalisierung" von Transitional Justice abgestellt. Jedoch wird auch darauf hingewiesen, dass sich gerade auch mächtige Akteure (wie beispielsweise die USA) bisweilen der Aufarbeitung und Ahndung der von ihnen ausgeübten Makrogewalt entziehen. Der Ausspruch des Übersetzers kann aus dieser Sicht zugleich als eine Warnung und eine Aufforderung verstanden werden: Transitional Justice darf kein „Schauspiel" sein, das nur in schwachen Staaten und Nationen aufgeführt wird, und Recht und Gerechtigkeit müssen weiterhin gerade auf der globalen Ebene weiter durchgesetzt werden:

> „(...) The possibility of individual criminal accountability has provided useful but imperfect tools to activists, victims and states to help diminish future violations. These human rights prosecutions will continue to fall short of our ideals of justice, but they represent an improvement over the past. (...) The new world of greater ac-

---

[13] McEvoy & McGregor (2008a); Nagy (2008); Arthur (2009); Sriram (2009); Hazan et al. (2010); Hinton (2011b).

countability that we are entering now, for all its problems, offers hope of reducing violence in the world."[14]

Demgegenüber steht für jene Autorinnen, die Transitional Justice als ein liberales Policy-Projekt begreifen, die globale Durchsetzung der Aufarbeitung und Ahndung von Makrogewalt kaum mehr zur Debatte. Zwar werden gerade auch von ihnen Momente machtpolitischer Instrumentalisierung aufgedeckt und thematisiert. Doch das Augenmerk dieser Ansätze liegt vor allem auf den mitunter fragwürdigen und bisweilen gar konfliktfördernden Tendenzen, die durch den Rekurs auf globale Normen und Mechanismen in den spezifischen lokalen Kontexten zu beobachten sind. Aus dieser Perspektive betrachtet weist der Dolmetscher darauf hin, dass sich Transitional Justice mitunter als ein Schauspiel von und für internationale Akteure präsentiert, das nur bedingt die Gerechtigkeit und den Frieden auf der jeweiligen lokalen Ebene fördert:

> „(...) [T]he current phase of transitional justice is frequently marked by disconnections between international legal norms and local priorities and practices. When national and international accountability mechanisms are engaged in specific places and times, they are often evaded, critiqued, reshaped, and driven into unexpected directions."[15]

Entlang dieser Fluchtlinien nehmen also bestehende Ansätze die Ambivalenzen der Globalisierung, und damit auch die Herausforderungen für die Zukunft, sehr unterschiedlich war. Kontrastiert man die verschiedenen Positionen miteinander, ergibt sich in der Einschätzung des Prozesses ein insgesamt disparates Bild. Nach Jahrzehnten einer globalen Diffusion von Aufarbeitungsprozessen und der Emergenz einer globalen Transitional Justice scheint ein Zustand erreicht, in dem sich zugleich zu wenig und zu viel globale Gerechtigkeit durchgesetzt hat – zu wenig, weil immer noch einige Makro-kriminelle straffrei ausgehen und sich Staaten immer wieder auch der Aufarbeitung und Ahndung entziehen; zu viel, weil globale Mechanismen und Modelle den Umgang mit massiver Gewalt und Gräueltaten in einzelnen lokalen Kontexten in einer problematischen Weise dominieren. Vor diesem Hintergrund wird es auch Aufgabe dieser Untersuchung sein zu klären, inwieweit diese paradox anmutende Wahrnehmung auf ein grundlegendes Dilemma in der Globalisierung von Transitional Justice verweist.

***

---

[14] Sikkink (2011): 262.
[15] Shaw & Waldorf (2010): 3.

In der Analyse der globalen Diffusion von Aufarbeitungsprozessen und der mit ihr einhergehenden Emergenz einer globalen Transitional Justice werde ich im Folgenden eine makrosoziologische Perspektive einnehmen. Unter Rückgriff auf die neo-institutionalistische „World Polity Theory" (WPT)[16] wird ein Analyserahmen entwickelt werden, der die Betrachtung dieser Entwicklungen im Kontext allgemeiner Veränderungen in der globalen sozialen Umwelt ermög-licht. Meine übergeordnete These ist dabei, *dass sich die Globalisierung der Aufarbeitung und Ahndung von Makrogewalt als ein von Weltkultur getragener und geprägter Prozess begreifen lässt.*

Unter Weltkultur bzw. „World Polity"[17] wird in der WPT ein Ensemble grundlegender Prinzipien und Modelle ontologischen und kognitiven Charakters verstanden, die weltweit das Wesen und den Sinn sozialer Akteure und Handlungen definieren.[18] Der Begriff verweist in diesem Sinne auf die Herausbildung einer institutionellen Ordnung, die sich aus der europäischen Aufklärung heraus entwickelt und in den letzten 150 Jahren weltweit durchgesetzt hat. Weltkultur konstituiert bestimmte Akteure – den modernen Nationalstaat, die formell-rationale Organisation, das rationale Individuum – über institutionalisierte Modelle und weist ihnen Handlungsfähigkeit (Agentschaft bzw. „agency") zu. Ferner stellt sie in Form institutionalisierter transzendentaler Prinzipien (z.b. Gerechtigkeit, Frieden und Fortschritt) eine Quelle übergeordneter Autorität dar, auf die sich Akteure berufen können und welche die Ziele und Zwecke ihrer Handlungen legitimiert. Zudem sind in ihrem Rahmen eine Reihe unterschiedlicher Skripte für verschiedene soziopolitische Bereiche (etwa Gesundheitswesen, Bildung, Umweltschutz) institutionalisiert, die jenen Akteuren als spezifizierte, legitime und „sinnvolle" Mittel zur Umsetzung weltkulturell legitimierter Ziele dienen können. Auf diese Weise stellt Weltkultur die Grundlage für die Konstituierung von Weltgesellschaft als einem eigenständigem, Nationalstaaten transzendierenden sozialen System dar.[19]

Vor diesem theoretischen Hintergrund lässt sich die oben stehende These in einem ersten Schritt wie folgt präzisieren: *Die weltweite „Normalisierung" (verstanden als Norm-Werdung bzw. Normdurchsetzung) der Aufarbeitung und Ahndung von Makrogewalt hat sich über die Anbindung an die Kerninstitutionen der*

---

[16] Die grundlegenden Texte der WPT finden sich in Drori & Krücken (2009b) sowie in deutscher Übersetzung in Krücken (2005c).

[17] Weltkultur ist eine von Krücken (2005b) vorgeschlagene Übersetzung für das englische „World Polity". Im Rahmen dieser Arbeit sind die beiden Begriffe synonym zu verstehen.

[18] „(...)[T]he world polity is constituted by a distinct culture - a set of fundamental principles and models, mainly ontological and cognitive in character, defining the nature and purposes of social actors and action" (Boli & Thomas, 1999b: 14).

[19] S.a. Wobbe (2000): 6.

World Polity vollzogen. Indem sich Akteure auf transzendentale Prinzipien, wie beispielsweise Gerechtigkeit und Frieden berufen haben, wurde Transitional Justice als spezifischer Weg zu ihrer Umsetzung auf eine transzendentale, universelle Autorität gegründet. Verstärkt wurde dies durch ihre Koppelung an institutionalisierte weltkulturelle Akteursmodelle, insbesondere den National-staat und das Individuum (v.a. als individuelles Opfer oder als individuelle Täterin). Während ihre Durchsetzung gerade in ihrer frühen Phase zwar äußerst umkämpft war und in der Folge auch immer wieder mit anderen weltkulturell-institutionalisierten Zwecken (etwa der „nationalen Sicherheit") konkurrierte, konnte der Prozess auf diese Weise eine machtvolle Dynamik entfalten, die Transitional Justice schließlich zu ihrem Durchbruch verhalf. Dies erklärt letztlich, warum Transitional Justice-Prozesse innerhalb eines vergleichs-weise kurzen Zeitraums weltweit initiiert wurden.

Somit wird also das Ausmaß ihrer globalen Verbreitung verständlich. Auch die Emergenz eines globalen Ensembles von Normen, Maßnahmen und Konzepten lässt sich über die WPT plausibel erklären. *Durch die Koppelung von Transitional Justice und World Polity wurde ein umfassender Prozess der Rationalisierung des Umgangs mit Makrogewalt eingeleitet. Auf diese Weise hat sich sukzessive eine globale institutionelle Ordnung herausgebildet, die sich heute als eine komplexe „Matrix" aus Zweck-Mittel-Relationen, Modellen und kulturellen Zuschreibungen zum Umgang mit massiver Gewalt und Gräueltaten präsentiert.* Wie oben erwähnt, zeichnet sich Weltkultur in einer ganzen Reihe unterschiedlichster Bereiche durch die Institutionalisierung spezifizierter Skripte aus, die das Handeln von Akteuren in Bezug auf weltkulturelle Zwecke legitimieren und anleiten. Diese Spezifizierung und Ausdifferenzierung wird zugleich notwendig und möglich, weil die Quellen transzendentaler Autorität zunächst recht unbestimmt sind. Insofern Transitional Justice an weltkulturelle Prinzipien wie Frieden und Gerechtigkeit gebunden wurde, wurde so auch ein Prozess ihrer Rationalisierung eingeleitet. Das bedeutet, dass fortwährend zunächst unbestimmte Werte interpretiert und gedeutet wurden (z.B. Gerechtigkeit in retributiver oder restaurativer Hinsicht) sowie Mittel institutionalisiert wurden (etwa die Wahrheitskommission oder die individuelle Strafverfolgung von Makrokriminalität), mit denen diese weltweit in legitimer Weise verfolgt werden konnten. Auf diese Weise entwickelten und verbreiteten sich eine ganze Reihe globaler Mechanismen, Modelle und Konzepte zum Umgang mit massiver Gewalt und Gräueltaten.

Vor diesem Hintergrund lassen sich nun auch die Ambivalenzen in der Globalisierung der Aufarbeitung und Ahndung von Makrogewalt besser erklären und das grundlegende Dilemma aufzeigen, dem sich ihre Befürworterinnen gegenwärtig ausgesetzt sehen. *Während der Prozess der globalen Durchsetzung und Verbreitung von Transitional Justice nach wie vor offen bleibt, strukturiert*

*sie als weltkulturell-institutionelle Ordnung in mitunter konfliktfördernder Weise
lokale Aufarbeitungsprozesse.* Einerseits zeigt sich hinsichtlich der globalen
Ebene angesichts der jüngsten Ereignisse, wie etwa dem „War on Terror", dass
sich immer noch Staaten der Aufarbeitung und Ahndung der von ihnen verübten
Makrogewalt entziehen. Auch bedeutet die Initiierung von Transitional Justice-
Prozessen nur bedingt, dass auch tatsächlich in umfassendem Maße Makrokriminelle zur Rechenschaft gezogen und die Verbrechen aufgeklärt werden. Andererseits wird mit Blick auf die lokale Ebene auch sichtbar, dass es im Verlauf der
Institutionalisierung zu einer zunehmenden Ausblendung der Spezifik lokaler
Verhältnisse und Bedingungen gekommen ist. Dies kann zu Prozessen der Ex-
klusion und in der Folge zur Entfaltung neuer Konfliktpotentiale führen.

Durch die Analyse dieser Arbeit hindurch zeigt sich, inwiefern in den Worten des kambodschanischen Übersetzers in soziologischer Hinsicht gewissermaßen eine „tiefere Weisheit" steckt. Transitional Justice stellt eine weltkulturell
institutionalisierte Ordnung dar, die universelle Skripte und Modelle für die Aufführung (das „enactment") der Aufarbeitung und Ahndung von Makrogewalt
bereithält. Kraft ihrer aus einer Einbindung in die Autoritäts-struktur der World
Polity resultierenden Legitimität eröffnet sie überall auf der Welt die Bühne für
Aufarbeitungsprozesse und fördert als rationalisiertes Feld die Entwicklung universeller Drehbücher. Als ein globales Phänomen ermöglicht sie es, Gerechtigkeit im Namen der Weltgesellschaft zu sprechen, was sich als machtvoller Vorgang mit mitunter ambivalenten Konsequenzen erweist.

✱✱✱

In einem etwas abstrakteren Sinne möchte ich mit dieser Arbeit ein neues
Theoriewerkzeug zur Analyse globaler Aspekte von Transitional Justice entwickeln, dass auch jenseits der Plausibilisierung und Begründung der oben stehenden Thesen anschlussfähig für weitere Forschungsvorhaben in diesem Zusammenhang sein kann. Auch will ich zukünftigen Debatten um die weitere Praxis der Aufarbeitung und Ahndung von Makrogewalt eine Reflexionsfolie
anbieten, die dabei helfen soll, Probleme und Herausforderungen zu erkennen
und ihnen in progressiver Weise zu begegnen. Dabei sei jedoch gleich zu Beginn
auch auf die Möglichkeiten und Grenzen dieser Ansprüche durch zwei methodi-
sche Hinweise verwiesen.

Erstens sei angemerkt, dass ich hier nicht den Anspruch erhebe, „die Wahrheit" über die Globalisierung von Transitional Justice aufzudecken. Tatsächlich
wird dies keine Theorie leisten können, und sei sie noch so ausgeklügelt und
komplex. Warum das so ist, wurde bereits von John Baylis und Steve Smith mit

sehr prägnanten Worten und einer schönen Metapher auf den Punkt gebracht. Sie schreiben:

> „(...)[A] theory is a simplifing device that allows you to decide which facts matter and which facts do not. A good analogy is with sunglasses with different coloured lenses; put on the red pair and the world looks red, put on the yellow pair and it looks yellow. The world is not any different, it just looks different. (...) But (...) theory is not an option. It is not as if you can say you do not want to bother with a theory, all you want to do is look at the ‚facts'. (...) [T]hat (...) is simply impossible, since the only way in which you can decide which of the millions of possible facts to look at is by adhering to some simplifying device."[20]

Eine Theorie ist also immer als ein konstruiertes Hilfsmittel zu betrachten, das einen spezifischen Blick auf eine Wirklichkeit ermöglicht, die sich zwangsläufig einem unmittelbaren Erkennen ihrer Mannigfaltigkeit entzieht. Doch bedeutet dies nicht, den Stellenwert sozialwissenschaftlicher Forschung und Theoriebildung gänzlich zu negieren und einem „anything goes"[21] das Wort zu reden. Baylis und Smith folgend und mich an der Schnittstelle zwischen Hammersleys „subtle realism"[22] sowie einem moderaten konstruktivistischen Verständnis bewegend, sehe ich ihre Bedeutung darin liegen, eine sorgfältigere Möglichkeit der Konstruktion anzubieten, als es unreflektiertes Alltagswissen[23] zu leisten vermag. Auf diese Weise kann die Sozialwissenschaft *plausible* Erkenntnisse über die soziale Wirklichkeit bereitstellen, nicht aber in einem strengen positivistischen Sinne objektives Wissen über „die Realität" produzieren. Plausibel meint dabei zum einen, möglichst viele empirischen Befunde zu berücksichtigen, deren Relevanz im Diskurs zumindest nicht grundsätzlich in Frage gestellt wird. Es dürfen jedenfalls nicht im Vorhinein bestimmte Daten ausgeschlossen werden.[24] Zum andern müssen die theoretischen Überlegungen und Annahmen transparent und nachvollziehbar präsentiert werden. Das Urteil über die Plausibilität eines Ansatzes fällt letztlich die „scientific community".[25]

---

[20] Baylis & Smith (2001a): 2f.
[21] Vgl. Feyerabend (1986).
[22] Vgl. Hammersley (1992; 1995). Kritisch hierzu Banfield (2004).
[23] Zur sozialen Konstruktion von (Alltags-)Wissen vgl. Berger & Luckmann (2007).
[24] Chua bezeichnet dies als die Notwendigkeit der Vermeidung eines „selection bias": „Social scientists have a concept called selection bias, which basically means ‚proving' one's thesis by picking out cases that support it and ignoring the ones that don't" (Chua 2007: xxxi).
[25] „At the heart of the advocacy of subtle realism lies the idea of a research community with agreed standards of judgment for the plausibility, credibility, and relevance of research reports. Distinguishing claims from evidence, providing the strongest evidence for more important claims, and exposing the judgments of the researcher for readers to scrutinize are all methods for addressing the standards applied by a community of critical peers" (Seale 1999: 470).

In diesem Sinne konstruiere ich hier in Rückgriff auf bestehende und erprobte sozialwissenschaftliche Überlegungen *eine* mögliche „Brille", durch die der Prozess der Globalisierung betrachtet werden kann. Diese „Brille" kann für andere Forschungsvorhaben ergänzt und modifiziert werden. Doch während ich zwar davon ausgehe, dass sie nicht nur im Rahmen dieser Arbeit eine gewinnbringende Perspektive eröffnen sondern auch weitere wissenschaftliche Überlegungen inspirieren kann, wird es auch sinnvoll sein, weitere theoretische Zugänge zur Analyse von Globalisierungsaspekten im Kontext von Transitional Justice zu entwickeln.

Zweitens möchte ich an dieser Stelle meine Sichtweise auf das Verhältnis von wissenschaftlicher Theorie und Praxis bzw. Aktivismus verdeutlichen. Politische und ethische Auseinandersetzungen um die Art und Weise der Aufarbeitung und Ahndung von Makrogewalt sind so unausweichlich[26] wie sie notwendig sind. Die primäre Aufgabe wissenschaftlicher Betrachtung besteht allerdings meines Erachtens nicht in dem Versuch, unmittelbar normative Fragen zu klären. Vielmehr liegt sie darin, möglichst plausible Überlegungen und umfassende, empirisch fundierte Erkenntnisse bereitzustellen, die derartige Diskussionen *im Anschluss* informieren können. Ich möchte Martyn Hammersley zustimmen, wenn er schreibt:

> „(...)[T]here are various ways in which social research involves values; and, in these terms, it may be regarded as political. But there is also one crucial respect (...) in which research should not be value-committed or political: it should be directed to no other goal than the production of knowledge."[27]

In den folgenden Ausführungen werden entsprechend keine Hinweise auf den Vorzug bestimmter Maßnahmen und Zielvorstellungen bezüglich einer „richtigen" Art und Weise der Aufarbeitung und Ahndung von Makrogewalt zu finden sein. Dafür werden umfassende Einsichten in die Genese und Genealogie globaler Transitional Justice angeboten werden, welche - so hoffe ich - den weiterhin notwendigen politisch- ethischen Debatten als eine Reflexionsfolie dienen kann.

Um den Aufbau der Arbeit und damit den Gang der Darstellung an dieser Stelle offenzulegen, will ich kurz vorstellen, was im Rahmen der einzelnen Kapitel zu erwarten ist. Beginnen werde ich mit einer Diskussion des Forschungsstandes („2. Kosmopolitisches Recht oder liberales Projekt?"). Dort werden die oben genannten Positionen im Diskurs um Transitional Justice ausführlich dar-

---

[26] Warum sie unausweichlich sind, wird im Verlauf dieser Arbeit mit dem Verweis auf die Logik rationalisierter Felder erklärt werden.

[27] Hammersley (1995): 118. Der zentrale Punkt, indem Werturteile in sozialwissenschaftliche Arbeiten einfliessen betrifft - wie auch hier - das Erkenntnisinteresse. Zur Problematik von Werturteilen in den Sozialwissenschaften s. etwa Ritsert (2003).

gestellt und in den allgemeinen wissenschaftlichen Diskurs um Transitional Justice eingeordnet werden. Das Ziel besteht dabei zum einen darin, über die Evaluation gesicherter empirischer Einsichten und die Diskussion theoretischer Argumente eine Basis für die weitere Analyse zu schaffen. Auf diese Weise wird eine Grundlage erarbeitet werden, an der sich die eigene Theorie abarbeiten kann (bzw. muss) und mit der gleichzeitig der möglichen Gefahr einer Selektivität in der Untersuchung gleich zu Beginn begegnet werden wird. Zum anderen soll aber auch das oben bereits angeführte Argument vertieft werden, dass eine solche weitergehende Analyse nicht zuletzt notwendig erscheint, um ein besseres Bild auf den Gesamtprozess und die mit ihm verbund-enen Ambivalenzen zu erhalten.

Die Entwicklung eines theoretischen Rahmens, der in diesem Sinne die weitere Auseinandersetzung mit der Globalisierung von Transitional Justice anleiten kann, erfolgt im nächsten Kapitel („3. Transitional Justice in der World Polity: Der theoretische Rahmen"). Hier werde ich sowohl an die theoretischen Überlegungen im Diskurs als auch an die von mir vorgetragene Kritik anknüpfen. Die Konstruktion des Theorierahmens wird dabei über drei Schritte erfolgen. Die Ausführungen werden in diesem Teil notwendiger Weise recht abstrakt bleiben. Nichtsdestotrotz werde ich mich insbesondere am Ende jedes Abschnittes um eine Rückbindung an den konkreten Gegenstand - die Aufarbeitung und Ahndung von Makrogewalt - bemühen.

Ausgehend von diesem Rahmen wird nun eine umfassende Darstellung der Globalisierung in ihrem historischen Verlauf erfolgen („4. Zwischen Recht und Rationalisierung: Die Globalisierung von Transitional Justice"). In diesem längeren Kapitel wird der Prozess in mehreren Abschnitten geschildert, wobei einzelne Entwicklungsphasen durch ein jeweils zusammenfassendes Zwischen-fazit eingerahmt werden. Diese Fazite sollen vor allem dazu dienen, die Dar-stellung nachvollziehbarer zu gestalten und empirische Befunde und theoretische Überlegungen pointiert zusammenzuführen. Insgesamt wird hier konkret zu sehen sein, inwiefern sich Transitional Justice von einem rechtlichen Projekt der Ächtung und Ahndung bestimmter Formen von Makrogewalt zu einer umfassenden rationalisierten Feld zum Umgang mit massiver Gewalt und Gräueltaten gewandelt hat, welche Akteure diesen Prozess wie und wann gestaltet haben und welche Einflüsse bei der Institutionalisierung von Transitional Justice eine Rolle gespielt haben. In diesem Kapitel geht es somit insbesondere um die Plausibilisierung der Hauptthese mit ihren beiden oben stehenden Präzisierungen.

Im letzten Hauptkapitel soll dann auf der Basis der Ausführungen in den drei vorangegangenen Kapiteln die eingehende Betrachtung der Ambivalenzen des Prozesses erfolgen („5. Die Ambivalenzen der Globalisierung"). Über Ansätze aus der WPT und in Rekurs auf die zuvor gewonnen Erkenntnisse über den

Globalisierungsprozess sollen die kritischen Einwände im Diskurs erörtert werden. Auf diese Weise soll die letzte der oben stehenden Thesen plausibilisiert werden.

In einem abschließenden Fazit („6. Im Namen der Weltgesellschaft") werden die Ergebnisse der Arbeit zusammengefasst. Zudem sollen hier einige offene Fragen gesammelt und Anregungen für die weitere wissenschaftliche Debatte dargeboten werden.

2 Kosmopolitisches Recht oder liberales Projekt?

„Globalizing a bad thing makes it worse. (...) But globalizing a good thing is usually good.“[28]
„One of the points that is almost always made about the study of globalization is how contested almost everything is (...). A basic distinction among positions taken on globalization (...) is globophilia versus globophobia.“[29]
„There is one universal law, but two sides to every story.“[30]

Seit etwa den frühen 1990er Jahren hat sich mit den „Transitional Justice Studies" sukzessive ein Studiengebiet entwickelt und etabliert, das im weitesten Sinne mit Fragen der Aufarbeitung und Ahndung von Makrogewalt befasst ist. Während in den Anfängen vor allem politik- und rechtswissenschaftliche Betrachtungen und Fragestellungen im Vordergrund standen, sind inzwischen auch Perspektiven und Zugänge aus der Anthropologie, den Geschichts- und Kulturwissenschaften, der Philosophie und der Ethik, der Psychologie, der Soziologie und der Theologie eingeflossen. Eine bibliographische Datenbank der University of Wisconsin[31] führt inzwischen fast 2500 Arbeiten auf, die diesem neuen Studiengebiet zugeordnet werden können. Eigene Publikationsorgane wie das „International Journal for Transitional Justice",[32] die Entstehung von Forschungseinrichtungen wie beispielsweise an der University of Ulster[33] und spezifische Fachkonferenzen komplettieren das Bild eines nach wie vor im Aufschwung befindlichen wissenschaftlichen Feldes.[34]

---

[28] Stallman, zit.n. http://www.zcommunications.org/free-software-as-a-social-movement-by- richard-stallman.html (letzter Zugriff: 1.11.2013).
[29] Ritzer (2007a): 1.
[30] Smith alias „Mos Def" (1999).
[31] https://sites.google.com/site/transitionaljusticedatabase/transitional-justice-bibliography (letzter Zugriff: 1.11.2013).
[32] http://ijtj.oxfordjournals.org (letzter Zugriff: 1.11.2013).
[33] http://www.transitionaljustice.ulster.ac.uk (letzter Zugriff: 1.11.2013). Natürlich gibt es viele weitere Forschungseinrichtungen. Ulster fungiert hier als ein willkürlich ausgewähltes Beispiel.
[34] Überblicksstudien bieten Snyder & Vinjamuri (2004); Paris et al. (2008); Kayser-Whande & Schell- Faucon (2008); Bell (2009).

Aspekte der Globalisierung haben dort allerdings lange Zeit nur am Rande Beachtung erhalten. Jenseits aller Inter- und Multidisziplinarität bestand das allgemeine Erkenntnisinteresse zum einen vor allem in der Analyse einzelner, in der Regel nationaler Fälle. Dabei wurde mitunter ein Schwerpunkt auf einen bestimmten Aspekt (z.B. „Versöhnung", „Gender", „Strafprozesse") oder eine bestimmte Region des jeweiligen Landes gelegt. Zum anderen zeichnete sich der Diskurs immer schon durch eine sehr starke Praxisorientierung aus. Diese schlägt sich vor allem in Diskussionen um konkrete Maßnahmen (v.a. Strafverfahren und Wahrheitskommissionen), über- geordnete normative Aspekte (bspw. Frieden, Gerechtigkeit, Wahrheit) und den mit ihnen verbundenen Policy-Bereichen (etwa die Menschenrechte, Peacebuilding oder Zivile Konfliktbearbeitung) nieder. Insgesamt lässt sich damit für weite Teile des Diskurses festhalten:

> „Transitional justice research has so far had a strong emphasis on practice - many of the published studies are interdisciplinary collections of articles with a practice-oriented focus on current or recent situations, with descriptions of interventions and case studies from all over the world, which remain for the most part standing next to each other, more or less disconnected."[35]

Jedoch haben sich in den letzten Jahren nach und nach einige Autorinnen in unterschiedlicher Weise verstärkt mit globalen Aspekten und Entwicklungen im Kontext von Transitional Justice befasst. In diesem Zuge ist zwar ein nach wie vor noch recht übersichtlicher Diskurs entstanden, der sich allerdings nichtsdestotrotz insgesamt bereits recht kontrovers präsentiert. Die ihm zuzuordnenden unterschiedlichen Forschungsprojekte, Studien und Artikel sollen in diesem Kapitel nun der Reihe nach vorgestellt werden.[36] Im Anschluss daran wird eine Zusammenfassung sowie eine kurze Einordnung der unterschiedlichen Positionen in das allgemeine wissenschaftliche Feld von Transitional Justice und insbesondere seine normativen Debatten bezogen erfolgen. Auf diese Weise wird im Folgenden der Stand der Forschung rekapituliert und kritisch diskutiert werden.

Beginnen werde ich mit Ruti Teitels Projekt einer Genealogie von Transitional Justice, in der die historischen Phasen ihrer globalen Genese nachgezeichnet werden (2.1). Im Vordergrund stehen dabei rechtspolitische Aspekte bzw. der Wandel des Verhältnisses zwischen Recht und Politik in soziopolitischen Transitionsphasen. Mit einem ähnlich rechtlichen Fokus betrachtet Kathryn Sikkink

---

[35] Kayser-Whande & Schell-Faucon (2008): 57.
[36] Zwar lassen sich auch rechtswissenschaftliche (z.B. Safferling, 2011) und rechtshistorische Arbeiten (z.B. Ahlbrecht, 1999) in einem sehr weiten Sinne als wissenschaftliche Beiträge zu einer Analyse globaler Transitional Justice verstehen. Wenngleich auf derartige Arbeiten vor allem als Quellen später auch zurückgegriffen werden wird, sollen an dieser Stelle aber nur Analysen vorgestellt werden die sich explizit und unmittelbar auf die Globalisierung bzw. Globalität von Transitional Justice beziehen.

globale Entwicklungstendenzen in der Aufarbeitung und Ahndung von Makrogewalt (2.2). In Rückgriff auf ihre gemeinsam mit Martha Finnemore entworfene Theorie zur Dynamik inter- nationaler Normdurchsetzungsprozesse zeichnet sie nach, wie sich eine Norm individueller strafrechtlicher Verantwortlichkeit weltweit verbreitet hat. Während diese beiden Ansätze einen deutlichen Schwerpunkt auf das Recht (Internationales Recht, Strafrecht, Menschenrechte, „rule of law") legen, betrachtet eine Reihe von Autorinnen Transitional Justice aus einer liberalismuskritischen Perspektive (2.3). In diesem Abschnitt werden verschiedenen Artikel gemeinsam vorgestellt, in denen der Einfluss modernisierungstheoretischer und legalistischer Ideen auf die Konstitution globaler Transitional Justice aufgezeigt wird. Eine zweite globalisierungskritische Position knüpft bisweilen an diese Arbeiten an, befasst sich aber weniger mit der Struktur der Globalität von Transitional Justice denn mit ihrem Einfluss bzw. ihren Auswirkungen auf lokale gesellschaftliche Kontexte (2.4). In einer Reihe von in Sammelbänden zusammengefassten Einzelfallstudien werden in unterschiedlicher Weise Spannungen zwischen globalen Mechanismen, Modellen und Normen einerseits und der Spezifik lokaler gesellschaftlicher Verhältnisse andererseits aufgezeigt.

Wie ich letztlich argumentieren möchte, präsentiert sich der Diskurs vor dem Hintergrund dieser Positionen als äußerst facettenreich und heterogen (2.5). Bestehende Beiträge beleuchten verschiedene Aspekte und einzelne Entwicklungen globaler Transitional Justice mit einer mitunter großen Detailtiefe. Dabei werden insbesondere auch in jeweils unterschiedliche Weise die kritischen und ambivalenten Aspekte des Prozesses herausgearbeitet. Während die Differenzen zwischen den Ansätzen durchaus auf gewisse normative Grundkonflikte des Diskurses zurückgeführt werden können, werde ich abschließend für eine weitergehende Perspektive plädieren (2.6). Diese sollte sowohl die Empirie als auch die Kritik beider Ansätze würdigen, um sich jenseits aller bisherigen Engführungen um eine Betrachtung des Gesamtprozesses der Globalisierung bemühen.

2.1 Ruti Teitel: Die genealogische Perspektive

Ruti Teitel ist eine US-amerikanische Juristin und eine der ersten Wissenschaftlerinnen, die Anfang der 1990er Jahre begannen, sich mit Fragen um Transitional Justice auseinanderzusetzen. In einer wegweisenden Monographie[37] befasste sie sich mit den Diskussionen zwischen idealistisch-legalistischen und realistisch-pragmatischen Positionen[38] im Diskurs um Transitional Justice. In diesen frühen

---

[37] Teitel (2000).
[38] S. hierzu auch den Überblick von Vinjamuri & Snyder (2004) sowie die umfangreiche Rezension

Debatten um das Verhältnis von Recht und Politik plädierten „Idealisten" kategorisch für die Durchsetzung von rechtlichen Normen und Strafverfolgungsprozessen. „Realisten" befürworteten demgegenüber aus einer eher konsequentionalistischen Sicht einen politischen „Pragmatismus" und warnten vor dem Verlust der prekären Stabilität neuer Regime durch eine umfangreiche strafrechtliche Verfolgung von Makrokriminellen. Quer zu diesen Positionen argumentierte Teitel aus einer konstruktivistischen Position heraus für eine komplexere Sichtweise auf die verschiedenen Mittelwege und Aushandlungen zwischen diesen beiden Polen. Transitional Justice ist für sie immer auf einen Liberalisierungsprozess und die Durchsetzung der „rule of law" ausgerichtet[39], wenngleich diese Ziele in jedem Kontext auf anderen Wegen verfolgt und umgesetzt wurden.

Diese Sichtweise informiert auch ihre Darstellung der Globalisierung von Transitional Justice, die sich mit ihr als eine Genealogie[40] rechtlicher Entwicklungen in sich wandelnden politischen Szenarien begreifen lässt: „In prior work, I have defined ‚transitional justice' as the conception of justice associated with periods of political change. In an ongoing genealogy, I tie the legal developments in this area to distinct political phases of world history, a framework proposed for the study of the law and politics of transitional justice."[41] An anderer Stelle hält sie fest: „[A] genealogy of transitional justice demonstrates, over time, a close relationship between the type of justice pursued and the limiting political conditions"[42]. Mit anderen Worten: Die Art und Weise, wie sich Transitional Justice im Laufe der Zeit konkretisiert und entwickelt hat, war immer abhängig von den weltpolitischen Umständen und den politischen Verhältnissen in den jeweiligen Kontexten. Dieser Ansatz wird von ihr in einer Reihe von Artikeln konkretisiert.[43]

Teitel geht in ihrer Genealogie von Transitional Justice von mehreren Phasen aus, die sich - ganz allgemein gesprochen - in ihrem Grundverhältnis von

---

von Siegel (1998) über frühe Arbeiten in diesem Zusammenhang, aus denen sicherlich das von Kritz (1998) herausgegebene, dreibändige Werk „Transitional Justice: How Emerging Democracies Reckon with former Regimes" herausragt.

[39] Teitel (2000): 223. An anderer Stelle formuliert sie: „The central dilemma of transition is how to transform a society that has been subjected to illiberal rule and the extent to which this shift is guided by conventional notions of the rule of law and the responsibility associated with established democracies" (Teitel, 2006: 1617).

[40] Genealogie ist hier im Sinne Michel Foucaults zu verstehen, auf den sich Teitel explizit bezieht (Teitel, 2003: 69, fn 7). Im Kern steht sie für eine Perspektive, die mit Blick auf die Geschichte nicht von „mystischen Anfängen", Telos und durchgängiger Linearität ausgehen will, sondern von einer Komplexität von Kämpfen und Machtwirkungen, von Brüchen und widersprüchlichen Entwicklungen (vgl. Foucault, 1984).

[41] Teitel (2005): 838.

[42] Teitel (2003): 69.

[43] Teitel (2003; 2005; 2006; 2010).

Recht und Politik unterscheiden. Die Erste wird durch den Hauptkriegsverbrecherprozess vor dem Internationalen Militärtribunal in Nürnberg (IMT) dominiert, als sich erstmals in der Geschichte führende Staatsoffizielle vor einem internationalen Gericht für ihre Verbrechen zu verantworten hatten. Vor dem Hintergrund der bedingungslosen Kapitulation Nazideutschlands und den daraus resultierenden Möglichkeiten für die alliierten Siegermächte wurde insbesondere das (Straf-)Recht als Mittel der Politik in mehrfacher Weise neu bestimmt. Erstens setzte sich erstmals die Sichtweise durch, dass normativer politischer Wandel durch individuelle Strafverfolgung möglich ist und dass das Recht eine wichtige Rolle in Prozessen von „Nationbuilding" spielen kann. Zweitens unterstrich Nürnberg, dass Rechtspolitik allgemein eine angemessene Alternative zu direkter „Rache" (etwa durch standrechtliche Exekutionen) sein kann. Drittens stellte das IMT und die unmittelbaren Folgeentwicklungen, wie etwa die Verabschiedung der Genozidkonvention, eine Neubestimmung staatlicher Souveränität zugunsten der Prävalenz internationaler Normen dar.[44] Während in der Nachkriegszeit zunächst das Völkerrecht eine deutlich gehobene Rolle spielte[45], wurden diese rechtlichen Entwicklungen jedoch durch den Kalten Krieg und seine machtpolitischen Auseinandersetzungen zunächst weitestgehend suspendiert - die politischen Rahmenbedingungen, die Nürnberg ermöglichten, waren vorerst passé.

Die nächst Phase von Transitional Justice konnte entsprechend erst mit dem Niedergang der Blockkonfrontation beginnen. Die Ära von „Post-Cold War Transitional Justice"[46] beginnt Teitel zufolge etwa ab den 1980er Jahren mit den verschiedenen Liberalisierungsprozessen in Lateinamerika sowie Süd- und Osteuropa und den damit verbundenen Auseinandersetzungen um den Zusammenhang von Recht und Politik in Zeiten des Regimewandels nach autoritärer Herrschaft. Immer wieder spielten vor allem die nationalen politischen Rahmenbedingungen eine starke Rolle und bestimmten Teitel zufolge die Möglichkeiten und Ausprägungen von Transitional Justice in einzelnen Kontexten. Globale Entwicklungen erhielten hier lediglich punktuell oder ergänzend in Form internationaler Rechtsnormen, die nach der ersten Phase etabliert wurden, Einzug.[47] Ein weiterer wichtiger Aspekt ist das Aufkommen von Wahrheitskommissionen sowie eine stärkere Bezugnahme auf Aspekte wie „Erinnerungspolitik", „Wahrheitssuche" bzw. „Aufklärung" und „Versöhnung" sowie eine stärkere Betonung der Rolle der Menschenrechte im Zusammenhang mit Transi-

---

[44] Teitel (2006): 1618ff.
[45] Teitel spricht von einem „heydey of international law", vgl. Teitel (2003): 73.
[46] Ibid.: 75ff.
[47] Vgl. insb. Teitel (2000): 20f.

tional Justice.[48] Zudem wurde in dieser Phase, in der Transitional Justice vor allem an nationale Kontexte gebunden war, der Einfluss nichtstaatlicher, zivilgesellschaftlicher Akteure stärker. In diesem Sinne spricht Teitel von einer „Privatisierung" von Transitional Justice - verstanden als Wende hin zu nicht mehr staatlich (bzw. international) dominierten Prozessen.[49] Anders als in der ersten Phase, in der Transitional Justice stark internationale und universalistische Züge aufwies und das Recht eine dominante Rolle spielte, war Transitional Justice in dieser Phase nicht zuletzt durch seinen nationalen Fokus stärker der politischen Einflussnahme ausgesetzt: „(...) [T]he Phase II model was amenable to politicization and ultimately depended upon promoting alternative values, besides universal rights and accountability, underlying the rule of law."[50]

Schließlich spricht sie von einer dritten Phase von Transitional Justice, die etwa mit der Jahrtausendwende begann und die durch eine „Normalisierung" der Auseinandersetzung mit Makrogewalt charakterisiert ist:

> „(...) [T]he new millennium appears to be associated with the expansion and normalization of transitional justice. What was historically viewed as a legal phenomenon associated with extraordinary post-conflict conditions now increasingly appears to be a reflection of ordinary times. War in a time of peace, political fragmentation, weak states, small wars, and steady conflict all characterize contemporary political conditions."[51]

Von den Internationalen Strafgerichtshöfen für das ehemalige Jugoslawien (ICTY) und Ruanda (ICTR) zu den „hybriden Tribunalen" für Sierra Leone (SCSL) und Kambodscha (ECCC) ist internationales Strafrecht nun zu einem festen Bestandteil der Weltpolitik geworden. In unterschiedlichen Kontexten und politischen Situationen stellt nach Teitel Transitional Justice ein global normales Prozedere im Umgang mit Makrogewalt dar. Inzwischen scheint sie selbst den Terminus „Transitional Justice" weitgehend *ad acta* gelegt zu haben und spricht angesichts des Wandels des internationalen Rechts von einem staatszentrierten Regime zu einem auf „human security" fokussierten Recht von „humanity's law".[52]

Für Teitel verweist Transitional Justice also auf ein Ensemble rechtlich-politischer Fragen und Dilemmata im Zusammenhang mit der „rule of law" und Liberalisierungs- prozessen in Zeiten des politischen Umbruchs. Historisch betrachtet wurden für diese in jeweils konkreten politischen Prozessen verschiede-

---

[48] Teitel (2003): 81ff.
[49] Ibid.: 86.
[50] Ibid.: 89.
[51] Ibid.
[52] Teitel (2011).

ne Antworten und Lösungen gefunden, wobei gerade auch die weltpolitische Lage einen wesentlichen Einflussfaktor darstellte. Sie macht dabei insbesondere darauf aufmerksam, dass sich die Globalisierung durch mehrere Phasen vollzogen hat, in denen das Verhältnis von Recht und Politik grundlegenden Wandlungen unterworfen war. Ihre Bezugnahme auf die foucaultschen Überlegungen zu Genealogie bieten dabei einen interessanten Ansatzpunkt. Zwar ist Teitel weit davon entfernt eine umfassende genealogische Studie vorzulegen, wie sie Michel Foucault selbst etwa mit „Überwachen und Strafen" oder „Wahnsinn und Gesellschaft" präsentiert hat[53], dennoch kann sie mit diesem Konzept auf historische Brüche aufmerksam machen, wie sie etwa zwischen dem Internationalismus Nürnbergs und den nationalen Aufarbeitungsprozessen in der zweiten Phase zu beobachten sind.

In der Art und Weise, wie dieses theoretische Konzepte von Teitel verwendet wird, zeigt sich nicht zuletzt auch ein recht optimistischer Blick auf die Globalisierung von Transitional Justice. Foucault schrieb in „Nietzsche, Genealogie, Geschichte":

> „Humanity does not gradually progress from combat to combat until it arrives at universal reciprocity, where the rule of law finally replaces warfare; humanity installs each of its violences in a system of rules and thus proceeds from domination to domination."[54]

Dies stellt einen offensichtlich weitaus düsteren Ausblick dar, als ihn die Autorin hier präsentiert. Wenngleich auch sie im (Völkerstraf-)Recht nicht die Ankunft des „Messias" sehen will[55], zeichnet doch gerade ihre Analyse von der Herausbildung eines „humanity's law" ein eher positives Bild. Die Globalisierung von Transitional Justice muss aus Teitels Sicht als relativ erfolgreich gewertet werden: Inzwischen ist es weltweit weitgehend zur Normalität geworden, in Zeiten politischen Wandels sowie in Konflikt- und Post-Konfliktszenarien Makroverbrechen mit rechtlichen Mitteln zu ahnden und zu bekämpfen, auch wenn sich ihr einzelne Staaten immer wieder entziehen.[56]

Insgesamt bleibt, dass Teitel mit ihrem Forschungsprojekt eine unersetzliche Grundlage für jede weitergehende Analyse der Globalisierung geschaffen hat. Sie zeigt die fundamentalen historischen Entwicklungen hinter dem Prozess auf, macht dabei auf rechtliche Zusammenhänge aufmerksam und schafft es dabei immer wieder, detaillierte Einblicke in einzelne Episoden und Ereignisse

---

[53] Vgl. Foucault (1973, 1994).
[54] Foucault (1984): 85.
[55] Vgl. Teitel (1999).
[56] Teitel (2010): 1, 18.

zu eröffnen.[57] Eingeschränkt wird ihre Sichtweise allerdings durch ihren Fokus auf das Recht: Ausführungen zu anderen Maßnahmen von Transitional Justice sind insgesamt eher kurz gehalten, und jenseits rechtspolitischer Aspekte ist wenig über die Konzeptionalisierung globaler Transitional Justice zu erfahren.

2.2 Kathryn Sikkink: The Justice Cascade

Kathryn Sikkink ist jenseits des Diskurses um Transitional Justice vor allem für ihre theoretischen Beiträge zur Dynamik der Entwicklung und Verbreitung internationaler Normen und ihrer Wirkung in nationalen Kontexten bekannt geworden.[58] Die Menschenrechte und die Menschenrechtspolitik stellten dabei immer wieder einen zentralen Bezugspunkt für ihre Überlegungen dar, und auch die im Folgenden vorgestellten Arbeiten über die „justice cascade" lassen sich zunächst in diese Richtung einordnen. Insofern dabei allerdings auch Entwicklungen und Prozesse in Bezug auf Rechenschaftspflicht und Verantwortlichkeit („Accountability") für Makroverbrechen eine zentrale Rolle einnehmen und auch das Völkerstrafrecht eine gewisse Relevanz zukommt, lassen sich diese Arbeiten auch als Beitrag zur Diskussion um die Globalisierung von Transitional Justice verstehen.

Ihre unlängst erschienene Monographie „The Justice Cascade: How Human Rights Prosecutions are Changing World Politics"[59] bietet eine revidierte und erweiterte Fassung ihres bereits zehn Jahre zuvor mit Ellen Lutz veröffentlichten und breit rezipierten Artikels zur „justice cascade".[60] Wenngleich diese Arbeit durchaus theoriegeleitet ist - sie greift insbesondere auf ihre gemeinsam mit Martha Finnemore formulierte Theorie zur Diffusion und Durchsetzung internationaler Normen zurück[61] - so lässt sie sich auch als eine Streitschrift über die Macht der Menschenrechte verstehen und lesen. Weitaus stärker, als etwa bei Teitel, wird ihre Argumentation und Darstellung von einer positiv-normativen Bezugnahme auf den Universalismus der Menschenrechte und die Notwendigkeit der Strafverfolgung von Makroverbrechen getragen - wobei sich Sikkink aber gleichzeitig auch immer wieder für eine wissenschaftliche Auseinandersetzung über die diesbezüglichen Potentiale und Möglichkeiten ausspricht.[62]

---

[57] Beispielsweise in der Betrachtung des IMT, vgl. Teitel (2006).
[58] Vgl. Finnemore & Sikkink (1998); Risse et al. (1999).
[59] Sikkink (2011).
[60] Lutz & Sikkink (2001).
[61] Finnemore & Sikkink (1998). Diesen Ansatz werde ich später (Kapitel 3.1) in der Entwicklung eines neuen theoretischen Rahmen aufgreifen und diskutieren.
[62] Sikkink (2011): 229ff.

Auch hier stehen die Entwicklungen des (internationalen) Rechts im Vordergrund einer Analyse der Globalisierung von Transitional Justice, die allerdings stärker als Prozess der Normdurchsetzung und -diffusion zur Ahndung von Makrokriminalität gedacht wird, denn als Komplex rechtlich-politischer Aushandlungen. Diesen Prozess nennt sie „justice cascade":

> „(...)[There is a] dramatic new trend in world politics toward holding individual state officials, including heads of the state, criminally accountable for human rights violations. (...) [J]ustice cascade means that there has been a shift in the *legitimacy of the norm* of individual criminal accountability for human rights violations and an increase on criminal prosecutions on behalf of that norm. (...) [T]he term captures how the idea started as a small stream, but later caught on suddenly, sweeping along many actors in its wake."[63]

Ausgehend von einer ausführlichen Darstellung der Prozesse gegen die Militärjuntas in Griechenland und Portugal in den 1970er Jahren und einer Analyse des argentinischen Transitional Justice Prozesses in den 1980er Jahren, arbeitet sie heraus, wie Netzwerke von (in erster Linie) Menschenrechtlerinnen, Juristinnen und Politikerinnen, unterstützt von einigen Staaten und (I)NGOs, für die Durchsetzung von „Accountability" gestritten haben - und damit gegen die Straflosigkeit für Staatsoberhäupter und andere Mächtige wie Augusto Pinochet, den argentinischen General Jorge Videla, Slobodan Milosevic oder Charles Taylor vorgegangen sind. Sehr komprimiert lässt sich ihr Kernargument wie folgt wiedergeben:

> „(...) [T]he emergence and diffusion of the justice cascade is the result of the intrinsic power of a new norm, put forward by a coalition of like-minded states and NGOs who are in favor of change, and embedded in law and institutions. (...) This norm is powerful and persuasive in itself - not just because of the power of the states that advocated it, or the financial power of the foundations that supported the human rights NGOs, but because the idea is inherently appealing to a broad range of individuals."[64]

Somit gilt: „Power is an essential part of the story of the justice cascade."[65] Sie meint damit einerseits, dass die Durchsetzung von Transitional Justice als „justice cascade" ein Projekt der Gegenmacht gegenüber des Machtmissbrauchs von Mächtigen ist, als auch andererseits die Tatsache, dass der Prozess immer wieder von weltpolitisch hegemonialen oder jedenfalls einflussreichen Staaten wie z.B. den USA konterkariert wurde. Ohne ein Normunternehmertum („norm entrepreneurship") von lokalen Aktivistinnen und transnationalen Netzwerken sei ange-

---

[63] Ibid.: 5, kursiv i.O.
[64] Ibid.: 230.
[65] Ibid.: 231.

sichts dieser Verhältnisse der Prozess der „justice cascade" nicht denkbar gewesen - wobei sie auch betont, dass dieser erst in der besonderen historischen Situation mit Ende des Kalten Krieges möglich geworden war.[66]

Dieser von einer Idee der Menschenrechte getragene „stream" der „Justice Cascade" läuft aus ihrer Sicht neben einem weiteren des internationalen Strafrechts, der 1945 mit dem IMT in Nürnberg begann und mit dem ICTR und dem ICTY wieder aufgenommen wurde. Sie betrachtet damit völkerstrafrechtliche Entwicklungen als einen parallelen Prozess zu der Durchsetzung einer Praxis meist national geführter Menschenrechtsprozesse, die allerdings in ihrer Bestrebung, Makroverbrecherinnen für ihre Gewalttaten zur Rechenschaft zu ziehen, ein gemeinsames Ziel verfolgen und schließlich im Statut von Rom und damit dem ICC zusammenkommen.

Mit Sikkink muss jedenfalls der Kern der Globalisierung von Transitional Justice als ein Prozess der Normdurchsetzung individueller „Accountability" für Makroverbrechen verstanden werden. Dieser Prozess wurde zwar von einer „ansteckenden" Überzeugung (einer Art vermittelten „vernünftigen Einsicht") getragen, dass Makroverbrechen nicht ungestraft bleiben können, er war aber in seiner weltweiten Diffusion kein automatischer „Selbstläufer". Vielmehr ist diese Entwicklung Sikkink zufolge nur zu verstehen, wenn der Lobbyismus und Aktivismus einzelner Befürworterinnen, die Rolle transnationaler Netzwerke von Individuen und NGOs sowie die unterstützende Funktion verschiedener Staaten in den Blick genommen wird. Gerade in ihren Anfängen ist die „justice cascade" insofern als ein „bottom-up" Prozess anzusehen, als sie maßgeblich durch spezifische Kämpfe in einzelnen nationalen Kontexten (Portugal, Griechenland und vor allem Argentinien) vorangetrieben wurde - wenngleich erst mit dem Ende des Kalten Krieges neue weltpolitische Konstellationen den Weg für diese Entwicklung geebnet haben.

Sikkinks Rückgriff auf ihr Konzept der Normentwicklung unterstreicht gegenüber Teitels Darstellung mehrerer Phasen der Globalisierung stärker die Dynamik des Prozesses und macht dabei insbesondere auf die vielen politischen Kämpfe aufmerk- sam, die zur weltweiten Durchsetzung individuell strafrechtlicher Verantwortlichkeit für Makroverbrechen notwendig waren. Transitional Justice als Normdurchsetzungsprozess zu denken öffnet den Raum für interessante Überlegungen - bis hin zu der Frage, wie weit eine Norm von „Accountability" faktisch heute durchgesetzt ist.

Dies wird bei ihr unter anderem diskutiert, wenn sie fragt, ob die USA gegenüber der „justice cascade" immun sind. Dabei präsentiert sie fast schon eine

---

[66] Ibid.: 246ff.

Anklageschrift, in der die Menschenrechtspolitik dieses weltpolitisch hegemonialen Staates scharf kritisiert wird.[67] Insgesamt unterstreicht sie dennoch mehrfach die Macht der Legitimität der neuen Norm und kommt auch mit Blick auf die US-amerikanische Politik zu dem Schluss: „In the longer term, they will find that this misreading of the international system is personally and professionally costly to them, not to mention costly to the reputation of the U.S. government."[68] Während sie somit zwar durchaus darlegt, dass die Menschenrechtsnormen und eine Norm von „Accountability" regelmäßig verletzt werden, geht sie doch mit Blick auf die Gegenwart deutlich von einer starken Normgeltung aus. Ihr Blick auf die Globalisierung von Transitional Justice fällt wie bei Teitel tendenziell positiv:

> „(...) The possibility of individual criminal accountability has provided useful but imperfect tools to activists, victims and states to help diminish future violations. These human rights prosecutions will continue to fall short of our ideals of justice, but they represent an improvement over the past. (...) The new world of greater accountability that we are entering now, for all its problems, offers hope of reducing violence in the world."[69]

Insofern auch in Sikkinks „justice cascade" das Recht und rechtspolitische Entwicklungen im Vordergrund stehen, kann sie als wertvolle Ergänzung zu Teitels Genealogie gelesen werden (natürlich gilt dies auch vice versa). Gerade für die historische Epoche, die dort als zweite Phase von Transitional Justice benannt wird, werden tiefgehende, zusätzliche Einsichten geboten. Es ist jedoch vor allem ihr theoretischer Ansatz, der auf gewinnbringende Weise sozialwissenschaftliche Theoriebildung in den Diskurs um globale Transitional Justice einbringt. Wie im nächsten Kapitel zu sehen sein wird, zeigt sich diese politikwissenschaftliche Perspektive insbesondere für weitere soziologische Überlegungen anschlussfähig. Kritisch anzumerken bleibt, dass ähnlich wie schon bei Teitel kaum Aspekte jenseits des Rechts angesprochen werden. Mit Blick auf das hier eingangs dargelegte Erkenntnisinteresse Sikkinks wird man ihr dabei allerdings zugutehalten müssen, dass sie keinesfalls den Anspruch erhebt, eine Theorie der Globalisierung von Transitional Justice anzubieten, sondern eben „nur" die Durchsetzung einer Norm individueller strafrechtlicher Verantwortlichkeit betrachten will.

---

[67] Sikkink (2011): Kap. 7.
[68] Ibid.: 222.
[69] Ibid.: 262.

2.3 Zur Kritik liberaler Transitional Justice

Jenseits von Teitels Genealogie von Transitional Justice und Sikkinks Monographie „The Justice Cascade", die, wie gesehen, sehr rechtsfokussierte Ansätze darstellen, lassen sich einige Aufsätze und Beiträge zu Sammelbänden ausmachen, die zusammengenommen als Position einer Kritik liberaler Transitional Justice bezeichnet werden können. Während zu ihr zugehörige Arbeiten jede für sich genommen weitaus weniger umfangreich als die Forschungsprojekte der genannten Autorinnen ausfallen, präsentieren sie jedoch insgesamt ein Kontrastbild zu den bisher vorgestellten Arbeiten. Im Folgenden werden drei zentrale Arbeiten dieser liberalismuskritischen Sichtweise vorgestellt werden: Paige Arthurs konzeptionelle Geschichte von Transitional Justice, Chandra Srirams Kritik liberaler Transitional Justice, und Rosemary Nagys Kritik an Transitional Justice als einem globalem Projekt.

Zunächst also zu Paige Arthur. In einer detailreichen, vor allem auch wissenschafts- geschichtlich überaus interessanten Studie wirft die Wissenschaftlerin und ehemalige Mitarbeiterin des ICTJ einen Blick auf die Entwicklung von Transitional Justice, die weitgehend jenseits aller tatsächlichen politischen Prozesse der Auseinandersetzung mit Makrogewalt verlaufen ist.[70] Indem sie die Ursprünge des Begriffs und frühe Diskurse auf wegweisenden Konferenzen nachzeichnet, präsentiert sie ein Bild von Transitional Justice, das diese als ein spezifisches Policy-Konzept mit deutlich modernisierungs-theoretischen und liberalen Zügen erscheinen lässt.

Zunächst weist sie explizit Ansätze zurück, welche die Ursprünge von Transitional Justice historisch in den Nürnberger Prozessen oder gar in weiter in die Vergangenheit zurückliegenden Ereignissen sehen.[71] Ihr Punkt ist dabei, dass der Begriff Transitional Justice selbst auf ein spezifisches Konzept verweist, das sich deutlich von früheren Auseinandersetzungen mit Makrogewalt und -verbrechen unterscheidet. Dieses ist als solches aus einer Reihe von Konferenzen und frühen Arbeiten hervorgegangen, an denen eine insgesamt recht heterogene Ansammlung von Menschenrechtsaktivistinnen, lateinamerikanischen Linken, konservativen US-amerikanischen Politikwissenschaftlerinnen (z.B. Samuel Huntington) und prominenten Politikerinnen (wie etwa Václac Havel) beteiligt

---

[70] Arthur (2009).
[71] Ibid.: 327ff. Insbesondere kritisiert sie John Elster, der in seiner Monographie „Closing the Books" (dt. „Die Akten schließen") (Elster, 2005) unter dem Begriff Transitional Justice etwa Verfahren im antiken Athen betrachtet (ohne sie allerdings als Teil eines Globalisierungsprozesses zu sehen).

war.[72] Diskutiert wurde dort, wie mittels rechtlicher und administrativer Schritte schweren Menschenrechtsverletzungen autoritärer Regime begegnet und gleichzeitig dadurch die Konstituierung einer neuen liberal- demokratischen Ordnung unterstützt werden kann. Arthur stellt kritisch fest:

> „Instead of ‚coming to terms' with historical complexities (as one might expect in an effort to deal with ‚the past'), transitional justice was presented as deeply enmeshed with *political* problems that were legal-institutional and, relatively, shortterm in nature."[73]

Es wird deutlich, dass sie damit auf die Diskurse verweist, von denen auch Teitel und Sikkink sprechen. Verortet werden sie allerdings wesentlich deutlicher in einem globalen Raum und weniger in politischen Aushandlungsprozessen als vielmehr in Policy-Debatten internationaler Kreise. Daran anschließend weist Arthur darauf hin, dass diese Diskussionen wesentlich von modernisierungstheoretischen Ansätzen geprägt waren. Der Begriff Transitional Justice selbst ist ihr zufolge als direkte Referenz an das Konzept „transitions to democracy" zu verstehen.[74] Dieses wiederum beruht auf einem Bruch mit klassischen Theorien von Modernisierung und transportiert die Vorstellung

> „(...) that a democracy could be established in almost any country without much reference to socioeconomic conditions – that is, through a shortened ‚sequence' of elite bargaining and legal-institutional reforms rather than through long-term socioeconomic stages."[75]

Dabei wird deutlich, inwiefern Transitional Justice nach Arthur als Policy von realen lokalen Prozessen der Auseinandersetzung mit Makrogewalt abstrahiert und als strategisches Konzept für eine liberal-demokratische politische Transformation zu denken ist.

Im Fortgang ihrer Argumentation führt sie mit dieser Darstellung der Konzeptionsgeschichte aus, dass Transitional Justice bereits in ihrer Grundkonzeption verkürzte Sichtweisen auf die realen Probleme und die sozialen Komplexitäten im Umgang mit massiver Gewalt und Gräueltaten aufweist, und das neue Konzepte für die Praxis über die so identifizierten Missstände hinausweisen müssen. Für die Diskussion um die Globalisierung von Transitional Justice sind ihre Ausführungen nicht zuletzt deswegen besonders wertvoll, weil sie unmittelbar anschlussfähig für weitere kritische Überlegungen sind.

---

[72] Wie oben bereits erwähnt s. hierzu insb. Kritz (1995). Für eine guten Überblick über frühe Arbeiten s.a. Siegel (1998).
[73] Arthur (2009): 333, kursiv i.O.
[74] Ibid.: 337ff.
[75] Ibid.: 338.

Der von Arthur präsentierte Entwurf einer konzeptionellen Geschichte von Transitional Justice wird implizit von Chandra Sriram aufgenommen. In einem Sammelband, der neue (kritische) Perspektiven auf „liberal peacebuilding" eröffnet[76], diskutiert sie Transitional Justice als wichtigen Bestandteil gegenwärtiger Peacebuilding- Programme: „The field of transitional justice, once potentially separated from the field known as peacebuilding, is (...) now tightly linked to it."[77] Sie nimmt dabei eine inzwischen recht weit verbreitete Kritik an einem „liberal peacebuilding consensus" auf, die sich vor allem an dessen zentraler Annahme abarbeitet, dass Vermarktlichung („marketization") und Demokratisierung den Frieden in Post-Konfliktgesellschaften herstellen und gewährleisten können.[78]

Ihr Argument ist, dass Transitional Justice als zentraler Bestandteil von Peacebuilding-Programmen in einer Kritik an diesen mitbedacht werden muss. Sie begreift Transitional Justice in diesem Zusammenhang als „an active domain of policy, practised by the United Nations and supported by regional organizations, international financial institutions, bilateral donors and specialized nongovernmental organizations."[79] Im Rahmen dieser Policy geht es um Fragen von Frieden und Gerechtigkeit, die mittels bestimmter „tools", wie Gerichtsverfahren, Wahrheitskommissionen, Lustration, Reparationen, Amnestie und anderen praktisch „beantwortet" werden sollen. Zudem sind Policies von Transitional Justice und Peacebuilding besonders durch gemeinsame Maßnahmen im Bereich von Reformpolitiken (etwa des Sicherheitssektors) und „rule of law programming"[80] miteinander verknüpft.

Eine mit Peacebuilding-Programmen verknüpfte Transitional Justice kann Sriram zufolge Post-Konfliktgesellschaften destabilisieren, insofern sie über hegemoniale Deutungsmuster Aufarbeitungsprozesse strukturiert und dadurch mitunter konflikt- verschärfend wirkt. Auch führt sie aus, dass unter kulturellen Gesichtspunkten die Angemessenheit liberaler Transitional Justice als Policy in nichtwestlichen Gesellschaften zu hinterfragen ist:

---

[76] Newman et al. (2009b).

[77] Sriram (2009): 118. S.a. Thallinger (2007), der jenseits einer Liberalismuskritik diesen Zusammenhang ebenfalls herausstellt.

[78] Ibid.: 112. Im Kern läuft das Argument darauf hinaus, auf die immaneten Konfliktmomente liberaler Demokratie (Wahlen, „Wettbewerb" versch. Parteien, etc.) und Marktwirtschaft (Marktkonkurrenz, Kapital vs. Arbeit, etc.) abzustellen, die gerade in nicht konsolidierten (Post-) Konfliktgesellschaften konfliktverschärfend und damit destabilisierend wirken würden. Für eine weitergehende, aktuelle und kritische Übersicht und Diskussion der verschiedenen Spielarten dieser Kritik s. Chandler (2010).

[79] Sriram (2009): 116.

[80] Ibid.: 118.

„[T]he emphasis upon individual rights, obligations and accountability derives from a Western liberal vision of individual rights that may not be appropriate to cultures that emphasize group or community identity."[81]

Im Kontext der Globalisierungsdiskussion betrachtet, lässt sich ihr Beitrag als Fortführung der Sichtweise Arthurs begreifen, der eine Weiterentwicklung des Konzeptes zu einer Policy internationaler Akteure für Interventionen in Post-Konfliktgesellschaften konstatiert. Ihre Verbindung von Transitional Justice und Peacebuilding als Interventionspraxis führt gewissermaßen das Argument weiter, das Konzept sei an modernisierungstheoretische Vorstellungen gebunden. In jedem Fall unterstreicht Sriram Arthurs Sichtweise von Transitional Justice als internationale Policy bzw. Konzept, mit dem „top down" und „von außen" in lokale gesellschaftliche Kontexte interveniert wird. Derartige Interventionen versuchen die gesellschaftlichen Verhältnisse von Post-Konfliktgesellschaften durch rechtliche Setzungen zu strukturieren, was Sriram zufolge mitunter eher konfliktverschärfend als friedens- sichernd wirken kann.

Mit Rosemary Nagy lässt sich eine liberalismuskritische Betrachtung globaler Transitional Justice fortführen. Sie versteht unter jener ein weltweites Theorie- und Praxisfeld, das vor allem Gerichtsverfahren und Wahrheitskommissionen, ein eigenes Forschungsgebiet und eine Reihe genuiner Transitional Justice (N)GOs umfasst.[82] Nagy knüpft in ihrer Darstellung argumentativ an Srirams Positionen an, wenn sie schreibt: „Steeped in Western liberalism, and often located outside the area where conflict occurred, transitional justice may be alien and distant to those who actually have to live together after atrocity."[83]

Das Problem sieht sie allerdings nicht so sehr in einer kulturellen Differenz, sondern vielmehr darin begründet, dass dieses westlich-liberale globale Projekt einen standardisierten, dekontextualisierten und technokratischen Umgang mit Makrogewalt fördere: „In the determination of who is accountable for what and when, transitional justice is a discourse and practice imbued with power. Yet, it can be strikingly depoliticized in its application."[84] An anderer Stelle schreibt sie: „The problem is not with law and human rights per se but with the depoliticised way in which ‚justice' can operate. A technocratic focus on ‚the law' abstracts from lived realities."[85] Mit anderen Worten: Transitional Justice verweist auf einen machtvollen Vorgang, der auf der Zuordnung und Zuschreibung beruht, wer, wann, wo für Makroverbrechen zur Rechenschaft gezogen wird. Zudem

---

[81] Ibid.: 122.
[82] Nagy (2008).
[83] Ibid.: 275.
[84] Ibid.: 286f.
[85] Ibid.: 279.

strukturieren vor allem Rechtsnormen und rechtliche (legalistische) Konzeptionen in einer Art und Weise den Umgang mit massiver Gewalt und Gräueltaten, die die Komplexität lokaler Realitäten, Gewalterfahrungen und Historien in drastischer Weise reduziert und entpolitisiert.

Nagy legt Wert darauf, festzustellen, dass es sich bei Transitional Justice um ein globales Projekt handelt und nicht um ein internationales:

> „By ‚global project', I refer to the fact that transitional justice has emerged as a body of customary international law and normative standards. I call it a ‚global' project rather than an ‚international' one in order to capture the three-dimensional landscape of transitional justice (local, national, global) and its location within broader processes of globalisation."[86]

Dies ist insbesondere dahingehend zu verstehen, dass sie nicht von der Möglichkeit ausgeht, eine klare „Demarkationslinie" zwischen einer internationalen und einer lokalen Dimension von Transitional Justice ziehen zu können. Wenngleich sie von einer „westlichen" Prägung des Projektes spricht (und damit zumindest auf eine kulturelle Differenz anspielt), steht in ihrer Argumentation doch insgesamt die „Professionalisierung" und Technokratisierung von Transitional Justice im Vordergrund, etwa wenn sie unterstrich: „(...) [It is] a professional body of international donors, practitioners and researchers [that] assists or directs in figuring this out and implementing it [Transitional Justice als globales Projekt, D.P.]."[87]

Folgt man diesen Autorinnen, die in Transitional Justice ein internationales Policy- Konzept oder ein genuin globales Projekt sehen, so ergibt sich insgesamt eine neue Perspektive auf die Globalisierung der Ahndung und Aufarbeitung von Makrogewalt. In ihren Darstellungen stehen nicht lokale Kämpfe und Aushandlungen zwischen Recht und Politik im Vordergrund, sondern die Entwicklung eines Programms zur Intervention und Gestaltung von Post-Konfliktgesellschaften, das über rechtspolitische Praxen (z.B. „rule of law programming", Strafverfolgung) in technokratischer Manier westlich- liberale demokratische Strukturen aufzubauen sucht. Hier wird Transitional Justice als eine Policy präsentiert, die auf internationalen Konferenzen und in den einschlägigen Zirkeln internationaler Organisationen - allen voran den UN - entworfen und (weiter-)entwickelt wurde. Auf Basis dieses Konzeptes wird nunmehr weltweit in Post- Konfliktgesellschaften interveniert. Auch wenn sich viele der Kritikerinnen an mancher Stelle beeilen zu sagen, dass sie keineswegs eine „Fundamentalkritik" im Sinn haben, zeichnen ihre Analysen doch ein äußerst pessimisti-

---

[86] Ibid.: 276.
[87] Ibid.

sches Bild der Globalisierung. Technokratisch, ideologisch zweifelhaft, macht-politisch bedenklich – mit derartigen Schlagwörtern ließe sich wohl der Stand ihrer Entwicklung aus ihrer Sicht zusammenfassen.

Nicht nur in ihrer Bewertung des Prozesses unterscheiden sich Arthur, Sri-ram und Nagy deutlich von den zuvor diskutierten Ansätzen. Auch in ihrer in-haltlichen Schwerpunktsetzung lassen sich eindeutige Unterschiede ausmachen. Ersichtlich ist zunächst, dass hier nicht das Recht, sondern der Liberalismus als Idee (bzw. Ideologie) in all seinen Facetten (z.b. Modernisierungstheorie, Lega-lismus) im Fokus steht. Darüber hinaus geht es den Autorinnen auch weniger darum, den Prozess der Globalisierung zu untersuchen als vielmehr die Struktur, Verfassung und Prägung globaler Transitional Justice. Somit wird ein zum Teil sehr detailreicher, weitergehender Blick auf deren Globalität ermöglicht, aller-dings kaum weiterführende Aussagen zur Globalisierung als sich entwickelndem Prozess vorgebracht. Auch hier gilt damit wieder, dass die Arbeiten fundamenta-le Einsichten in bestimmte Aspekte ermöglichen, in ihrer analytischen Reichwei-te allerdings begrenzt bleiben.

2.4 Die lokale Perspektive

Neben diesen Ansätzen sind unlängst eine Reihe weiterer Arbeiten vorgelegt worden, die eine globalisierungskritische Perspektive in Bezug auf Transitional Justice einnehmen. Im Unterschied zu den im vorangegangenen Abschnitt vor-gestellten Aufsätzen liegt der Schwerpunkt der Analyse hier allerdings weniger auf den konzeptionellen Einflüssen und Strukturen globaler Transitional Justice als vielmehr auf ihrem Verhältnis zu einzelnen Aufarbeitungsprozessen in loka-len Kontexten.

Alexander Hintons anthropologischen Zugang, Kiernan McEvoy und Lorna McGregors Sicht auf eine Transitional Justice „von unten" und Pierre Hazan, Rosalind Shaw und Lars Waldorfs Ansatz einer „Lokalisierung" von Transitional Justice Prozessen vereint ein dezidierter Blick auf gesellschaftliche Realitäten im Umgang mit Makrogewalt, die jenseits der nationalstaatlichen und internationa-len Ebene liegen.[88] Dabei versuchen sie über eine Reihe von Einzelfallanalysen die Komplexität lokaler Kontexte und die Prioritäten und Bedürfnisse der unmit-telbar von Makrogewalt Betroffenen verstärkt in den Blick zu nehmen. Immer wieder weisen sie dabei darauf hin, dass sich in einer Vielzahl von Fällen ein grundlegendes Spannungsverhältnis zwischen diesen ortsgebundenen und orts-

---

[88] McEvoy & McGregor (2008a); Hazan et al. (2010); Hinton (2011b).

abhängigen Umständen und den von internationalen Akteuren und nationalen Eliten implementierten globalen Normen und Mechanismen beobachten lässt. „When national and international accountability mechanisms are engaged in specific times and places, they are often evaded, critiqued, reshaped, and driven in unexpected directions"[89], bringen Shaw und Waldorf das daraus resultierende Konfliktpotential globaler Transitional Justice auf den Punkt. Ähnlich spricht Hinton von „Reibungskonflikten"[90] und McEvoy und McGregor etwas drastischer von einer „grassroots resistance" gegenüber einer globalen Transitional Justice.[91] In von Fall zu Fall unterschiedlicher Art und Weise kommt es also dazu, dass weite Teile der Bevölkerung offizielle Maßnahmen von Transitional Justice ignorieren, dass bestimmte Gruppen in direkte Opposition zu offiziellen Deutungen der Gewalt und der Historie gehen, kurzum: dass die implementierten Ansätze globaler Transitional Justice nicht die ursprünglich intendierten Folgen haben.

In ihrer Ursachenanalyse scheinen sich die Autorinnen zunächst weitgehend an den oben genannten Kritikerinnen zu orientieren. Liberalismus, ein technokratischer „Werkzeugkasten" und die Darstellung von Transitional Justice als eine Policy stellen auch hier zentrale Bezugspunkte in der Betrachtung dar. So spricht etwa Hinton von einem „cluster of liberal normative goods, such as the rule of law, peace, reconciliation, civil society, human rights, combating impunity, and justice"[92] und Shaw und Waldorf von einer „liberal vision of history as progress (...) [and] a set of legal mechanisms and commemorative projects – war crimes prosecutions, truth commissions, purges of perpetrators, reparations, memorials – that is often conceived as a ‚toolkit' for use all over the world."[93] Die Sichtweise, globale Transitional Justice werde vor allem von internationalen Akteuren „top down" in lokale Kontexte eingeführt, ist vielleicht bei Kiernan McEvoy und Lorna McGregor am stärksten ausgeprägt, wenn sie von einer „transitional justice from above"[94] sprechen. Auch Weinstein et al. kritisieren etwa die bürokratischen Verfahrensweisen der „UN policymakers"[95].

Doch insgesamt ergibt sich ein komplexeres Bild globaler Transitional Justice, das hier in der Regel als ein insgesamt etwas uneindeutig verbleibendes Konglomerat aus bestimmten Maßnahmen, Normen, Weltbildern und Vorstellungen gedacht wird, dem sich unterschiedliche Akteure bedienen. Dies wird

---

[89] Ibid.: 3.
[90] „Frictions", Hinton (2011a): 9ff.
[91] McEvoy & McGregor (2008b): 3.
[92] Hinton (2011a): 1.
[93] Shaw & Waldorf (2010): 3.
[94] McEvoy & McGregor (2008a): Titel.
[95] Fletcher et al. (2010): 47.

besonders bei Shaw und Waldorf deutlich, wenn sie von einer „(...) nature of
transitional justice" sprechen, die aus einer „underlying teleology of evolution
and progress, (...) [a] dualistic moral vision, (...) dominant models of memory,
speech, and personhood, and (...) [the] privileging of criminal justice and civ-
il/political rights over other forms" besteht, die in lokalen Kontexten „exposed,
challenged, disassembled, and reconfigured" wird.[96] Auch tendieren sie dazu,
kulturalistische Argumente zurückzuweisen und legen dar, dass auch nationale
Eliten und lokale NGOs eine entscheidende Rolle bei der Implementierung globaler Modelle und Maßnahmen spielen. Im selben Zusammenhang wird auch ein
neuerdings bestehender Fokus auf „das Lokale" in internationalen Policies thematisiert, wenngleich diese Ansätze als ungenügend zurückgewiesen werden.[97]

Der Erkenntnisgewinn dieser Arbeiten besteht zunächst darin, dass jenseits
der staatlichen Ebene die komplexen soziopolitischen Verhältnisse in Post-
Konfliktgesellschaften facettenreich beleuchtet werden. In diesem Sinne machen
sie gegenüber einer Vielzahl anderer Einzelfallstudien auf den größeren Kontext
von Transitional Justice aufmerksam. In theoretischer Hinsicht wird sich zudem
überzeugend um einen analytischen Rahmen für „das Lokale" bemüht, der kulturalistische Argumente zurückweist und eine starre Trichotomie zwischen globaler, nationaler und lokaler Ebene zu überwinden sucht. Jenseits dessen sind die
Studien für eine Analyse der Globalisierung und Globalität von Transitional
Justice in zwei Punkten besonders interessant: Zum einen verdeutlichen sie in
empirischer Hinsicht, dass inzwischen von der Herausbildung einer emergent
globalen Transitional Justice auszugehen ist, die nicht nur rechtliche Aspekte
umfasst, sondern auch in all ihren Dimensionen nur bedingt mit dem Verweis auf
liberale Policies hinreichend charakterisiert ist. Zum anderen zeigen sie mit bemerkenswerten empirischen Befunden auf, dass diese in einem so komplexen
wie strukturellen Spannungsverhältnis zu der Komplexität lokaler Realitäten
stehen.

Die Grenzen ihrer analytischen Reichweite für eine Untersuchung globaler
Entwicklungen liegen dabei allerdings klar in ihrem lokalen Fokus begründet.
Der Schwerpunkt auf die tiefgehende Auseinandersetzung mit den verschiedenen
Aspekten einzelner Kontexte führt dazu, dass eine globale Transitional Justice
insofern insgesamt schemenhaft bleibt als ihre Beschreibung oftmals den Cha-
rakter nicht weiter erläuterter Aufzählungen hat. Dadurch drängt sich vor dem
Hintergrund dieser globalisierungskritischen Arbeiten in besonderem Maße die
Einsicht in die Notwendigkeit einer weitergehenden Analyse der Globalisierung
und Globalität von Transitional Justice auf.

---

[96] Shaw & Waldorf (2010): 4
[97] Ibid.: 5.

2.5 Zusammenfassung der Debatte

Obgleich die Globalisierung lange Zeit ein Randthema des Diskurses war, liegen inzwischen eine Reihe von Arbeiten vor, die in gänzlich unterschiedlicher Weise grundlegende und überzeugende Einsichten auf diesen Prozess bieten. Der wohl wichtigste allgemeine Punkt der hier vorgestellten Arbeiten ist, dass die Berücksichtigung der Globalisierung und Globalität als ein unabdingbarer Aspekt in der Analyse von Transitional Justice Prozessen erachtet werden muss. Folgt man den Autorinnen, so wird man feststellen müssen, dass ohne irgendeine Kenntnisnahme der globalen rechtlichen Entwicklungen bzw. der Rolle und des Einfluss internationaler Akteure und ihrer Policies eine Untersuchung von Aufarbeitungs- und Ahndungsprozessen gegenwärtig kaum mehr möglich scheint. Wenngleich sie gänzlich unterschiedliche Ansätze formulieren, legen also die verschiedenen Positionen insgesamt nahe, dass heute von der Emergenz einer globalen Transitional Justice ausgegangen werden muss: In einzelnen Kontexten stattfindende Prozesse um den Umgang mit massiver Gewalt und Gräueltaten sind dass eine, globale Normen, Maßnahmen, Konzepte und Modelle das andere. Beide stehen natürlich in einem bestimmten Verhältnis zueinander (bzw. werden in ein Verhältnis gesetzt), müssen aber gerade in analytischer Hinsicht als eigenständige soziale Tatsachen begriffen werden.

Jenseits dieses Konsens wurde ein jeweils unterschiedliches Augenmerk auf einzelne Aspekte der Globalisierung und Globalität gerichtet. Damit geht auch eine Differenz in der Bewertung der mit Transitional Justice verbundenen Ambivalenzen einher.

Bei Teitel und Sikkink steht zweifellos das Recht und rechtspolitische Auseinandersetzungen im Fokus. Als (Menschen-)Rechtspraxis gedacht, umfasst Transitional Justice für sie die Durchsetzung der „rule of law" und eine individuelle strafrechtliche Ahndung von Makrokriminalität. In ihren Analysen thematisieren sie in diesem Zusammenhang vor allem globale Entwicklungsdynamiken. Der Ausblick auf die Globalisierung ist dabei zwar ein tendenziell eher positiver. Doch machen sie auch darauf aufmerksam, dass die Durchsetzung von Transitional Justice keinesfalls absolut ist. Wie oben bereits angemerkt, widmet Sikkink den USA und den in ihrem Namen begangenen Menschenrechtsverletzungen ein ganzes Kapitel in ihrer Arbeit. Und auch Teitel weist darauf hin, dass sich immer wieder Staaten der Aufarbeitung und Ahndung von Makrogewalt entziehen. So nennt sie etwa die Leugnung des Genozid an den Armeniern seitens der türkischen Regierung, oder den Unwillen Japans, sich weiter mit den Kriegsverbrechen des Zweiten Weltkrieges zu befassen.[98] Beide Autorinnen führen aus, dass dieses Verhalten zwar nicht mehr als legitim erachtet werden kann und mit ihm daher in unterschiedlicher Hinsicht außenpolitische Probleme für die jeweiligen Staaten einhergehen. Nichtsdestotrotz zeigen beide damit die gegenwärtigen Grenzen in der „Normalisierung" von Transitional Justice auf: Immer wieder entziehen sie Staaten ihren internationalen Verpflichtungen bzw. dem Druck der Norm, und nach wie vor gehen Makrokriminelle straffrei aus.

Demgegenüber kritisieren Autorinnen wie Arthur, Sriram und Nagy den Einfluss liberaler Ideen auf Konzepte des Umgangs mit Makrogewalt. Transitional Justice ist für sie ein Policy-Projekt westlicher Staaten und internationaler Organisationen, das die Interventionspolitik dieser Akteure informiert. Dabei steht bei ihnen weniger der Prozess der Globalisierung als vielmehr Strukturmomente ihrer Globalität im Vordergrund. Letzteres gilt insbesondere auch für globalisierungskritische Betrachtungen, die sich um eine lokale Perspektive bemühen. Wenngleich hier vor allem das Verhältnis globaler Normen bzw. Mechanismen und den jeweiligen gesellschaftlichen Realitäten analysiert wird und dabei die Vielfalt letzterer im Fokus steht, zeichnet sich in ihren Darstellungen ein weitaus komplexeres Bild globaler Transitional Justice ab. Die Ambivalenzen der Globalisierung werden dabei insgesamt vornehmlich in einem Spannungsverhältnis zwischen der globalen und der lokalen Ebene gesehen. Liberalen Konzepten und einer technokratischen Praxis stellen sie die spezifischen lokalen Bedingungen und die Prioritäten der Überlebenden gegenüber und machen dabei darauf aufmerksam, dass hegemoniale Vorstellungen von Transitional Justice oftmals eher Konflikten Vorschub leisten oder jedenfalls nur bedingt den Frieden und die Gerechtigkeit in Post-Konfliktgesellschaften fördern können.

Durch die verschiedenen Positionen hindurch ergibt sich somit ein facettenreiches Bild globaler Tendenzen in der Aufarbeitung und Ahndung von Makrogewalt, in dem einzelne Aspekte oftmals mit einer hohen Detailtiefe hervorgehoben sind. Dieser Eindruck bleibt auch hinsichtlich der unterschiedlichen Bewertung der Ambivalenzen und Problematik in der Globalisierung bestehen. Es wird deutlich, dass der Diskurs zwar wichtige empirische Erkenntnisse, weiterführende theoretische Überlegungen und fundamentale Einsichten über den Prozess vorhält. Jedoch stehen die profunden, aber eben auch partikularen Untersuchungen rechtlicher Entwicklungen und politisch- ideengeschichtlicher Einflüsse weitgehend unzusammenhängend nebeneinander und können nur schwerlich eine Perspektive auf den Gesamtprozess eröffnen.

---

[98] Teitel (2010): 18.

Daraus resultiert nicht zuletzt ein sehr disparates Bild der Ambivalenzen des Prozesses. Einerseits wird darauf hingewiesen, dass globale Transitional Justice weiter durchgesetzt werde muss, und in diesem Sinne nach wie vor zu wenig globale Gerechtigkeit besteht. Andererseits wird gerade aus einer lokalen Perspektive deutlich, dass lokale Aufarbeitungsprozesse in mitunter fragwürdiger Weise von globalen Normen und Mechanismen strukturiert werden, und somit eher von zu viel globaler Gerechtigkeit gesprochen werden müsste.

2.6 Ein Plädoyer für eine weitergehende Perspektive auf die Globalisierung von Transitional Justice

„The normative positions of scholars have heavily influenced the development of literature in this field, in which scholarship, practice, and advocacy are deeply intertwined"[99], stellten Leslie Vinjamuri und Jack Snyder bereits vor einigen Jahren mit Blick in auf den Diskurs um Transitional Justice fest. Auch mit Blick auf die Globalisierungsdiskussion scheint es zunächst leicht, bestehende Sichtweisen mit normativen Grundpositionen des Diskurses in Verbindung zu bringen. Während sich in der Anfangszeit noch „idealistische" und „realistische" Sichtweisen gegenüberstanden[100], verläuft heute die „Demarkationslinie" tendenziell eher zwischen rechtlichen und konfliktorientierten Ansätzen. Dabei wird entweder der Ahndung oder der Aufarbeitung von Makrokriminalität auf Basis eines normativen *a priori* ein besonderer Stellenwert zugemessen. Bisweilen ist die Debatte dabei so zugespitzt, dass sogar schon die Rede von einem „akademischen Schlachtfeld"[101] ist, auf dem die „Kolonisierung" und „Dekolonisierung" des Feldes von Transitional Justice durch das Recht ausgetragen wird.[102]

Wenngleich es nun vielleicht zu viel ist zu sagen, dass die unterschiedlichen Perspektiven auf die Globalisierung direkt und unmittelbar von diesen Auseinandersetzungen im Diskurs geprägt sind[103], so ist doch eine starke Kongruenz festzustellen. Das einerseits indirekt der Stärkung des Rechts angesichts einer mitunter doch begrenzten Reichweite auf der globalen Ebene das Wort geredet wird, und andererseits die Notwendigkeit eines konfliktsensibleren Umgangs auf

---

[99] Vinjamuri & Snyder (2004): 345.
[100] S. hierzu die oben stehenden Ausführungen und Verweise bei Teitel.
[101] Bell (2009).
[102] Ibid.: 21. Sie selbst ergreift dabei letztlich Partei für eine eher rechtlich orientierte Transitional Justice wenn sie appelliert, nicht ein „deep justice project" zu gefährden, ibid.: 27.
[103] Vgl. aber Nagy (2008): 277.

der lokalen Ebene eingefordert wird, überrascht jedenfalls vor diesem Hintergrund kaum. Mit der einleitend zu diesem Kapitel zitierten Feststellung von Ritzer könnte man somit sagen, dass sich im Diskurs von Transitional Justice nur allgemeine Tendenzen von „Globophobia" und „Globophilia" widerspiegeln, die lediglich auf der Basis normativ- praxisorientierter Grunddispositionen einen besonderen Ausdruck erhalten. Mit dem Hinweis, dass sich Transitional Justice als ein contested field"[104] präsentiert, könnte man sich damit von einer weiteren Analyse ihrer Globalisierung verabschieden.

Jedoch bleibt auch der Eindruck, dass bestehende Ansätze lediglich zwei Seiten ein und derselben Medaille betrachten. Sie reden an vielen Stellen über die gleichen Fälle, die gleichen Maßnahmen, und die gleichen historischen Phasen. Und auch lassen sich immer wieder Stellen finden, an denen sich die Autorinnen einer einfachen Einordnung in die „Schützengräben" eines „akademischen Schlachtfeldes" entziehen. Mit Blick auf die Beiträge in ihrem Sammelband halten etwa McEvoy und McGregor fest: „Without exception, none of the papers adopts a simplistically rejectionist position towards the more traditional styles of transitional justice ‚from above'."[105] Und auch Teitel spricht sich gegen einfache liberale Vorstellungen über und Konzeptionen von Transitional Justice aus, wenn sie schreibt: „With the normalization or entrenchment of transitional justice, justice-seeking mechanisms are not always aligned in a straightforward way that is it is not linear in its association with a progressive movement of a political regime in a liberalizing direction."[106]

Vor diesem Hintergrund erscheint es sowohl voreilig, bestehende Ansätze in normative Schubladen zu stecken, als auch sich von einer weiteren Analyse der Globalisierung zu verabschieden. Denn gerade wenn man die Auffassung stärken möchte, dass die Aufarbeitung und Ahndung von Makrogewalt immer sowohl auf ein Moment der Ahndung von Verbrechen politisch Mächtiger als auch ein Moment der Auseinandersetzung mit komplexen Konfliktlagen gebunden ist, bietet sich ein eher unbefriedigendes Bild. Sicher, es bleibt festzustellen, dass die Globalisierung von Transitional Justice insgesamt offenkundig als ambivalent zu bezeichnen ist. Der Kern dieser Ambivalenz ist allerdings nur schwer auszumachen, und so bleibt lediglich die Einsicht, dass der Prozess seine „guten" und seine „schlechten" Seiten aufweist. Insofern die hier vorgestellten Autorinnen gerade die zentrale Notwendigkeit für die Berücksichtigung von globalen Aspekten und Entwicklungen für die wissenschaftliche und praktische Ausei-

---

[104] Fletcher & Van der Merwe (2013): 3.
[105] McEvoy & McGregor (2008b): 5.
[106] Teitel (2010): 17.

nandersetzung mit Transitional Justice deutlich gemacht haben, fällt es aus dieser Sicht schwer, sich mit dem Stand der Debatten zufrieden zu geben.

Somit plädiere ich nun für eine weitergehende Perspektive auf die Globalisierung von Transitional Justice und werde eine solche auch in den Folgenden Kapiteln entwickeln. Über die Betrachtung einzelner Aspekte und Tendenzen hinaus soll eine zwar weniger „detailverliebte", dafür aber stärker holistische Sicht auf den Prozess eröffnet werden. Die Erkenntnisse der diskutierten Ansätze werden dabei im Weiteren noch verschiedentlich (d.h. sowohl als theoretische Bezugspunkte als auch in empirischer Hinsicht) in die Untersuchung einbezogen. Im nächsten Schritt muss es zunächst vor allem darum gehen, in Distanz zu den normativen Dispositionen des Diskurses einen theoretischen Rahmen zu entwickeln, der eine derartige Analyse anleiten kann.

3 Transitional Justice in der World Polity: Der theoretische Rahmen

„For a century or more, the world has constituted a singular polity. By this we mean that the world has been conceptualized as a unitary social system, increasingly integrated by networks of exchange, competition, and cooperation, such that actors have found it ‚natural‘ to view the whole world as their arena of action and discourse.“[107]

„All the world's a stage, and all the men and women merely players.“[108]

Nach dieser intensiven Diskussion der Beiträge im Diskurs um Transitional Justice besteht also nun die Herausforderung, einen theoretischen Rahmen zu entwickeln, der die weitere Analyse anleiten kann. Um bisherige Engführungen zu vermeiden, definiere ich globale Transitional Justice dabei zunächst als „globale Tendenzen in der Aufarbeitung und Ahndung von Makrogewalt". Im Folgenden wird es darum gehen, wie unter dieser weiten Begriffsverwendung sowohl der Prozess der Verbreitung als auch die Emergenz globaler Normen, Mechanismen, Modelle und Konzepte in theoretischer Hinsicht erfasst werden können. Auf diese Weise soll ein analytischer Ansatz erarbeitet werden, der jenes „Patchwork" an Ereignissen, Entwicklungen und Aspekten, das nach der Betrachtung der Literatur vorliegt, zusammenführen kann.

Wenn im vorangegangenen Abschnitt also Transitional Justice im Vordergrund stand, ist es jetzt an der Zeit, sich näher mit der Bedeutung und Analyse von Globalisierung auseinanderzusetzen. Die Mannigfaltigkeit an sozialwissenschaftlichen Ansätzen in diesem Feld ermöglicht dabei sicherlich mehrere Zugänge.[109] Mein Ziel ist es an dieser Stelle aber nicht, unterschiedliche Theorien auf ihre gegenstandsbezogene Reichweite zu prüfen. Vielmehr geht es mir darum, einen Weg zu finden, der den genannten Anforderungen auf eine theoretisch plausible Weise gerecht werden kann.[110] Wie ich im Folgenden zeigen wer-

---

[107] Boli & Thomas (1999b): 14.

[108] Shakespeare, „As You Like It", 2. Akt, 7. Aufzug.

[109] S. hierzu etwa Beck (1997) sowie Ritzer (2007b). Für politikwissenschaftliche Ansätze vgl. einführend Baylis & Smith (2001b).

[110] Wissenschaftstheoretisch gesprochen geht es mir also in einem konstruktivistischen Sinne darum, einen „viablen" Ansatz zu entwickeln. Der Begriff der Viabilität wurde von Glasersfeld eingeführt:

de, eignet sich hierfür besonders der Rückgriff auf die neo-institutionalistische World Polity Theorie (WPT).[111] Mit diesem dem Konstruktivismus zuzurechnenden Makroansatz kann direkt an bestehende theoretische Überlegungen im Diskurs um Transitional Justice angeknüpft werden. Zugleich können aber auch die unterschiedlichen Positionen in einen übergeordneten Rahmen integriert und damit in ihrer Engführung überwunden werden.

Mein Ausgangspunkt ist zunächst der im Fazit des vorangegangenen Kapitels festgestellte Konsens, dass es zu einer (weitgehenden) Normalisierung von Transitional Justice gekommen ist (3.1). In theoretischer Hinsicht lässt sich dies als ein Prozess der Normdurchsetzung verstehen. Einen diesbezüglichen, von Kathryn Sikkink und Martha Finnemore entwickelten Ansatz werde ich in diesem ersten Schritt vorstellen und darlegen, inwiefern auf diese Weise die Dynamik der Globalisierung von Transitional Justice erfasst werden kann. Zugleich werde ich den Ansatz aber auch kritisch mit Blick auf den hier verwendeten, weitergehenden Begriff von Transitional Justice diskutieren. Mein Punkt ist dabei, dass diese Theorie nur einen sehr isolierten Blick auf einzelne, sehr konkrete Normen eröffnet. Dadurch kann weder die konzeptionelle Ausgestaltung der Norm noch die Einbettung des Prozesses in eine globale soziale Umwelt betrachtet werden.

Daher werde ich in einem zweiten Schritt einen bereits von den Autorinnen am Rande angeregten Brückenschlag zur WPT vollziehen (3.2). Hier werde ich argumentieren, dass Normdurchsetzungsprozesse in eine durch Weltkultur konstituierte Weltgesellschaft eingebettet sind. Die Durchsetzung von Normen vollzieht sich in Anbindung an weltkulturelle Modelle, Werte und Prinzipien, auf die sich Akteure in der Auseinandersetzung um die Verwirklichung neuer Normen beziehen. Gleichzeitig prägt diese Anbindung auch ihre weitere Ausgestaltung. Auf diese Weise kann die isolierte Betrachtung einzelner Normen durchbrochen

---

„Der Begriff der Viabilität ersetzt jenen der ontischen Wahrheit: das heißt, die Bestätigung des Wissens wird nicht in einem unmöglichen Vergleich mit der Realität gesucht, sondern in seiner Brauchbarkeit angesichts der Hindernisse, denen wir beim Verfolgen unserer Ziele begegnen" (Glasersfeld, zit. n. Von Ameln, 2004: 95).

[111] Die WPT wurde bereits zur Analyse von Transitional Justice herangezogen, ohne dass dies jedoch zu einer umfassenden Theorie über globale Transitional Justice geführt hat (womit auch ich ihre Auslassung aus dem vorangegangenen Kapitel rechtfertige). So habe ich zusammen mit Thorsten Bonacker und Wolfgang Form (2011) in Rückgriff auf die WPT die neue Tendenz zur Opferbeteiligung in Transitional Justice Prozessen am Beispiel Kambodschas analysiert. Die gesteigerte Aufmerksamkeit und den neuen Stellenwert des Opfers in Transitional Justice hat Bonacker (2012) unlängst in allgemeinerer Hinsicht weiter ausgeführt. Albuja und Cavallaro (2008) haben ebenfalls Überlegungen der WPT in ihre Analyse des Zusammenhangs von Wirtschaftsverbrechen und Wahrheitskommissionen einfließen lassen, wenn auch nur am Rande. Und auch in der WPT selbst werden bisweilen Aspekte des Völkerstrafrechts und - sehr vage - von Transitional Justice angesprochen, vgl. Boli & Lechner (2005); Dierkes & Koenig (2006).

werden und der Einfluss der globalen sozialen Umwelt auf ihre Diffusion und Durchsetzung in den Fokus gerückt werden.

Um in einem dritten Schritt das Moment der Konzeptionalisierung besser analysieren zu können, wird abermals in Bezugnahme auf die WPT auf die verschiedenen Aspekte von Rationalisierung im Kontext von Weltgesellschaft eingegangen werden (3.3). Rationalismus ist als ein weiterer Kernbestandteil der World Polity anzusehen – und Rationalisierung, verstanden als Institutionalisierung von Zweck-Mittel Relationen in den unterschiedlichsten soziopolitischen Bereichen, als eine ihrer grundlegende Dynamiken. Mit den diesbezüglichen theoretischen Überlegungen lässt sich die Konzeptionalisierung von Transitional Justice und die Institutionalisierung unterschiedlicher Mechanismen, Modelle und Vorstellungen erklären.

Über diesen Dreischritt erhält man ein theoretisches Modell, in dem die Globalisierung von Transitional Justice als ein komplexer und langwieriger Prozesses verstanden werden kann. In diesem hat sich eine Norm zur Aufarbeitung und Ahndung von Makrogewalt im Zuge einer weltkulturellen Institutionalisierung zu einem rationalisierten Feld zum Umgang mit massiver Gewalt und Gräueltaten entwickelt (3.4). Das Ergebnis ist ein Analyserahmen, der zunächst auf einer abstrakten Ebene die bisherigen Ansätze im Diskurs um die Globalisierung von Transitional Justice aufgreifen kann, sie aber auch zugleich miteinander in ein Verhältnis setzen und somit über bisherige Dichotomien in der Betrachtung hinausweisen kann.

3.1 Die Aufarbeitung und Ahndung von Makrogewalt als globale Norm

Der Ausgangspunkt dieser Arbeit bestand zunächst in der Beobachtung, dass die Aufarbeitung und Ahndung von Makrogewalt mehr oder weniger zu einer Art „Standardprozedur" von Staaten und internationalen Akteuren geworden ist. Diese Annahme wird auch von allen Ansätzen zur Globalisierung im Diskurs um Transitional Justice geteilt und bildet unabhängig von ihren weiteren Ausführungen den kleinsten gemeinsamen Nenner unterschiedlicher Zugänge. Im Rahmen einer kosmopolitischen Perspektive wird, wie ebenfalls gesehen, entweder von einer Norm von „Accountability" (Sikkink) oder von einer „Normalisierung" (Teitel) gesprochen. Auch Kritikerinnen wie Nagy stellen fest: „The question today is not *whether* something should be done after atrocity but *how* it should be done."[112]

---

[112] Nagy (2008): 276, kursiv i.O.

Aus einer sozialwissenschaftlichen Perspektive betrachtet, liegt es vor diesem Hintergrund zunächst nahe von einer globalen *Norm* zu sprechen, die zur Aufarbeitung und Ahndung von Makrogewalt anhält. Damit wird zum einen in quantitativ-deskriptiver Hinsicht der statistischen Häufigkeit von Transitional Justice Prozessen ab den 1970er Jahren Rechnung getragen.[113] Zum anderen kann in qualitativer Hinsicht diese Verbreitung über eine „allgemeingültige Verhaltensregel, deren Einhaltung von den anderen Gesellschaftsmitgliedern erwartet wird und deren Nichteinhaltung negativ sanktioniert wird"[114], erklärt werden. Es sollte klar sein, dass damit schließlich auch in beiderlei Hinsicht nicht gesagt ist, dass Makrogewalt immer aufgearbeitet und geahndet wird. Transitional Justice ist lediglich weltweit eher die Regel als die Ausnahme, weil über eine Norm ein bestimmtes Verhalten legitimiert und ein anderes delegitimiert wird (nämlich das Verschweigen der Verbrechen oder die Straflosigkeit für Makrokriminelle).

Legt man diesen theoretischen Ausgangspunkt zu Grunde, dann lässt sich nun die Frage nach der Globalisierung von Transitional Justice in einem ersten Schritt konkretisieren. Zumindest im Kern geht es nun darum zu fragen, wie sich eine Norm zur Aufarbeitung und Ahndung von Makrogewalt weltweit durchsetzen konnte. Dabei bietet es sich an, auf Martha Finnemores und Kathryn Sikkinks vielbeachteten Aufsatz mit dem Titel „International Norm Dynamics and Political Change" zurückzugreifen, in dem eine Theorie zur Analyse von Normdurchsetzungsprozessen entworfen wird.[115]

Zur Dynamik globaler Normdurchsetzungsprozesse: Der „norm life cycle"

Theoriegeschichtlich lässt sich dieser Ansatz in den Diskussionen im politikwissenschaftlichen Gebiet der „Internationalen Beziehungen" verorten. Insbesondere zwischen (neo-)realistischen und konstruktivistischen Positionen wird dort bereits seit einiger Zeit über den Stellenwert von Normen in der Weltpolitik debattiert.[116] Finnemore und Sikkink sind selbst dem Konstruktivismus zuzurechnen, kommen aber mit dem genannten Aufsatz einer realistischen Perspektive entgegen und betonen gegenüber tendenziell strukturfixierten konstruktivistischen Ansätzen die Relevanz von strategischem Akteurshandeln. Ihr Kernargument besteht darin, dass internationale Normen in ihrer Entwicklung einen gewissen Zyklus durchlaufen, und dass die Reflexion auf die Dynamik ihrer

---

[113] Vgl. Olsen et al. (2010); Backer (2009).
[114] Lamneck (2002): 386.
[115] Vgl. Finnemore & Sikkink (1998).
[116] S. hierzu etwa Björkdahl (2002) sowie Finnemore & Sikkink (2001). Einführend und grundsätzlich zu den jeweiligen Positionen s. auch Baylis & Smith (2001b).

Durchsetzungsprozesse notwendig ist, um fundierte Aussagen über den Stellenwert bestimmter Normen zu bestimmten Zeitpunkten treffen zu können.[117] Wie
sich internationale Akteure - vor allem Staaten - zu Normen verhalten, hängt also
davon ab, in welchem Entwicklungsstadium sich letztere befinden.

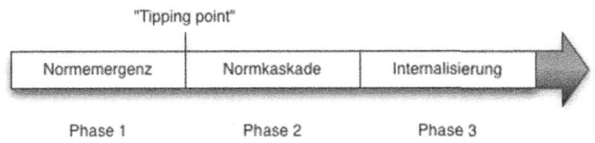

Abb. 1: Der „norm life cycle"[118]

Den Autorinnen zufolge können mit Blick auf Normdurchsetzungsprozesse
drei Phasen unterschieden werden: Normemergenz, Normkaskade und Internalisierung (Abb. 1). Diese Stationen eines „norm life cycle", wie der Prozess von
ihnen auch genannt wird, unterscheiden sich jeweils hinsichtlich der aktiv beteiligten Akteure, ihren Handlungsstrategien sowie der Geltungskraft bzw. Legitimität der jeweils betrachteten Norm.

Phase 1 (Normemergenz): Der entscheidende Faktor für die Entstehung
neuer Normen ist ihre Konstruktion[119] durch sogenannte „Normunternehmerinnen":

> „Norms do not appear out of thin air; they are actively built by agents having
> strong notions about appropriate or desirable behavior in their community. (...)
> Norm entrepreneurs are critical for norm emergence because they call attention to
> issues or even ‚create' issues by using language that names, interprets, and drama-
> tizes them."[120]

Normunternehmerinnen versuchen die Sichtweise auf das, was bezüglich bestimmter Sachverhalte als angemessen gilt, zu verändern. Konkret sind mit
„norm entrepreneurs" einzelne Individuen gemeint, die allerdings in der Regel in
politischen Zusammen- hängen und Organisationen (bzw. organisationellen
Netzwerken) operieren. Ihre Motivation ist eine idealistische: Getragen von Em-
pathie, Altruismus und/oder aus der (politischen) Unterstützung einer bestimmten „Sache" heraus propagieren sie neue Normen und versuchen Staaten und

[117] Finnemore & Sikkink (1998): 892.
[118] Die Darstellung wurde leicht abgewandelt übernommen aus ibid.: 896.
[119] Dies wird von den Autorinnen auch als „strategic social construction" bezeichnet, vgl. ibid.: 910.
[120] Ibid.: 896f.

andere relevante Akteure von ihrem Vorhaben zu überzeugen.[121] Als Ausgangspunkt ihres Aktivismus mag dabei die allgemeine Wahrnehmung eines globalen Missstandes sein. Eine besondere Rolle werden aber gerade in dieser Phase auch spezifische Ereignisse und Umstände an konkreten Orten spielen, über die eine Skandalisierung vorangetrieben werden kann.

Phase 2 (Normkaskade): Gelingt es Normunternehmerinnen, eine bestimmte Zahl von relevanten Akteuren – vor allem Staaten, die mit einer gewissen moralischen Vorreiterrolle verbunden werden[122] – für ihr Vorhaben zu gewinnen, erreicht die neue Norm einen „tipping point", der den Prozess in eine neue Phase führt. Diese neu gewonnenen Akteure treten nun selbst als aktive Befürworterinnen der Norm ein. Es sind nicht mehr primär individuelle Normunternehmerinnen, sondern Staaten, internationale Organisationen und transnationale Netzwerke, die den Prozess der Normdurchsetzung weiter vorantreiben. Sie selbst handeln dabei vor allem aus dem Motiv heraus, mittels der Akzeptanz und Förderung der Norm ihre Legitimität und ihr Ansehen in der Welt zu verbessern. Während sie selbst in der Phase der Normemergenz vor dem Hintergrund bestimmter innerstaatlicher Entwicklungen „überzeugt" wurden, geht es ihnen nun um ihre Identität als Mitglieder einer internationalen Gemeinschaft.[123]

Die neue Norm wird nun von ihnen als ein global-universaler Bezugspunkt für die „Angemessenheit" und „Nichtangemessenheit" des Handels von Akteuren gesetzt. Um sie als einen solchen weiter zu festigen, versuchen sie andere entsprechend zu „sozialisieren": „In the context of international politics, socialization involves diplomatic praise or censure, either bilateral or multilateral, which is reinforced by material sanctions and incentives."[124] Hilfreich ist dabei zudem die Demonstration, also das aktive „Vorleben" der Normerfüllung sowie Maßnahmen der Institutionalisierung, womit Finnemore und Sikkink vor allem die juristische Kodifizierung und Ausformung bestimmter Normen bezeichnen.[125]

Normativer Druck oder direkter Zwang (etwa über Sanktionen) können dabei die entscheidenden Mechanismen sein. Tatsächlich ist aber den Autorinnen zufolge vor allem Legitimität die „Währung", die hier sowohl in einer internationalen wie auch innerstaatlichen Hinsicht entscheidend ist. „(...) [T]here are costs that come with being labeled a ‚rogue state' in international interactions (...)", schreiben die Autorinnen und fügen hinzu: „We argue (...) that states also

---

[121] Ibid.: 898. „Überzeugen" mein dabei „the process by which agent action becomes social structure, ideas become norms, and the subjective becomes the intersubjective", ibid.: 914.

[122] Die Autorinnen sprechen von „moral stature", ibid.: 901.

[123] Ibid.: 902.

[124] Ibid.

[125] Vgl. ibid.: 900.

care about international legitimation because it has become an essential contributor to perceptions of domestic legitimacy held by a state's own citizens."[126] Staaten befolgen die neue Norm, die nun angemessenes Verhalten vorschreibt, weil sie ihre internationale und nationale Legitimität nicht beeinträchtigt sehen oder erhöhen wollen. Zwei „Sonderfälle" sind bezüglich des Aspekts der Legitimität zu konstatieren: Konformität und Ansehen. Ersteres ist insofern von Legitimität zu unterschieden, als es direkt auf ein Verlangen, zu einer bestimmten Gruppe oder Gemeinschaft hinzuzugehören, verweist. Während Legitimität stärker auf eine strategisches sich-verhalten hindeuten kann, ist Konformität als ein subtilerer Mechanismus anzusehen. Das Gleiche gilt für „Ansehen": „Esteem (...) goes deeper, since it suggests that leaders of states sometimes follow norms because they want others to think well of them, and they want to think well of themselves."[127] Finnemore und Sikkink legen damit also nahe, dass in bestimmten Fällen die Norm mitunter schlicht deswegen von Staaten befolgt wird, weil sich Staatsoberhäupter und Verantwortliche um ihr mit ihrem Amt verbundenes Image sorgen.

Phase 3 (Norminternalisierung): Die letzte, dritte Phase des „norm life cycle" verweist auf einen besonderen Zustand, den Normen erreichen können. „At the extreme of a norm cascade, norms may become so widely accepted that they are internalized by actors and achieve a ‚taken-for-granted' quality that makes conformance with the norm almost automatic."[128] Die neue Norm verweist nicht mehr nur auf angemessenes Verhalten, sondern sogar auf *für selbstverständlich gehaltenes* Verhalten. An dieser Stelle verweisen Finnemore und Sikkink insbesondere auf die „most prominent Western norms that we take for granted - such as those about market exchange, sovereignity, and individualism"[129]. Generell spielt hinsichtlich der Internalisierung vor allem Professionalisierung eine wichtige Rolle: „Professions often serve as powerful and pervasive agents working to internalize norms among their members. Professional training does more than simply transfer technical knowledge; it actively socializes people to value certain things above others."[130]

Die Theorie des „norm life cycle" ermöglicht durch ihre prozessuale Sichtweise auf internationale Normen ein differenziertes Bild ihrer Wirkmächtigkeit und Wirkungs- weise und rückt dabei das strategische Handeln von Akteuren in den unterschiedlichen Stadien ihrer Verbreitung und Durchsetzung in den Mit-

---

[126] Ibid.: 903.
[127] Ibid.
[128] Ibid.: 904.
[129] Ibid.
[130] Ibid.: 905.

telpunkt. Wenngleich die ursprüngliche Intention in der Vermittlung unterschiedlicher Schulen in den Internationalen Beziehungen lag, bietet der Ansatz von Finnemore und Sikkink weit darüber hinaus vielfältige Anknüpfungsmöglichkeiten für die Analyse globaler Phänomene. Aus einer soziologischen Sicht betrachtet, wird hier ein interessanter Ansatz zum Verständnis von Globalisierung vorgelegt, der insbesondere durch die Betonung ihrer Dynamik und seinen handlungstheoretischen Zuschnitt besticht. Für die vorliegende Arbeit ist festzuhalten, dass damit ein wichtiger erster Schritt für die Untersuchung der globalen Verbreitung und Durchsetzung von Transitional Justice gemacht ist. Dass es zu einer Normalisierung - verstanden als Norm-Werdung bzw. Normdurchsetzung - der Aufarbeitung und Ahndung Makrogewalt gekommen ist, kann zunächst als Ergebnis strategischen Akteurshandelns in verschiedenen Phasen eines längeren Entwicklungsprozesses verstanden werden. In diesem wurden eine ganze Reihe politischer Auseinandersetzungen um den legitimen Umgang mit massiver Gewalt und Gräueltaten geführt.

Die Grenzen des Ansatzes und die Möglichkeiten einer institutionalistischen Erweiterung

Wie jeder theoretische Ansatz weist jedoch auch Finnemore und Sikkinks „norm life cycle" durch seinen besonderen analytischen Zuschnitt einige „blinde Flecken" auf. Die Autorinnen weisen selbst auf die Grenzen ihrer Theorie hin und geben – mal implizit, mal explizit - Anregungen für Erweiterungen. Zwei miteinander in Verbindung stehende Aspekte sollen an dieser Stelle angesprochen werden, da sie direkt die hier angeregte Perspektive auf die Globalisierung von Transitional Justice betreffen.

Der erste Punkt betrifft den analytischen Unterschied in der Betrachtung isolierter Normen und aggregierter Institutionen. Zunächst sei daran erinnert, dass es in der politikwissenschaftlichen Debatte, vor deren Hintergrund die Theorie entstanden ist, letztlich um die Analyse und Prognose des Handelns von Staaten in Bezug auf einen bestimmten Sachverhalt X ging. Oben wurde kurz das Beispiel eines Verbots von Anti- Personen Minen angesprochen; als ein weiteres nennen die Autorinnen im Text das Frauenwahlrecht.[131] Dass der theoretische Zuschnitt dabei auf eine so konkrete wie partikulare Verhaltensanforderung ausgerichtet ist, ist den Autorinnen durchaus bewusst:

> „(...) [W]hereas constructivists in political science talk a language of norms, sociologists talk a language of ,institutions' to refer to the same behavioral rules. (...)

---

[131] Ibid.: 896.

One difference is aggregation: *the norm definition isolates single standards of behavior, whereas institutions emphasize the way in which behavioral rules are structured together and interrelate* (a ‚collection of practices and rules‛).“[132]

Inwiefern diese Einschränkung nun auch die Analyse der Globalisierung von Transitional Justice betrifft, lässt sich mit dem Hinweis auf Sikkinks eigene Adaption der Theorie in ihrer Untersuchung zur „justice cascade“ verdeutlichen. Die Norm, die dort im Mittelpunkt steht, ist mit „systematische Menschenrechtsverletzungen müssen individuell strafrechtlich verfolgt werden“ sehr konkret. Um die damit einhergehende, gegenstandsbezogene Engführung für eine Auseinandersetzung mit globalen Entwicklungen im Kontext von Transitional Justice zu umgehen, wurde allerdings hier mit „Makrogewalt muss aufgearbeitet und geahndet werden“ eine weitaus unbestimmtere Norm zu Grunde gelegt.[133] Auf diese Weise, so die Idee, sollen erst ihre *unterschiedlichen* konkreten Ausformungen (von denen die individuelle strafrechtliche Verantwortlichkeit eine ist) untersucht werden können. Das bedeutet also, dass hier die „Sammlung von Praxen und Regeln“ (im Sinne des oben stehenden Zitates) im Umgang mit massiver Gewalt und Gräueltaten mitbedacht werden muss. In diesem Sinne ist es notwendig, eine globale Norm zur Aufarbeitung und Ahndung von Makrogewalt aus einer institutionalistischen Perspektive zu betrachten. Anders ausgedrückt, liegt es vor diesem Hintergrund nahe, globale Transitional Justice in einem zweiten Schritt als ein Ensemble von Institutionen im Umgang mit Makrogewalt zu denken, denen eine „Kernnorm“ („Makrogewalt muss aufgearbeitet und geahndet werden“) zugrunde liegt.

Ein zweiter Punkt, die Einbeziehung globaler Strukturelemente, schließt an diese Problematik um die „isolierte“ Betrachtung einzelner Normen an. Die Autorinnen legen zu Recht dar, dass es eine Sache ist, zu erklären *wie* sich globale Normen aufgrund der inneren Dynamik des „norm life cycle“ durchsetzen. Eine andere ist es, darzulegen, *unter welchen Umständen* Normunternehmerinnen mit den von ihnen initiierten Prozessen am ehesten Erfolg haben.[134] In diesem Zusammenhang weisen sie insbesondere auf die Bedeutung globaler Umweltbedingungen für den Verlauf von Normdurchsetzungsprozessen hin. Der vielleicht intuitiv offensichtlichste Punkt ist dabei die Berücksichtigung des „world time-context:“[135] Es ist davon auszugehen, dass zu bestimmten Zeitpunkten in der Weltgeschichte Akteure empfänglicher für neue Normen sind (etwa nach Krie-

---

[132] Ibid.: 891, kursiv D.P.

[133] Dies wäre im Übrigen auch mit Blick auf die oben genannten Beispiele möglich: Das Frauenwahlrecht könnte etwa als eine Konkretisierung einer allgemeinen Norm zur Gleichstellung der Geschlechter verstanden werden.

[134] Finnemore & Sikkink (1998): 905.

[135] Ibid.: 909.

gen oder in Zeiten wirtschaftlicher Depression). Insgesamt besteht so die Notwendigkeit, hier die weltpolitische Lage und die Ordnung des internationalen Systems in der Analyse zu berücksichtigen. Darüber hinaus sprechen Finnemore und Sikkink noch einen weiteren Aspekt an, der wiederum direkt zu einer institutionalistischen Perspektive führt: die Pfadabhängigkeit globaler Normen.[136] Gemeint ist damit die Anbindung und „Einpassung" („fit") neuer Verhaltensregeln an bzw. in bestehende normative und institutionelle Ordnungen. In rechtlicher Hinsicht bedeutet dies etwa, die neue Norm in das Normgefüge des (internationalen) Rechts einzubinden. Aber auch jenseits dessen kann der Erfolg der Normdurchsetzung erhöht werden, wenn sich in dem Prozess und der Gestaltung neuer Normen an global legitimierten Prinzipien, wie etwa Universalismus, Fortschritt oder Weltbürgertum, orientiert und auf diese Weise auf einer höheren Ebene in institutionalisierte „Regelsammlungen" integriert wird.[137]

Damit kann insgesamt festgehalten werden, dass sich die Globalisierung von Transitional Justice im Kern als die globale Durchsetzung der Norm „Makrogewalt muss aufgearbeitet und geahndet werden" verstehen lässt. Mit Finnemore und Sikkinks Theorie des „norm life cycle" kann dieser Prozess als Ergebnis des strategischen Handelns verschiedener Akteure über mehrere Phasen theoretisch erfasst werden. Die Autorinnen weisen aber auch darauf hin, inwiefern sich eine soziologisch- institutionalistische Perspektive als eine sinnvolle Erweiterung anbietet, wenn nicht nur „isolierte" Normen betrachtet werden sollen. Auch machen sie darauf aufmerksam, dass es notwendig ist, globale Strukturmomente bzw. die globale soziale und politische Umwelt, in der sich der Prozess entwickelt, in die Untersuchung einzubeziehen. In diesem Sinne soll nun im Folgenden der Rahmen zur Analyse der Globalisierung von Transitional Justice erweitert werden.

3.2 Normen in der Weltgesellschaft: Die Wirkmächtigkeit von Weltkultur

Politikwissenschaftliche Theorien der internationalen Beziehungen beschäftigen sich mit dem Verhalten von Staaten und Organisationen auf der Ebene der Weltpolitik. Wie soeben ausführlich gezeigt wurde, ist dies auch der theoretische Fokus von Finnemore und Sikkink, wenn sie die Bedeutung von globalen Normen analysieren. Damit befassen sie sich mit einer Welt, in der bestimmte Akteure - Staaten, Organisationen und Individuen (hier in Form der Normunternehmerinnen)   ganz   selbstverständlich   voraussetzen,   dass   ihr

---

[136] Ibid.: 908.
[137] Ibid.: 907.

Handlungsspielraum prinzipiell die ganze Welt umfasst. Diese Akteure erkennen sich dabei grundsätzlich wechselseitig als relevante und legitime Bezugspartner an und gehen von der Existenz oder Möglichkeit universeller Regeln und Wertmaßstäbe aus, die sie mit jeweils anderen aus- bzw. verhandeln können.

Aus einer makrosoziologischen Perspektive betrachtet, liegt damit ein bemerkenswertes Ausgangsszenario vor, das bereits grundsätzliche Fragen aufwirft: Wie kommt es dazu, dass Staaten, Organisationen und Individuen die ganze Welt als ihre „Spielwiese" begreifen - und nicht nur ihren soziopolitischen „Nahraum"? Wer oder was verleiht diesen spezifischen Akteuren (und nicht etwa Klans, Stämmen oder anarchistischen Kollektiven) die Autorität, prinzipiell in diesem größtmöglichen Handlungsraum agieren zu können? Woher kommt die Idee einer Möglichkeit global-universeller Regeln, die weltweit in den unterschiedlichsten gesellschaftlichen Kontexten Geltungsmacht beanspruchen können?

Indem sie derartige Forschungsfragen aufwirft und diskutiert, eröffnet die Soziologie einen Blick auf die globale soziale Umwelt, in deren Kontext sich bestimmte soziale Prozesse wie etwa der Versuch der Durchsetzung neuer Normen erst vollziehen. Mit anderen Worten ermöglichen sie es also, die „isolierte" Betrachtung einzelner globaler Phänomene über die Einbeziehung eines größeren Rahmens aufzubrechen. Wie in diesem Abschnitt dargelegt werden soll, kann auf diese Weise in Anschluss an die vorangegangenen Ausführungen eine weitergehende Perspektive auf die Globalisierung von Transitional Justice aufgezeigt werden.

Weltgesellschaft und Weltkultur

Ein zentrales theoretisches Stichwort in der soziologischen Diskussion der oben aufgeworfenen Fragen ist „Weltgesellschaft". Allgemein gesprochen kann sie als „ein umfassendes soziales System aufgefasst [werden], das Nationalstaaten transzendiert und sich als eigenes Koordinatensystem über diese spannt."[138] Hinsichtlich der weiteren Analyse dieses Systems, der Frage seines Ursprungs und seiner Funktionsweise haben sich in den letzten Jahren verschiedene soziologische Ansätze entwickelt.[139] Einer davon ist die WPT, die in den 1970er Jahren in Stanford von John Meyer und weiteren Soziologinnen begründet wurde.[140] Auf die neo-institutionalistische Organisationssoziologie aufbauend, wurde eine viel-

---

[138] Wobbe (2000): 6.
[139] Einführend ibid.. S.a. Bonacker & Weller (2006).
[140] Wichtige und grundlegende Texte des Ansatzes finden sich in Drori & Krücken (2009b) sowie in deutscher Übersetzung in Krücken (2005c).

seitige und komplexe Theorie zur Analyse globaler Phänomene im Kontext von Weltgesellschaft entworfen. Für die weitere Untersuchung der Globalisierung von Transitional Justice im Rahmen dieser Arbeit eignet sie sich nicht zuletzt durch ihre starke Anbindungsfähigkeit an die Überlegungen von Finnemore und Sikkink in besonderer Weise.

Im „norm life cycle" standen die Intitiative und die strategischen Handlungspotentiale von Akteuren im Rahmen von Normdurchsetzungs-prozessen im Vordergrund. Dabei ist es ihr Anliegen, normativen Wandel im internationalen System zu erklären. Komplementär dazu wird in der WPT der Schwerpunkt auf die Analyse globaler Strukturmomente und Strukturangleichungsprozesse (sogenannte „Isomorphien") gelegt. Auf diese Weise wird die Herausbildung und Wirkmächtigkeit von sozialer Ordnung im Rahmen von Weltgesellschaft beleuchtet. Der gemeinsame Dreh- und Angelpunkt der beiden Ansätze besteht in der zentralen Bedeutung von Normen und Institutionen für die Untersuchung globaler Entwicklungen. Wurden dort allerdings Normen noch als Verhaltensregeln bzw. -anforderungen verstanden, wird hier der Institutionen-begriff in einem neo-institutionalistischen Sinne „kulturalistisch" gewendet und erweitert.

Dass unterschiedliche Akteure ganz selbstverständlich die ganze Welt als ihren Handlungsraum ansehen, universelle Regeln formulieren und interpretieren sowie sich weltweit wechselseitig als Interaktionspartner anerkennen, präsentiert sich im Rahmen der WPT als das Ergebnis einer immensen Kulturleistung der Moderne. Anders ausgedrückt, lässt sich Weltgesellschaft aus ihrer neo-institutionalistischen Sichtweise heraus über die Emergenz von Weltkultur erklären:

> „It is the culture of a decentralized ‚world polity,' in which many states are legitimate players but none controls the rules of the game (...) It contains rules and assumptions, often unstated and taken for granted, that are built into global institutions and practices."[141]

Die World Polity, oder eben auch Weltkultur,[142] lässt sich mit Blick auf den „norm life cycle" als ein in sich verschränktes Ensemble internalisierter Institutionen denken; als ein komplexes Geflecht von Regeln und Modellen, die eine

---

[141] Boli & Lechner (2005): 44.
[142] Weltkultur ist eine von Krücken (2005b) vorgeschlagene Übersetzung von „World Polity", mit der er den aus politikwissenschaftlicher Sicht leicht missverständlichen Begriff „Polity" umgehen möchte. Inzwischen verwenden auch andere Vertreterinnen der WPT im Englischen den Begriff „World Culture" und scheinen mit „World Polity" nunmehr eher die „Weltgesellschaft" im Sinn zu haben, vgl. etwa Boli & Thomas (1997; 1999a) sowie Boli & Lechner (2005): 43ff. Im Rahmen dieser Arbeit sind die beiden Begriffe synonym zu verstehen.

global-universelle Gültigkeit für sich beanspruchen können und weltweit als „selbstverständlich" erachtet werden. Diese weltkulturelle Ordnung umfasst dabei nicht nur im engeren Sinne als Normen bezeichnete Verhaltensvorschriften für Akteure. Sie ist weniger als ein Regelkatalog für angemessenes Verhalten anzusehen, dem über regulativen Zwang (etwa durch Gesetze und Vorschriften) oder normativen Druck (z.b. über gewisse Moralvorstellungen) beständig Nachdruck verliehen werden müsste. Ein derart „klassisches" Verständnis von Institutionen, wie es in der langen institutionalistischen Denktradition in der Soziologie oftmals im Vordergrund stand[143], spielt für das Verständnis der World Polity eine eher untergeordnete Rolle. In der stark konstruktivistischen, neo-institutionalistischen Sicht der WPT stehen vielmehr weltweit geteilte Modelle und Vorstellungen über die Realität des Sozialen im Vordergrund, die Akteuren der Weltgesellschaft als „Blaupausen" ihrer Weltsicht und als Referenzpunkte ihres Handelns dienen. Ihre Wirkmächtigkeit und Persistenz als „wider belief systems and cultural frames"[144] entfalten sie dabei über ein ihnen inhärentes kognitives Moment, das dafür sorgt, dass „(...) Wahrnehmungen und Handlungen (...) routinemäßig, selbstverständlich und quasiautomatisch ablaufen."[145] In diesem Sinne spezifiziert Weltkultur was in der Weltgesellschaft als richtig und wichtig anzusehen ist. Sie legt fest, wer in ihrem Namen handeln kann und darf, und welche Handlungen als sinnvoll und legitim anzusehen sind. Zusammenfassend kann gesagt werden:

> „[Die] kulturellen Modelle [der World Polity, D.P.] bestimmen den gesellschaftlichen Rahmen, die als legitim geltenden Akteure und die Handlungsmuster, die zur Verfolgung kollektiver Ziele zur Verfügung stehen, und beziehen diese Elemente aufeinander. (...) Kultur hat einerseits eine ontologische Seite, indem sie Akteuren und Handlungen, Mitteln und Zwecken Realität zuschreibt, und andererseits eine bedeutungsgebende Seite, indem sie Akteuren und Handlungen, Mitteln und Zwecken Sinn und Legitimität verleiht."[146]

Die Ursprünge von Weltkultur werden in der WPT in Anlehnung an Max Webers Religionssoziologie und sein theoretisches Konzept der „okzidentalen Rationalisierung" in der europäischen Aufklärung und dem mit ihr einhergehenden Prozess der Säkularisierung verortet.[147] John Boli hält fest: „the world polity

---

[143] Allg. hierzu vgl. Senge & Hellmann (2006); Hasse & Krücken (1999).
[144] Scott zit.n. Senge (2006): 39.
[145] Ibid.
[146] Boli et al. (2005b): 29.
[147] Krücken (2005b): 9. Weiterführend zur Bedeutung von Max Weber und insbesondere seiner Religionssoziologie für die WPT s. Krücken (2005a): 300f.

is the direct descendent of Christendom."[148] In einem längeren evolutionären Prozess

> „fand eine Verschiebung von (...) externen Kräften (z.b. göttlicher Macht) zu Autoritäten innerhalb der Gesellschaft selbst statt und erzeugte wachsende soziale Handlungsfähigkeit, indem Autorität von Gott zur Kirche, von der Kirche zum Staat, von Kirche und Staat zu individuellen Seelen und später zu individuellen Bürgern verschoben wurde."[149]

Auf diese Weise etablierten sich sukzessive mit dem modernen Nationalstaat, der formell- rationalen Organisation und dem rationalen Individuum bestimmte Vorstellungen von handlungsfähigen Akteuren als Träger vormals göttlicher Autorität. Zudem wurde gleichzeitig die spirituell-religiöse Macht Gottes und die „Quelle des Heiligen"[150] auf transzendentale Vorstellungen von Gleichheit, Freiheit und Gerechtigkeit übertragen. Dabei bildeten sich auch Prinzipien wie

> „Fortschrittsglaube, Säkularisierung, (...) die Durchsetzung zweckrationalen Handelns in sämtlichen Gesellschaftsbereichen, (...) Individualismus, universalistische Gerechtigkeits- und Fairnessnormen, freiwillige und selbstorganisierte Handlungsfähigkeit sowie Weltbürgertum"[151]

heraus und setzten sich durch. Sie stellen die letztgeordneten legitimen Zwecke und Ziele dar, an denen sich Akteure orientieren und damit beständig ihre Autorität als „Agenten" („agents") der World Polity aktualisieren. Meyer bringt die Verbindung zwischen den Akteuren und den transzendentalen Werten wie folgt auf den Punkt: „(...) „[t]he high god no longer acts in history, but sacralized human actors do, carrying legitimated agency for their own actions under valid and universal collective principles."[152]

Im weiteren geschichtlichen Verlauf, insbesondere im Zuge des „Kolonialismus und der militärischen, politischen und kulturellen Hegemonie des Westens"[153] sowie später durch das „moderne, liberale System"[154] setzten sich diese grundlegenden kulturellen Modelle und Strukturprinzipien weltweit immer weiter durch. Nach und nach bildete sich eine globale soziale Ordnung, in der Nationalstaaten die alleinige Organisationsform politischer Gemeinwesen darstellen, in der internationale Organisationen universelle Prinzipien propagieren und in der das einzelne Individuum als die Grundeinheit des Sozialen gilt. Wenngleich

---

[148] Boli (1987): 75f.
[149] Jepperson & Meyer (2005): 49f.
[150] Boli et al. (2005b): 40.
[151] Krücken (2005b): 9.
[152] Meyer (2000): 237.
[153] Boyle & Meyer (2005): 181.
[154] Jepperson & Meyer (2005): 65ff.

der Ursprung von Weltkultur im Westen liegt, hat sie diese Grenzen längst überschritten. „[World] culture is now effectively global, both because its main structural elements are similar across the globe and because they are deemed to be universally applicable."[155]

Jenseits der oben genannten Kerninstitutionen (den Akteursmodellen und transzendentalen Prinzipien) zeigt sich die Wirkmächtigkeit von Weltkultur heute in den unterschiedlichsten Bereichen und Aspekten: Weltweit verpflichten sich Staaten Konzepten, wie etwa dem Umweltschutz oder der Einhaltung der Menschenrechte, führen ähnlich standardisierte Programme und Policies (etwa in der Bildungs-, Gesundheits- oder Wirtschaftspolitik) ein und geben an, dem Wohl ihrer Bürger sowie abstrakten Zielen, wie Fortschritt und Gerechtigkeit, in hohem Maße verpflichtet zu sein.[156] Global operierende internationale Regierungsorganisationen (IGOs, z.B. UN, IWF, Weltbank) und eine Vielzahl zivilgesellschaftlicher, internationaler Nichtregierungsorganisationen (INGOs) formulieren, propagieren und verbreiten weltweit gültige Prinzipien über so diverse Bereiche, wie etwa den Artenschutz, technische Standardisierung, wirtschaftliche wie soziale Entwicklung und Humanitarismus.[157] Allerorten begreifen sich Individuen als rationale Akteure und als Weltbürger, die in bemerkenswerter Weise auf einen großen Fundus von gemeinsamen Werten, Wissen und Vorstellungen rekurrieren.[158]

Mit dieser Darstellung des theoretischen Kerns der WPT zeigt sich, inwiefern Weltgesellschaft als das Resultat eines längeren kulturellen Entwicklungsprozesses gesehen werden kann. Dass (gerade) Staaten, Organisationen und Individuen die ganze Welt als ihren Handlungsraum begreifen, ist letztlich auf die Emergenz von Weltkultur als eine säkulare Autoritätsstruktur zurückzuführen. Vermittels kultureller Zuschreibungen und Zurechnungen und in Rekurs auf transzendentale Werte und Prinzipien können sie weltweit als „agenthafte" Akteure auftreten und haben sich so „die Erde untertan gemacht."[159] Auf diese Weise eröffnet sich der Blick auf die globale soziale Umwelt von Normdurchsetzungsprozessen. Im nächsten Schritt können nun diese Ausführungen mit der Theorie des „norm life cycles" zusammengeführt werden und somit der theoretische Rahmen für die weitere Analyse erweitert werden.

---

[155] Boli & Lechner (2005): 46.
[156] Boli et al. (2005a).
[157] Boli & Thomas (1999a).
[158] Boli et al. (2005b).
[159] Die Bibel, 1. Mose 1, 28.

Der „norm life cycle" im Kontext von Weltkultur I

Wo mit dem „norm life cycle" eine theoretische Perspektive auf relativ isolierte globale Normdurchsetzungsprozesse eröffnet wird, präsentiert die WPT eine hochgradig von weltkulturellen Institutionen strukturierte Weltgesellschaft. Aus ihrer Sicht operieren Normunternehmerinnen keineswegs in einem „sozialen Vakuum". So innovativ ihre Bestrebungen auch sein mögen, mit Blick auf einen bestimmten Sachverhalt Verhaltensänderungen bei Staaten und anderen Akteuren durchzusetzen - ihre Initiative wird von Anfang an durch bestehende weltkulturell institutionalisierte Vorstellungen und Modelle geprägt und informiert. Von ihrer Emergenz bis zur Möglichkeit ihrer Internalisierung vollziehen sich Normdurchsetzungsprozesse in einer durch Weltkultur strukturierten Weltgesellschaft (Abb. 2).

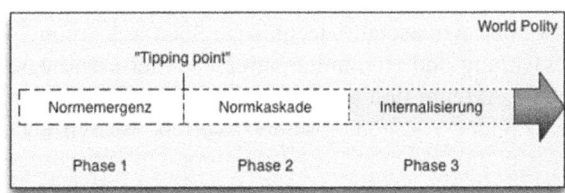

Abb. 2: Der „norm life cycle" in der World Polity

Diese Einbettung führt zum ersten dazu, dass nur solche Akteure im Rahmen des „norm life cycles" aktiv werden können, die sich an institutionalisierten Akteursmodellen orientieren. Normunternehmerinnen müssen sich als rationale Individuen und Weltbürger präsentieren, die ihr Anliegen selbstverständlich an Staaten als legitime Akteure richten. Diese fungieren wiederum nicht nur als Rezipienten von neuen Normen, sondern können zusammen mit verschiedenen formellen Organisationen weltweit als agenthafte Akteure die weitere Diffusion und Durchsetzung vorantreiben.

Zweitens wird die neue Norm an die transzendentalen Werte und Prinzipien der World Polity angebunden und mit universellen Vorstellungen von Gerechtigkeit, Frieden und Fortschritt in Verbindung gebracht. So wird im selben Zuge automatisch ihre Legitimität in erheblicher Weise gestärkt. Auch die Akteursmodelle beeinflussen die Ausgestaltung und Erscheinungsform der neuen Verhaltensanforderung entscheidend. Der Individualismus erweist sich als ebenso einflussreich, wie die Adressierung der Norm an Staaten das Verständnis des zu regelnden Sachverhaltes prägt. Somit scheint sich nun ein wesentlich weniger konflikthaftes Bild über die Durchsetzung neuer Normen zu ergeben als es sich mit dem „norm life cycle" präsentiert hat. Insofern ein Fundus institutioneller Modelle und Vorstellungen als gemeinsam geteilter Bezugspunkt für die Akteure besteht, liegt es fast schon nahe, von einem relativ harmonischen Prozess auszugehen. Auch werden der Stellenwert der Initiative von Normunternehmerinnen und das bewusste strategische Handeln im Kontext der Überlegungen der WPT deutlich abgewertet. Durch die zwangsläufige Einbettung und Anbindung neuer Normen in eine höhere institutionelle Ordnung scheinen Emergenz und Kaskade quasiautomatisch durch die Wirkmächtigkeit von Weltkultur vorangetrieben und die Internalisierung neuer Verhaltensanforderungen im Grunde nur eine Frage der Zeit zu sein.

Exkurs: Zur Kritik der WPT

An dieser Stelle scheint es geboten, einen kurzen Exkurs einzuschieben und einen kritischen Blick auf die WPT zu richten. Denn tatsächlich sind die Ausführungen nun an einem Punkt angelangt, der grundlegende Kritikpunkte an den Überlegungen der „Standford School" berührt. Julian Dierkes und Matthias Koenig halten diesbezüglich etwa fest:

> „Der zentrale Einwand lautet, dass sie Akteure und deren Interessenlagen und Machtpositionen systematisch unberücksichtigt lasse (...). Sie zeichne ein schöngefärbtes Bild einer (...) freien Weltgesellschaft und sei insofern nichts anderes als eine lediglich in Details modifizierte Variante konventioneller Modernisierungstheorien (...)."[160]

Etwas weniger zugespitzt stellt Georg Krücken heraus, dass in der WPT „Prozesse der weltweiten Strukturangleichung überbetont [werden], während Differenzen, Heterogenitäten und Ambivalenzen gesellschaftlicher Entwicklungsverläufe unterbelichtet bleiben."[161]

In der Tat hat manches an der Kritik durchaus seine Berechtigung. Dass die Vertreterinnen der WPT in ihrer Analyse der Konstituierung von Weltgesellschaft Strukturmomenten eine besondere Aufmerksamkeit zukommen lassen und in der Betrachtung von Isomorphien die Ungleichheiten und Ungleichzeitigkeiten unterbetonen, ist sicherlich richtig. Auch ist festzustellen, dass die kritische Auseinandersetzung mit utilitaristischen Ansätzen und akteurszentrierten Theo-

---

[160] Dierkes & Koenig (2006): 132.
[161] Krücken (2006): 146.

rien rationalen Handelns, die für die frühe Theoriebildung fundamental war[162], mitunter zu radikalen Schlussfolgerungen geführt hat. So stellen etwa Gili Drori und Krücken fest: „Whereas other institutionalists (...) consider enactment as a strategic move to gain legitimacy, Meyer contents that even strategic thinking, like other social action, is rationalized rather than rational."[163]

Doch ist es weder so, dass in der WPT eine affirmative oder gar apologetische Bezugnahme auf Rationalismus und westliche Werte erfolgt noch in ihrem Rahmen von einer harmonischen, konfliktfreien und homogenen Weltgesellschaft ausgegangen wird. So wird an verschiedenen Stellen etwa das Phänomen der Entkoppelung angesprochen und damit festgestellt, dass „zwischen allgemein verkündeten Werten und praktischem Handeln" mitunter wenig Übereinstimmung bestehen muss.[164] Die (formelle) selbstverständliche Bezugnahme auf hochgradig universalistisch-transzendentale Prinzipien ist das eine, die faktische Umsetzung und Implementierung globaler kultureller Modelle in bestimmten Kontexten jedoch eine andere.[165] Auch betonen neuere Arbeiten inzwischen weitaus stärker, dass gerade aus den übergeordneten weltkulturell legitimierten Zielen und Zwecken ein zusätzliches Konfliktpotential entspringen kann: „(...) [U]niform conceptions of human purpose imply that actors have identical goals; they therefore are likely to compete for the same ressources."[166] Und schließlich ist in diesem Zusammenhang auch festzustellen, dass die institutionelle Ordnung der World Polity keineswegs als frei von Disparitäten und Kontradiktionen gedacht wird. So wird im Rahmen der WPT durchaus ersichtlich, dass

> „lokale Interessengegensätze in den Kategorien universalistischer weltkultureller Vorgaben gedeutet und dadurch zum Gegenstand hochgradig ideologisierter Konflikte [gemacht werden]. (...) [E]benso erzeugt die Ambiguität und Widersprüchlichkeit weltgesellschaftlich institutionalisierter Erwartungsstrukturen neue Konfliktlinien, etwa um das Verhältnis von Freiheit und Gleichheit, Fortschritt und Gerechtigkeit."[167]

Insgesamt ist wohl Dierkes und Koenig recht zu geben, wenn sie argumentieren, dass die Kritik bisweilen zu scharf ausfällt, aber nichtsdestotrotz das konflikttheoretische Potential der WPT wenig entwickelt ist. Einer ihrer Vorschläge, die WPT in diesem Sinne weiterzuentwickeln, führt nun wieder zurück zur begonnenen Diskussion um das Verhältnis von Weltkultur und „norm life cycle".

---

[162] Vgl. etwa Boli et al. (2005a; 2005b).
[163] Drori & Krücken (2009a): 22.
[164] Boli et al. (2005a): 101. Vgl. hierzu auch Drori & Krücken (2009a): 20.
[165] Auf diesen Aspekt werde ich in Kapitel 5 noch ausführlicher eingehen.
[166] Boli & Thomas (1999b): 19.
[167] Dierkes & Koenig (2006): 136.

Sie weisen direkt auf die Möglichkeit hin, dass dieser Ansatz nicht nur eine notwendige Ergänzung für den Prozess der Institutionalisierung von weltkulturellen Modellen darstellen kann, weil er strategisches Akteurshandeln besser analysieren kann. Insofern mit ihren Überlegungen „(...) zu erwarten [ist], dass gerade die Anfänge der Institutionalisierung kultureller Rationalitätsmodelle von Innovationen und intensiven Konflikten um deren Interpretation begleitet sind"[168], kann auch ein wesentlich kritischerer und konflikttheoretischer Blick auf Weltkultur eröffnet werden.

Der „norm life cycle" im Kontext von Weltkultur II

Liest man nun vor diesem Hintergrund die Ausführungen der WPT durch die theoretische Brille von Finnemore und Sikkink gegen, so ergibt sich ein etwas komplexeres Bild über Normdurchsetzungsprozesse im Rahmen der Weltgesellschaft. Selbst wenn sich Normunternehmerinnen ganz selbstverständlich auf universelle Prinzipien berufen, so enthält diese Bezugnahme doch ein strategisches Moment. Ein bestimmter Sachverhalt X, bezüglich dessen sie eine Verhaltensänderung in der Weltgesellschaft anstreben, muss aktiv von ihnen mit jenen Kerninstitutionen der World Polity in Verbindung gebracht werden. Ihre Innovationsleistung besteht also darin, entweder einen neuen Zusammenhang zwischen Weltkultur und einem bestimmten Phänomen herzustellen oder bereits diesbezüglich kognitiv internalisierte Handlungsmuster und Vorstellungen neu zu deuten und zu besetzen. In diesem Sinne weisen sie auf Widersprüche in der kulturell-institutionellen Ordnung hin oder konstruieren diese aktiv. Weltkultur ist somit sowohl als der Gegenstand ihres Aktivismus anzusehen als auch die ihn legitimierende Quelle.

Auch im weiteren Verlauf der Durchsetzung der Norm ist zu erwarten, dass die World Polity in unterschiedlicher Weise für den Prozess relevant wird. Staaten und Organisationen können die Legitimität der neuen Verhaltensregel anerkennen, umsetzen und propagieren und damit auch ihre Legitimität als agenthafte Akteure der Weltgesellschaft erhöhen. Gleichzeitig müssen sie diese aber auch gegen andere, vielleicht mit ihr in Konflikt stehende weltkulturelle Vorgaben und Modelle sowie ihre Interessen und Machtansprüche verhandeln. Bis es überhaupt zu einer Internalisierung der neuen Norm kommt (was letztlich ihr vollendetes Aufgehen in der World Polity bedeutet) ist es ein langer Weg, der von Auseinandersetzungen um den Charakter, die Bedeutung und die Interpretation

---

[168] Ibid.: 134.

der neuen Norm sowie ihrer spezifischen Einbindung in die weltkulturell-institutionelle Ordnung geprägt sein wird.

Kontrastiert man also die theoretischen Überlegungen von Finnemore und Sikkink und die der WPT wechselseitig, ergibt sich ein relativ komplexes Bild über den Verlauf von Globalisierungsprozessen. Strategischem Akteurshandeln und politischem Aktivismus steht die Struktur der Weltkultur gegenüber; Normen müssen in ihrer Anbindung an die bestehende institutionelle Ordnung analysiert werden; und zudem der spezifische Verlauf von Normdurchsetzungsprozessen in der allgemeinen Entwicklung der World Polity betrachtet werden. Nach diesen recht abstrakten Ausführungen ist es nun geboten, ihre Bedeutung für die besondere Untersuchung der Globalisierung von Transitional Justice zu konkretisieren und abschließend die noch zu klärenden Aspekte herauszustellen.

Die Globalisierung von Transitional Justice als weltkultureller
  Institutionalisierungsprozess

Die Normalisierung der Aufarbeitung und Ahndung von Makrogewalt ist in einem ersten Schritt als das Ergebnis strategischen Akteurshandelns im Rahmen eines längeren, sich über mehrere Phasen vollziehenden Normdurchsetzungsprozesses gedacht worden. Dabei wurde unter anderem argumentiert, dass es notwendig sei, die globalen Umweltbedingungen und -einflüsse dieses Prozesses in die Analyse einzubeziehen.

In der auf dieser Basis hier vorgenommenen neo-institutionalistischen Ergänzung dieses theoretischen Ausgangspunktes ist deutlich geworden, dass dieser theoretische Schritt über die Einbettung von Normdurchsetzungsprozessen in die Emergenz einer von Weltkultur getragenen Weltgesellschaft erfolgen kann. Für die Analyse der Globalisierung von Transitional Justice bedeutet dies zum einen nachzuvollziehen, wie die Aufarbeitung und Ahndung von Makrogewalt im Kontext transzendentaler Werte wie etwa Frieden, Gerechtigkeit und Fortschritt institutionalisiert wurde. Dabei ist insbesondere auf das Verhalten und die Rolle unterschiedlicher Akteure der Weltgesellschaft zu berücksichtigen. Es ist dabei zu erwarten, dass Transitional Justice in Verbindung mit universellen Prinzipien im Laufe der Zeit unterschiedliche Interpretationen und Bedeutungszuschreibungen erfahren hat. Zum anderen wird die allgemeine Institutionalisierung von Weltkultur in ihrer Auswirkung auf die Durchsetzung und Verbreitung von Transitional Justice zu berücksichtigen sein. Angesichts der Erkenntnis, dass sich die World Polity von der Aufklärung bis in die Gegenwart stetig weiterentwickelt hat, ist davon auszugehen, dass Verschiebungen und Tendenzen in der

Genese von Weltkultur auch Einfluss auf die Art und Weise hatten, wie mit massiver Gewalt und Gräueltaten umzugehen ist – und wer dies ausführt.

Vor diesem Hintergrund ist nun klar, dass man sich von dem Gedanken eines isolierten Normdurchsetzungsprozesses zu verabschieden hat. Vielmehr muss die Globalisierung von Transitional Justice als ein längerer Prozess der globalen Institutionalisierung der Aufarbeitung und Ahndung von Makrogewalt in der und durch die World Polity begriffen werden - und damit als ein Prozess, der vermutlich von vielfältigen Einflüssen geprägt wurde und mit vielen Konflikten behaftet war.

Mit der Erweiterung des aus der Theorie des „norm life cycles" entnommenen Ausgangspunktes durch die WPT ist der Rahmen für die Analyse der Globalisierung von Transitional Justice also deutlich erweitert worden. Nichtsdestotrotz ist bisher ein wesentlicher Punkt noch nicht erfasst worden: Die Entstehung und Entwicklung einzelner, konkreter Sub-Institutionen zum Umgang mit massiver Gewalt und Gräueltaten. Um theoretisch erfassen zu können, wie sich etwa die individuelle Strafverfolgung, Wahrheitskommissionen und andere konkrete Normen, Praxen und Modelle in der Institutionalisierung herausgebildet haben, ist nun ein letzter Schritt notwendig. Dazu muss die Auseinandersetzung mit einigen weiteren Aspekten der WPT, die hier nur am Rande gestreift wurden, vertieft werden.

3.3 Rationalismus und Rationalisierung in der Weltgesellschaft

Die Welt der Gegenwart wird von Staaten, Organisationen und Individuen „besiedelt", die sich auf universelle transzendentale Werte wie z.B. Freiheit, Fortschritt, Weltbürgertum und universelle Gerechtigkeitsnormen berufen. Sie beruht letztlich auf einer historisch gewachsenen, kontingenten Konstruktion „sinnvoll" bedeuteter globaler sozialer Realität - der World Polity, die sich im Ausgang aus der Aufklärung sukzessive weltweit konstituiert hat. Derart lässt sich der im vorangegangenen Unterkapitel vorgestellte Kern der theoretischen Perspektive der WPT umreißen.

Damit ist allerdings nur das Grundgerüst dieses neo-institutionalistischen Forschungsprogramms skizziert, in dessen Rahmen in den letzten Jahrzehnten umfangreiche empirische und theoretische Untersuchungen vorgenommen wurden. In den unterschiedlichsten soziopolitischen Bereichen - etwa von der Bildung über den Umweltschutz hin zum Gesundheitswesen - wurden differenzierte Analysen der beobachteten Strukturangleichungen vorgenommen. Dabei sind detaillierte empirische Studien zu dem Einfluss und der Wirkungsweise von Weltkultur entstanden.[169] Einige der theoretischen Überlegungen, die diese Arbeiten angeleitet haben oder vor ihrem Hintergrund entwickelt wurden, gilt es nun eingehender zu betrachten.

Auf diese Weise wird im Folgenden zu sehen sein, inwiefern es die WPT möglich macht, die Ausgestaltung und Konzeptionalisierung von Transitional Justice theoretisch zu fassen. Die Argumentation erfolgt dabei in fünf Schritten. Zunächst wird dargestellt werden, inwiefern eine spezifische Kategorie institutioneller Modelle, nämlich Skripte, als Bindeglieder zwischen transzendentalen Werten und der Agentschaft von Akteuren fungieren. Dann wird erläutert werden, inwiefern die Entstehung und Entwicklung von Skripten als Produkt von Rationalisierungsprozessen begriffen werden kann, und inwiefern die Tendenz zur Rationalisierung als ein zentrales Moment in der Genese der World Polity zu verstehen ist. Dadurch sind eine Reihe rationalisierter Felder für verschiedene Bereiche des Sozialen entstanden, in deren Rahmen unbestimmte Normen durch Zweck-Mittel Relationen für Akteure handhabbar werden. Schließlich wird auf die Diffusion rationalisierter Felder und die Rolle sogenannter „rationaler Anderer" eingegangen werden. In einem letzten Punkt werden wiederum die Erkenntnisse aus diesem Unterkapitel mit den vorangegangenen Überlegungen zur Globalisierung von Transitional Justice zusammengeführt.

Die Rolle von Skripten in der World Polity

Im Bereich des Films und des Schauspiels wird mit „Skript" bekanntlich das Drehbuch bezeichnet, das die Handlung und das Verhalten der *dramatis personae* vorgibt. In der Computerwissenschaft steht „Skript" für „a file containing a list of user commands, allowing them to be invoked once to execute in sequence".[170] Diese Begriffsverwendungen weisen durchaus eine Nähe zu der in der WPT mit „Skript" bezeichnete Kategorie institutionalisierter Modelle auf. Insofern sie in ihren Aktionen von weltkulturellen Vorgaben und Vorstellungen angeleitet und ihre Autorität erst über transzendentale Prinzipien im entscheidenden Maße hergestellt wird, sind agenthafte Akteure „eher Darsteller, die ei-

---

[169] Es lassen sich wohl nur wenige „grand theories" finden, in deren Rahmen derart viele quantitative empirische Studien vorgenommen wurden, wie in der WPT: „Methodologically, [the] inclination to empirical research results in a rich tradition of quantitative longitudinal analyses, in this case, analyses of globalization. Relying mostly on secondary data, the main tools for the analyses of these data are regression analyses, factor analyses, structural equation models, and event history analysis" (Drori & Krücken, 2009a: 18).

[170] http://en.wiktionary.org/wiki/script (letzter Zugriff: 1.11.2013).

nem Drehbuch folgen, als eigenständig Handelnde."[171] Diese „Drehbücher" sind dabei jenseits der Kerninstitutionen eben jene weitgehend kognitiv institutionalisierte Skripte. Ihre Umsetzung sollte allerdings nicht als einfacher und rigider Automatismus verstanden werden (hier hört also die Analogie auf):

> „In the context of (...) constitutive cultural principles and models, actors do not act so much as they enact (...). But enactment does not entail mechanical recitation of highly specified scripts. Rather, actors actively draw on, select from, and modify shared cultural models, principles and identities."[172]

Skripte können gewissermaßen als Bindeglieder zwischen transzendentalen Werten, unbestimmten Normen und agenthaften Akteuren verstanden werden. Dies lässt sich am Beispiel „Bildung" verdeutlichen:[173] Unter anderem aus Gründen des gesellschaftlichen Wohlstandes, der Gerechtigkeit und Fortschritts wird es als notwendig erachtet, dass Staaten sich um die Einrichtung formeller Bildungssysteme für ihre Bürgerinnen bemühen. Ebenso sind rationale Individuen angehalten, sich ständig weiterzubilden, während verschiedene Organisationen die Norm „Bildung ist notwendig" fördern. Skripte in diesem Zusammenhang wären nun etwa die Einrichtung von Schulen und Universitäten, die Professionalisierung der Ausbildung von Pädagogen und die Entwicklung von Lehrplänen (den sich jeweils selbst wieder untergeordnete Skripte zuordnen lassen). Skripte spezifizieren also Verhaltensnormen mittels bestimmter, relativ konkreter Handlungsanleitungen, und Akteure inszenieren diese Modelle ganz selbstverständlich, um bestimmte Normen, transzendentale Werte und letzte Zwecke in einem definierten Bereich auf eine legitimierte Art und Weise umzusetzen.

Skripte lassen sich mit Blick auf World Polity in einer Vielzahl von Bereichen analysieren, z.B. im Bereich des Rechts, in der Wirtschafts-, Wohlfahrts- und Entwicklungspolitik, in Bezug auf formelle Gleichstellungs-praxen, in der medizinischen Versorgung und im Gesundheitswesen, im Umweltschutz und in der Einführung standardisierter Datenerfassung und Demo-graphie.[174] Tatsächlich steht Akteuren der Weltgesellschaft heute eine stetig wachsende Zahl globaler Skripte zur Verfügung, und immer mehr Bereiche des (globalen) sozialen Lebens sind hochgradig verregelt. Der Grund dafür ist in der inhärenten Tendenz der World Polity zur Rationalisierung zu suchen.

---

[171] Boli et al. (2005a): 94.
[172] Boli & Thomas (1999b): 18.
[173] Vgl. hierzu ausf. Meyer & Ramirez (2005).
[174] Boli et al. (2005a): 96f.

Wie Skripte entstehen: Rationalismus und Rationalisierung

Im vorangegangenen Unterkapitel wurden bereits Ausführungen von Vertreterinnen der WPT bezüglich der Genese der World Polity dargelegt. Auch die Entstehung von Skripten wird von ihnen an einigen Stellen theoretisch erfasst und
mit dem zentralen Stellenwert des Rationalismus und Prozessen der Rationalisierung in der World Polity erklärt. Webers Konzept des „okzidentalen Rationalismus" entfaltet hier eine besondere Relevanz und wird von Meyer und anderen
Vertreterinnen der WPT zu einer These über Globalisierungsprozesse ausgeweitet.[175]
       Unter Rationalisierung wird zunächst „die Umstrukturierung von Handlung
im Blick auf kollektive Mittel und Zwecke"[176] verstanden: „Ganz allgemein
umfassen die Mittel die technische Entwicklung und die Ausdehnung von
Tauschprozessen; die Zwecke bestehen in den zwei tragenden Säulen des westlichen Denkens, Fortschritt und Gerechtigkeit"[177], schreiben etwa Boli, Meyer und
Thomas an prominenter Stelle.
       Etwas weitergehend umfasst Rationalisierung „die kulturell verfügbare Be-
schreibung der Gesellschaft und ihrer Umwelt anhand von explizit formulierten,
vereinheitlichten, integrierten, universalisierten sowie kausal und logisch strukturierten Konzepten."[178] Im Zuge der globalen Durchsetzung und Diffusion von
Weltkultur wurden sukzessive immer weitere Gesellschafts-bereiche und -
aspekte rationalisiert und die Idee des Rationalismus weltweit verbreitet. Zunehmend wurden Skripte zur Verwirklichung letzter Zwecke, vor allem Fortschritt und Gerechtigkeit, entwickelt und institutionalisiert, und so Gesellschaft
und Natur immer weiter in das „kognitive System"[179] des Rationalismus integriert. Die wissenschaftliche Analyse des Ökosystems, des Universums und der
Evolution sind ebenso Teil dieses Prozesses wie Theorien über die menschliche
Sprache und Psyche. Organisations- und Management-theorien leiten als Skripte
Unternehmen und Organisationen ebenso zu rationalem Handeln an wie z.B.
Theorien über Entwicklung, wohlfahrtsstaatliche Programme und andere Policies
die Nationalstaaten.
       Die Wissenschaft spielte der WPT zufolge in diesem Prozess eine zentrale
Rolle: „(...) [S]cience operates as the secular equivalent of a ‚sacred canopy' for
the modern order, generating a modern, rational interpretation of world order,

---

[175] Drori & Krücken (2009a): 24.
[176] Boli et al. (2005b): 35.
[177] Ibid.
[178] Jepperson & Meyer (2005): 52, fn.5.
[179] Ibid.: 53.

and offering this logic as a secular interpretive grid for natural and social life."[180] Ihre Bedeutung für den Prozess der Rationalisierung und damit der Institutionalisierung von World Polity besteht in drei miteinander verschränkten Aspekten. Erstens spielt sie im Institutionalisierungsprozess moderner Akteure eine zentrale Rolle, insofern ohne eine Sichtweise, welche die Welt als prinzipiell „geordnet" (i.S.v. „erforschbar") und von sozialen Akteuren als verstehbar konzipiert wird, absichtsvolles Handeln keinen Sinn macht.[181] Ein wissenschaftlich-rationales Weltbild musste sich also gegenüber einem spirituell- mystischen durchsetzen. Zweitens ermöglicht der Prozess der „Verwissenschaftlichung" („scientization") den autorisierten Akteuren beständig neue Handlungsfelder, in dem immer neue Gebiete (z.B. die Ökonomie, die Politik, Sozialarbeit etc.) durch eine fortgesetzte Rationalisierung weiter handelbar werden (d.h. sie werden „geskriptet"). Drittens, und damit wird eine dialektische Dimension von Institutionalisierungsprozessen deutlich, fördert die Institution des modernen Akteurs selbst auch diesen Prozess der „Verwissenschaftlichung", indem diese sich beständig auf die Suche nach neuen Handlungsfeldern zur Inszenierung ihrer Handlungsfähigkeit begeben.[182]

Rationalisierte Felder

Die Rationalisierung verschiedener Bereiche des Sozialen hat im Rahmen von Weltkultur stetig zugenommen. In den oben stehenden Ausführungen war etwa die Rede von verschiedenen Politikfeldern (etwa Bildung, Umweltschutz und Gesundheitsvorsorge), denen allen eine Reihe von Skripten zugeordnet werden kann, weil sie alle Gegenstand umfassender Rationalisierungsprozesse waren (und nach wie vor sind).

Mit Boli lässt sich vor diesem Hintergrund von einer Herausbildung rationalisierter Felder („rationalized domains") sprechen.[183] Abstrakt gesprochen, ist immer dort von einem rationalisierten Feld auszugehen, wo unbestimmte Normen („Bildung ist notwendig", „die Umwelt muss geschützt werden" etc.) einem Prozess der Rationalisierung ausgesetzt waren, in dessen Zuge diese Felder „geskriptet" wurden.[184] Damit wurde den transzendentalen Prinzipien bzw. Zwecken, mit denen diese Normen verbunden sind, im Verlauf des Institutionalisie-

---

[180] Drori et al. (2009): 261.
[181] Ibid.: 276f.
[182] Ibid.: 269.
[183] Boli (2005): 388.
[184] Niklas Luhmann, der die Weltgesellschaft aus systemtheoretischer Perspektive analysiert, argumentiert ähnlich, wenn er von Kontingenzformeln spricht, die „der Umformung von regelloser Beliebigkeit zu bestimmbarer Möglichkeit" (Krause, 2001: 160) dienen.

rungsprozess bestimmte Mittel zugeordnet, mit denen sie (und damit die Normerfüllung) praktisch handhabbar werden. Will beispielsweise ein Staat als agenthafter Akteur sich dem Umweltschutz widmen, so kann er auf wissenschaftliche Erkenntnisse über Natur und Ökologie zurückgreifen und kann weltweit bekannte, universell-praktische Maßnahmen (z.b. Feinstaubverord-nungen, Gewässerschutz, Mülltrennung etc.) einführen. Er wird dabei kaum „das Rad neu erfinden" – und zwar nicht nur, weil neue Maßnahmen vielleicht nicht als legitim anerkannt werden, sondern weil das kognitive Moment es zumindest soweit selbstverständlich erscheinen lassen wird, wenigstens bestehende Modelle und Skripte bezüglich der Normerfüllung in Erwägung zu ziehen.

An dieser Stelle zeigt sich, wie wichtig eine konflikttheoretische Perspektive auf World Polity tatsächlich ist. Denn einerseits wird durch die Institutionalisierung rationalisierter Felder die Kontingenz in dem zu erwartenden Verhalten von Akteuren reduziert und dieses damit für andere vorhersehbar und verständlich. Doch zugleich erhöht sich andererseits das Konfliktpotential, wenn auf spezifische Situationen und Ereignisse mit hochgradig universalisierten, allgemeinen Skripten reagiert wird. Zudem sind rationalisierte Felder insofern als in sich konflikthaft anzusehen, als unterschiedliche, gleichermaßen legitime Skripte mit ihren Verweisungen und Anbindungen an andere Institutionen zueinander im Widerspruch stehen können. Schließlich kann die World Polity nicht nur auf der Ebene ihrer transzendentalen Prinzipien (z.B. Freiheit und Gleichheit) Disparitäten und Kontradiktionen produzieren. Auch unterschiedliche rationalisierte Felder können in einem Konfliktverhältnis zueinander stehen – man denke etwa an „ökonomische Entwicklung" und „Umweltschutz", die bekanntlich nicht immer ein harmonisches Nebeneinander fristen. Wenn von rationalisierten Feldern die Rede ist, sollte man also nicht an geschlossene, in sich schlüssige und widerspruchsfreie institutionelle Gefüge denken. Im Gegenteil zeichnen sie sich insofern durch eine gewisse Offenheit aus, als dass beständig von institutionellen Rekonfigurationen, Umbestimmungen und neuen Anschlüssen (gerade auch an andere rationalisierte Felder) auszugehen ist.

Diffusion und rationale Andere

Die Ausführungen über Wissenschaft und Kognitivität erklären zu einem Teil, wie sich Weltkultur verbreiten konnte und damit, wie der institutionelle Diffusionsprozess vorstellbar ist. Die bereits oben angesprochene Differenz zwischen der WPT mit den Überlegungen von Finnemore und Sikkink scheint sich hier zunächst abermals mit besonderer Deutlichkeit zu offenbaren. Denn Meyer und andere Vertreterinnen der WPT weisen bisweilen Positionen über internationale Normverbreitungsprozesse zurück, die in diesem Zusammenhang (in unterschiedlicher Weise) von Zwangsmechanismen oder strategischer Konformität („strategic compliance") ausgehen.[185] Sie begreifen demgegenüber Diffusion als von „weicheren" Prozessen geleitet: Die wissenschaftliche Theoretisierung und die Entwicklung von legitimierten Modellen werden gewissermaßen als „Selbstläufer" gedacht, die aus sich heraus Imitation provozieren.[186] Drori und Krücken stellen in diesem Zusammenhang heraus, wie gerade Meyer in Abgrenzung etwa zu Netzwerktheorien von einem sozial-kulturellen „Äther" spricht, um zu betonen, dass für eine Diffusion von Weltkultur keine direkte Interaktion zwischen Akteuren notwendig ist.[187] Die Struktur „determiniert" nicht nur das Handeln der Akteure, sie macht es hinsichtlich der Verbreitung weltkultureller Institutionen nahezu obsolet.

Und doch finden sich in der WPT auch Ausführungen, die eine solche Sichtweise konterkarieren, und die sich handlungsorientierten Theorien wie dem „norm life cycle" durchaus stärker annähern. Zwar bleibt ein strategisches Moment im Handeln von Akteuren nach wie vor eher unberücksichtigt. Doch scheint auch immer wieder durch, dass dem Aktionismus verschiedener Akteure durchaus eine zentrale Rolle in der Verbreitung und Institutionalisierung von World Polity zugewiesen wird. Denn die Handlungsfähigkeit/Agentschaft („agency") moderner Akteure wird nicht nur als eine Agentschaft für sich selbst gedacht, d.h. Akteure internalisieren und inszenieren Skripte und Normen aus Sicht der WPT nicht nur um ihrer eigenen Legitimität willen. Vielmehr wird herausgestellt, dass moderne Akteure als rationale Andere beständig Agentschaft für Andere in Anspruch nehmen: „Sie tun dies schnell und problemlos etwa als Angestellte und Berater von Unternehmen, als Freunde und Ratgeber, als Wähler und Staatsbürger. Sie tun es manchmal im Austausch gegen Ressourcen und manchmal als Geschenk an ihre Umwelt. Und sie tun es viel häufiger und leichter als die Angehörigen von weniger rationalisierten kulturellen Systemen."[188] Diese Inszenierung als rationale Andere lässt sich etwa in der Vielzahl von Ehe-, Unternehmens- und Organisationsberaterinnen beobachten, und sie zeigt sich in der Existenz und zugeschriebenen Relevanz verschiedener Expertinnen (z.B. den „Wirtschaftsweisen"). Es sei an dieser Stelle hinzugefügt, dass dabei wohl zwischen „profanen" und „professionellen" rationalen Anderen zu unterscheiden ist. Denn es besteht bezüglich der zugeschriebenen Legitimität doch offensichtlich einen Unterschied, ob etwa in psychologischer Hinsicht eine Freundin Rat am Küchentisch erteilt, oder ob dieser Rat von einer ausgebildeten Psychotherapeu-

---

[185] Drori & Krücken (2009a): 18.
[186] Ibid.: 19.
[187] Ibid.
[188] Jepperson & Meyer (2005): 62.

tin geäußert wird. Gerade in hochgradig verwissenschaftlichten und geskripteten Bereichen ist von einer hohen Relevanz „professioneller" rationaler Anderer auszugehen.

Wie Boli, Thomas und andere in einer umfangreichen Studie über die Konstruktion von Weltkultur gezeigt haben, fungieren insbesondere INGOs auf der Ebene der Weltgesellschaft als derart professionelle rationale Andere.[189] Sie inszenieren durch den Rekurs auf hochgradig legitimierte Werte wie Universalismus, Individualismus, Rationalismus und Weltbürgertum nicht nur sich selbst explizit als legitime Akteure der Weltgesellschaft, sie fördern auch in besonderem Maße die Diffusion von World Polity-Institutionen:

> „Almost all INGOs originate and persist via voluntary action by individual actors. They have explicit, rational goals. They operate under strong norms of open membership and democratic decision-making. They seek, in a general sense, to spread ‚progress' throughout the world: to encourage safer and more efficient technical systems, more powerful knowledge structures, better care of the body, friendly competition and fair play."[190]

Es sind tatsächlich immer wieder gerade INGOs, die über ihren Einsatz für Arten- und Umweltschutz, für die Menschenrechte, für Ernährung und Gesundheit usw. Skripte explizieren (man denke etwa an die geläufigen Konzepte von „lessons learned" und „best practices"), ihre Legitimität propagieren und sie verbreiten.

Rationalisierung und „norm life cycle"

Es gilt jetzt, den Verlauf von in Weltkultur eingebetteten Normdurchsetzungsprozessen und die Entstehung rationalisierter Felder theoretisch zusammenzuführen (Abb. 3).

---

[189] Boli & Thomas (1999a).
[190] Boli & Thomas (1999b): 34.

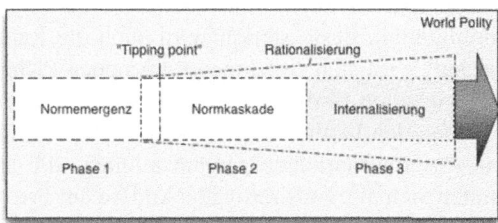

Abb. 3: Norm life cycle, World Polity und Rationalisierung

Wenn Normunternehmerinnen zunächst ein bestimmtes Verhalten skandalisieren und einen Wandel im Umgang mit einem Sachverhalt bzw. Phänomen anstreben, wird ihr Ausgangspunkt zunächst noch recht unbestimmt sein. In Bezugnahme auf transzendentale Prinzipien werden die Handlungen von Akteuren oder konkrete Ereignisse etwa als „ungerecht", „dem Fortschritt hinderlich", „unmenschlich" etc. abgewertet. Aus dieser Wahrnehmung und Verlautbarung heraus wird eine initial vermutlich noch recht unbestimmte neue Norm propagiert. Wenn nun jedoch Akteure - i.d.R. Staaten - dazu angehalten werden sollen, „etwas (anders) zu tun" oder „etwas zu unterlassen", werden Aktivistinnen vor der Herausforderung stehen, ihr Anliegen und ihre Ansprüche handhabbar zu machen und zu konkretisieren. In diesem Sinne ist anzunehmen, dass bereits in der Phase der Normemergenz erste Skripte entwickelt und verbreitet werden.

Die Rationalisierung unbestimmter Normen wird vermutlich aber erst dann tatsächlich an Dynamik gewinnen, wenn der Prozess in das Stadium der Kaskade eintritt. Zum einen wird sich insofern ihre Anbindung an bestehende Institutionen der World Polity erhöhen, als sie von immer mehr Akteuren akzeptiert und dadurch legitimiert wird. Wenn Normunternehmerinnen zunächst vielleicht eine sehr konkrete Verbindung zwischen Norm und Weltkultur im Sinne hatten (z.B. „Gerechtigkeit"), ist doch zu erwarten, dass neu in den Prozess eintretende Akteure sie mit gänzlich anderen Prinzipien verbinden. Auf diese Weise erhöht sich sowohl das Potential als auch die Notwendigkeit, zusätzliche Skripte zu entwickeln und miteinander in Bezug zu setzen. Indem Finnemore und Sikkink bezüglich der Mechanismen in diesem Stadium etwa von „Demonstration" und „Sanktionierung" sprechen, legen sie auch nahe, dass - wie auch schon in der Phase der Emergenz - die Existenz und Verbreitung von konkreten Skripten notwendig ist, um die weitere Durchsetzung der Norm voranzutreiben. Zudem ist auch mit Blick auf zu erwartende politische Auseinandersetzungen und Konflikte um die Geltung und Bedeutung der Norm davon auszugehen, dass zusätzliche Verfahrensweisen im Umgang mit dem zu regelnden Sachverhalt entstehen.

Je weiter die Institutionalisierung einer nunmehr bereits kaum mehr unbestimmten Norm vorankommt, desto stärker wird auch die Rationalisierung ausfallen. Die Wissenschaft wird sich zunehmend des neuen Phänomens annehmen und sich mit den entwickelten Skripten, institutionalisierten Modellen und Verweisungsketten zwischen den Institutionen auseinandersetzen („dient X wirklich dem Fortschritt" usw.). Internationale Organisationen, die in der Phase der Normkaskade beginnen sich aktiv als rationale Andere am Prozess zu beteiligen, werden ebenfalls ihren Beitrag zur Rationalisierung leisten. Sukzessive wird sich so in und durch den Institutionalisierungsprozess ein rationalisiertes Feld konstituieren und ausbauen. Insofern sich immer mehr und unterschiedliche Akteure der Weltgesellschaft beteiligen sowie weitere Prinzipien und andere rationalisierte Felder einbezogen werden, ist wohl damit zu rechnen, dass sich die Weiterentwicklung der neuen Norm bzw. Institution von den Auseinandersetzungen in konkreten Situationen löst. Spätestens wenn sich der Prozess der Phase der Internalisierung annähert, wird das neue rationalisierte Feld seinerseits auf andere Bereiche von Weltkultur ausstrahlen und zunehmend in der Ordnung der World Polity „aufgehen".

Rationalisierung und die Globalisierung von Transitional Justice

Mit dieser weitergehenden Theorierezeption der WPT kann nun auch die institutionelle Ausgestaltung und Konzeptionalisierung von Transitional Justice im Prozess der Globalisierung nachvollzogen werden. Was als unbestimmter Normdurchsetzungsprozess zur Aufarbeitung und Ahndung von Makrogewalt begann, hat sich aufgrund der Einbettung der Norm in Weltkultur zu einem umfassenden Prozess der Institutionalisierung erweitert. In diesem Zuge ist insbesondere auch der Umgang mit Makrogewalt rationalisiert worden. Die Entwicklung und Institutionalisierung von Skripten wie z.B. Strafverfahren, Wahrheitskommissionen, Erinnerungspolitik und Reparationen; die Verwissenschaftlichung im Rahmen globaler Diskurse sowie ein zunehmender Aktivismus internationaler Organisationen (insbesondere der transnationalen Zivilgesellschaft) als rationale Andere lassen sich als Säulen eines sukzessive entstehenden rationalen Feldes von Transitional Justice begreifen. In der Analyse des Globalisierungsprozesses wird nun zu berücksichtigen sein, wann und wo die Rationalisierung des Umgangs mit massiver Gewalt und Gräueltaten begonnen hat, und wann und wie sich konkret ein diesbezügliches rationalisiertes Feld konstituiert hat.

Somit ist auch der letzte Punkt geklärt worden, der in der Entwicklung eines Rahmens zur Analyse der Globalisierung von Transitional Justice zu berücksichtigen ist. Bevor nun mit Hilfe dieses theoretischen Instruments der Prozess in seinem historischen Verlauf untersucht wird, gilt es nun, die theoretischen Über-

legungen, die in diesem Kapitel angestrengt wurden, zusammenfassend zu re-
flektieren.

3.4 Fazit: Die Globalisierung von Transitional Justice als weltkultureller Institutionalisierungsprozess

Auf der Basis der Überlegungen, die in der kritischen Auseinandersetzung mit
dem gegenwärtigen Forschungsstand entstanden sind, wurde in diesem Kapitel
in drei Schritten ein neuer Rahmen für die Analyse der Globalisierung von Transitional Justice entwickelt. Dabei habe ich den politikwissenschaftlichen Ansatz
von Finnemore und Sikkink zur Dynamik internationaler Normdurchsetzungsprozesse soziologisch gewendet und erweitert, indem ich sie mit der
neo-institutionalistischen WPT in Verbindung gebracht habe. Über drei Schritte
konnte so ein analytisches Instrumentarium entworfen werden, das in der Lage
ist, einen umfassenden Blick auf die globale Verbreitung, Durchsetzung und
Konzeptionalisierung der Aufarbeitung und Ahndung von Makrogewalt zu eröffnen - und damit bestehende Engführungen in der Analyse überwindet.

Im ersten Schritt wurde argumentiert, dass als Ausgangspunkt der Analyse
von einer Norm ausgegangen werden kann, die unterschiedliche Akteure - vor
allem Staaten - dazu anhält, Makrogewalt aufzuarbeiten und zu ahnden. Um auf
diese Weise den Prozess der Diffusion von Transitional Justice erklären zu können, habe ich eine eingehende Rezeption des „norm life cycles" vorgenommen.
Auf diese Weise lässt sich die Globalisierung als das Ergebnis strategischen
Akteurshandelns in verschiedenen Phasen eines längeren Entwicklungsprozesses verstehen.

Insofern nun diese theoretische Perspektive nur einen relativ isolierten Blick
auf den Prozess ermöglicht, wurde der „norm life cycle" in einem zweiten Schritt
in den Kontext von Weltgesellschaft eingebettet. In Rückgriff auf den World
Polity-Ansatz der „Stanford School" habe ich hier dargelegt, inwiefern die
Durchsetzung einer Norm zur Aufarbeitung und Ahndung von Makrogewalt als
Institutionalisierungsprozess im Rahmen von Weltkultur verstanden werden
kann. Durch diese theoretische Erweiterung können nun sowohl allgemeine
Entwicklungstendenzen in einer globalen sozialen Umwelt berücksichtigt als
auch Momente der Ausgestaltung von Transitional Justice erfasst werden.

Um nun eingehender auf ihre konzeptionelle bzw. institutionelle Ausdifferenzierung eingehen zu können, wurde in einem dritten Schritt erneut auf die
WPT zurückgegriffen. Dabei stand die Tendenz der Rationalisierung in der
Weltgesellschaft mit ihren verschiedenen Aspekten im Mittelpunkt der Betrachtung. Auf Basis der dort angestellten Überlegungen zu Skripten, Verwissen-

schaftlichung und rationalen Anderen kann nun auch die Entwicklung unterschiedlicher Modelle, Konzepte und Mechanismen im Prozess der Globalisierung von Transitional Justice in die Analyse einbezogen werden.

Zusammengefasst lässt sich damit die Emergenz einer globalen Transitional Justice als Resultat eines komplexen und langwierigen Prozesses verstehen: Was mit der Initiative einzelner Normunternehmerinnen begann, hat sich im Zuge einer weltkulturellen Institutionalisierung zu einem rationalisierten Feld zum Umgang mit massiver Gewalt und Gräueltaten entwickelt. Wann nun welche Akteure welche institutionellen Verbindungen und kulturellen Bedeutungszuschreibungen hergestellt haben; welche Konnotationen und Vorstellungen wann eingeflossen sind; welche politischen Auseinandersetzungen und welche weltkulturellen Einflüsse den Prozess geprägt haben - all dies wird nun in einer eingehenden Betrachtung des konkreten historischen Verlaufs der Globalisierung zu betrachten sein, die von diesem neuen theoretischen Rahmen angeleitet werden kann.

4 Zwischen Recht und Rationalisierung: Der Globalisierungsprozess

„The common sense of mankind demands that law shall not stop with the punishment of petty crimes by little people. It must also reach men who possess themselves of great power and make deliberate and concerted use of it to set in motion evils which leave no home in the world untouched."[191]

„Melville's moral (...) was that men need desperately to make panic look like reason. So it is the disguise of panic that makes men live in ugliness, and not the natural animal wallowing. It seems to me that this means that evil itself is now amenable to critical analysis and, conceivably, to the sway of reason."[192]

Nachdem ein theoretischer Rahmen für die Analyse der Globalisierung von Transitional Justice gelegt wurde, kann nun die konkrete Untersuchung des Prozesses in seinem historischen Verlauf erfolgen. In diesem längeren Kapitel wird nicht nur nachvollziehbar werden, wie sich die Aufarbeitung und Ahndung von Makrogewalt in der jüngsten Vergangenheit weltweit durchgesetzt und verbreitet hat. Ich werde auch zeigen, wann und vor welchem Hintergrund jene globale Modelle, Mechanismen und Konzepte im Umgang mit massiver Gewalt und Gräueltaten entstanden sind, die heute mit globaler Transitional Justice verbunden werden.

Im Zuge der Diskussion der Literatur wurde festgehalten, dass der Diskurs umfangreiche empirische Erkenntnisse über verschiedene Entwicklungstendenzen, Ereignisse und einzelne Fälle bereithält. Auf diese wird nun in umfangreichem Maße zurückgegriffen werden. Dabei werde ich mich nicht auf die eingehend diskutierten Arbeiten beschränken. Wenngleich sich allein diese Studien dezidiert mit Aspekten der Globalisierung von Transitional Justice im engeren Sinne befasst haben, so können auch aus weiteren Analysen im Diskurs sowie, darüber hinausgehend, aus dem reichen Fundus der geschichts-, rechts- und sozialwissenschaftlichen Literatur notwendige Informationen und Schlussfolgerun-

---

[191] Jackson, zit. n. Marrus (1997): 80.
[192] Becker (1975): 169.

gen gewonnen werden, die jeweils zusätzliche Einsichten in verschiedene Momente des Prozesses bieten.

Das Kapitel ist zunächst in 11 Abschnitte gegliedert, in denen jeweils einzelne geschichtliche Abschnitte (z.b. „Die Zeit des Kalten Krieges") oder bestimmte Aspekte (z.b. „Der Aufstieg der Wahrheitskommissionen") gesondert analysiert werden. Um die Zusammenhänge deutlich zu machen und gleichzeitig die Relevanz der zuvor angestrengten theoretischen Überlegungen zu unterstreichen, strukturiere ich die Darstellung durch drei Zwischenfazite.

Der erste Teil (Kapitel 4.1 – 4.5) befasst sich mit der Phase der Normemergenz. Hier wird dargestellt, inwiefern bereits gegen Ende des 19. Jahrhunderts Norm- unternehmerinnen begonnen haben, nicht nur eine Ächtung bestimmter Formen von Makrogewalt durchzusetzen. Von der Entwicklung des Kriegsvölkerrechts über das Tribunal von Nürnberg hin zu den völkerrechtlichen Entwicklungen nach dem Zweiten Weltkrieg wird auch nachvollziehbar werden, wie diese Akteure auch eine Norm zur Aufarbeitung und Ahndung von Makrogewalt forciert haben. Bereits hier wird die Bedeutung von Weltkultur für den Prozess deutlich werden und ersichtlich werden, wie sich erste Konturen eines rationalisierten Feldes von Transitional Justice herausgebildet haben.

Im zweiten Teil (Kapitel 4.6 - 4.10) werde ich darstellen, wie der Prozess der Globalisierung nach einer Phase seiner weitgehenden Suspension im Zuge des Kalten Krieges relativ rasch in das Stadium der Kaskade übergegangen ist. Nachdem dabei zunächst die Menschenrechte eine zentrale Rolle gespielt haben, wurde von verschiedenen Akteuren in der Zeit einer weltkulturellen Hegemonie des Liberalismus das „klassische (liberale) Paradigma" von Transitional Justice entwickelt und geprägt. Während sich die Aufarbeitung und Ahndung von Makrogewalt über Südeuropa, Lateinamerika und Osteuropa bis nach Südafrika verbreitete, wurden insbesondere nationale Strafverfahren, Wahrheitskommissionen, die „rule of law", Menschenrechte und Demokratisierung im Kontext von Transitional Justice institutionalisiert. Diese und einige weitere Modelle und Skripte machten zunächst das neu entstandene rationalisierte Feld von Transitional Justice aus.

Schließlich wird im dritten Teil (4.11 – 4.14) der Prozess der Kaskade weiter nachvollzogen werden. Dabei werde ich aber insbesondere darauf eingehen, wie sich das rationalisierte Feld stetig erweitert hat. Über die internationalen Strafgerichtshöfe, die Entwicklung einer multidimensionalen „comprehensive transitional justice" bis zur Einrichtung des ständigen internationalen Strafgerichtshofes in Den Haag wurden zum einen beständig neue Verknüpfungen mit der World Polity hergestellt und bestehende Institutionen bzw. institutionelle Verbindungen neu interpretiert. Zum anderen hat sich durch eine zunehmende Verwissenschaftlichung und das verstärkte Engagement internationaler Akteure als rationale Andere die Eigenkomplexität des institutionellen Gewebes von Transitional Justice erheblich erhöht. In der Gegenwart angekommen, präsentiert jene sich als ein umfassendes, facettenreiches und von Kontroversen durchzogenes, rationalisiertes Feld in der World Polity, das weltweit Geltung und Legitimität beanspruchen kann.

Auf diese Weise wird also bis in die Gegenwart nachvollziehbar werden, wie sich aus der Initiative einzelner Normunternehmerinnen im Zuge einer weltkulturellen Institutionalisierung ein rationalisiertes Feld zum Umgang mit massiver Gewalt und Gräueltaten entwickelt hat. Ich möchte an dieser Stelle allerdings explizit betonen, dass damit zwar die historische Darstellung, nicht aber die Analyse aktueller Entwicklungen von Transitional Justice abgeschlossen ist (weswegen das Kapitel auch bewusst mit einem „Zwischenfazit" schließt). Inwieweit heute tatsächlich von einer Internalisierung von Transitional Justice gesprochen werden kann, und welche Ambivalenzen mit ihrer Globalisierung verbunden sind, wird im darauf folgenden Kapitel dargelegt werden.

4.1 Die Humanisierung des Krieges[193]

Makrogewalt ist ein beständiger Begleiter der Menschheitsgeschichte.[194] Gleich welcher Ära sie sich widmet, kommt keine historische Darstellung menschlicher Zivilisation ohne eine Schilderung von rücksichtsloser Kriegsführung, von Schlächterei und Gräueltaten, von Formen der Schreckensherrschaft und des Terrors von Mächtigen gegenüber der Bevölkerung bis hin zu systematischem Massenmord aus. Sicherlich haben sich die Erscheinungsformen von Makrogewalt im Laufe der Zeit immer wieder verändert. Fortwährend wurden neue Ideologien, Deutungsmuster und Rechtfertigungen für Gewaltexzesse formuliert und der technologische Fortschritt hat beständig „bessere" Werkzeuge hervorgebracht, auf die Gewaltakteure zurückgreifen konnten. In einem Punkt weisen jedoch nahezu alle Fälle bis zu Beginn des 20. Jahrhunderts ein gemein-

---

[193] Der britische Admiral Sir John Fisher kommentierte die frühen Bestrebungen zur Institutionalisierung des Kriegsvölkerrechts, die Gegenstand dieses Unterkapitels sind, wie folgt: „Der Krieg sollte schrecklich sein (...). Die Humanisierung des Krieges! Man könnte genauso über die Humanisierung der Hölle reden! Als irgendein blödes Arschloch in Den Haag aufstand und über die Annehmlichkeiten zivilisierter Kriegführung redete und darüber, dass man die Füße der Gefangenen in heißes Wasser stecken und ihnen Haferschleim geben sollte, war meine Antwort - ich muss es leider sagen - zur Veröffentlichung vollkommen ungeeignet. Als ob man den Krieg zivilisieren könnte! Wenn ich beim Kriegsausbruch das Kommando habe, werde ich meine Befehle geben: ‚Das Wesen des Krieges ist Gewalt. Mäßigung im Krieg ist Dummheit. Schlag zuerst zu, schlag hart zu und triff überall.'" (Fisher zit.n. Dülffer, 2001: 35).
[194] S. hierzu etwa Chalk & Jonassohn (1990).

sames Merkmal auf: Die Ausübung von Gewalt war in politischer Hinsicht völlig legitim und insbesondere der Krieg wurde als eine „bloße Fortsetzung der Politik mit anderen Mitteln"[195] angesehen.

Zwar gab es bereits seit der Frühgeschichte immer wieder regionale Ansätze einer Reglementierung der Ausübung von Makrogewalt.[196] Auch kam es seit der Antike immer wieder zu sporadischen Ereignissen, in denen massive Gewalt, insbesondere im Zusammenhang mit der Kriegsführung, geahndet und aufgearbeitet wurde.[197] Jedoch waren all diese Entwicklungen geographisch und zeitlich begrenzt und führten nicht zu einem nachhaltigen, globalen Institutionalisierungsprozess der Aufarbeitung und Ahndung von Makrogewalt. Erst mit dem Beginn der Moderne und der Emergenz von Weltkultur im Ausgang aus der Aufklärung bilden sich langsam diesbezügliche Tendenzen heraus.

Der erste Schritt zu einem letztlich weltweiten Bewusstseinswandel im Umgang mit massiver Gewalt und Gräueltaten liegt in dem Versuch einer systematischen, universellen und letztlich nachhaltigen Reglementierung des Krieges zwischen einzelnen Staaten. Mit der Entwicklung des Kriegsvölkerrechts ist nicht nur eine erste Entwicklungsstufe hin zu einer tatsächlichen Ächtung von Makrogewalt verbunden (zunächst in Form bestimmter kriegerischer Akte und Vorgehensweisen), welche wiederum als Grundvoraussetzung für ihre Aufarbeitung und Ahndung anzusehen ist. Vielmehr bilden die damals kodifizierten Normen, auch wenn sie inzwischen durch Zusatzprotokolle ergänzt und zum Teil revidiert wurden, bereits einen wesentlichen Bestandteil des gegenwärtigen humanitären Völkerrechts und führten unter anderem zum heutigen völkerstrafrechtlichen Tatbestand der Kriegsverbrechen. In dieser doppelten Hinsicht können sie als erste Ansätze einer globalen Institutionalisierung von Transitional Justice verstanden werden.

---

[195] Clausewitz „Vom Kriege", 1. Buch, Kap. 1 Punkt 24, einsehbar unter http://www.clausewitz.com/readings/VomKriege1832/Book1.htm#1 (letzter Zugriff: 1.11.2013).
[196] Bspw. im hinduistischen Gesetzbuch des Manu oder durch die Ausführungen des chinesischen Philosophen Sun Tzu, vgl. Solis (2010: 3ff) sowie Darge (2010: 51ff).
[197] Insbesondere sind hier die Entwicklungen im antiken Athen im Zuge der Herrschaft der Oligarchen während der Peleponesischen Kriege zu nennen, vgl. Elster (2005: 19ff) sowie Loening (1987). Ein weiterer, etwas kurioser Fall, der insbesondere in rechtsgeschichtlichen Betrachtungen immer wieder genannt wird, ist zudem der Prozess gegen Peter von Hagenbach im 15. Jahrhundert, vgl. Sarkin (2007): 19ff. Auch die Königsprozesse gegen Ludwig XVI und Karl I im Zuge der bürgerlichen Revolution können im weitesten Sinne derartigen frühen Entwicklungen zugeordnet werden, s. hierzu Laughland (2008) & Steinberg (2013).

Erste Schritte zu einer Kodifizierung des Kriegsvölkerrechts

Vor diesem Hintergrund kann man die Betrachtung der Geschichte der Globalisierung von Transitional Justice am Ende des 19. Jahrhunderts beginnen lassen. Als Ausgangspunkt ist dabei eine einfache militärische Anordnung zu nennen, die das Verhalten der Streitkräfte der Nordstaaten im amerikanischen Bürgerkrieg reglementieren sollte. Der 1863 formulierte „Lieber Code" enthielt unter anderem Vorschriften zum Umgang mit verschiedenen Personengruppen wie etwa Zivilisten, Kriegsgefangenen, Partisanen und Spionen sowie zum Verbot des Einsatzes von Giftwaffen.[198] Diesem Regelwerk war in den folgenden Jahren ein durchaus beachtlicher internationaler Erfolg beschieden. Denn zum einen diente die 157 Artikel umfassende Richtlinie in der unmittelbaren Folgezeit als Basis für vergleichbare Anordnungen in Preußen, Großbritannien, Russland, Spanien, Frankreich, Serbien, Argentinien und den Niederlanden.[199] Vor allem aber wurden Teile des „Lieber Codes" in einer Reihe internationaler Abkommen und Verträge übernommen, die ab Ende des 19. Jahrhunderts sukzessive zur internationalen Verankerung eines *ius in bello* - eines Rechts im Kriege - führten. So wurde bereits 1864 in der 1. Genfer Konvention festgehalten, „dass verwundete Soldaten im Feld geschützt werden müssen."[200] Auf zwei Konferenzen (1899 und 1907) in Den Haag wurde einige Jahre später die Haager Landkriegsordnung (HLKO) verabschiedet, welche die „Gesetze und Gebräuche des Landkrieges" regelte. In Artikel 22 heißt es paradigmatisch: „Die Kriegsführenden haben kein unbeschränktes Recht in der Wahl der Mittel zur Schädigung des Feindes."[201] In ihr sowie weiteren verwandten Abkommen[202] und Verträgen sind verschiedene Waffenverbote (z.B. Dum-Dum Geschosse, Gaswaffen) sowie Regeln über neutrale Staaten enthalten und es wird die Kennzeichnung von Kombattanten sowie der Umgang mit Kriegsgefangenen festgeschrieben.[203]

Aus einer juristisch-rechtshistorischen Perspektive betrachtet, stellt diese Entwicklung eine Abkehr vom klassischen Völkerrecht dar. Dieses entstand mit der politischen Ordnung des Westfälischen Friedens von 1648, die auf drei Prin-

---

[198] Solis (2010): 38ff. Vgl. Carnahan (1998).
[199] Solis (2010): 41.
[200] Safferling (2011): 45.
[201] Dülffer (2001): 35.
[202] Z.B. die St. Petersburger Erklärung von 1868 und die Brüsseler Kriegsrechtdeklaration von 1874 (Dülffer, 2001: 38). Die Genfer Abkommen und die HLKO stellen allerdings die wichtigsten Abkommen da. Noch heute unterscheidet man im humanitären Völkerrecht zwischen einem „Haager Recht" (Mittel und Methoden der Kriegsführung) und einem „Genfer Recht" (Schutz der Wehrlosen) (Hobe & Kimminich, 2004: 507).
[203] Dülffer (2001): 39.

zipien aufbaute: Jeder Staat ist souverän, jeder Staat übt die hoheitliche Gewalt über ein bestimmtes Territorium aus und alle Staaten sind formell gleichgestellt.[204] Auf diese Weise wurde damals die Grundlage für das bis heute vorherrschende internationale System und für die weitere Institutionalisierung des Nationalstaates als Akteursmodell der World Polity gelegt. Allerdings war damals noch die Unterscheidung von Krieg und Frieden als verschiedene Rechtszustände sowie das *ius ad bellum*, das prinzipielle Recht eines jeden souveränen Staates, Krieg gegen andere Staaten führen zu dürfen, zentral.[205] Mit dem damaligen kulturellen Modell des Staates war direkt die Legitimität des Krieges als politisches Mittel verbunden. Wie sich die Staaten dabei verhielten, war dabei zunächst grundsätzlich ihrem Gutdünken überlassen.

Dies sollte sich nun mit der Kodifizierung eines *ius in bello* grundlegend ändern. Der Gewaltausübung in kriegerischen Auseinandersetzungen wurde nun ein Rahmen gesetzt, der nicht überschritten werden durfte. Dabei - und hierin besteht die eigentliche völkerrechtliche Zäsur - wurde eine neue Kategorie von Akteuren in das Recht eingeführt und von ihm geschützt, nämlich individuelle Personen. „Im klassischen, westfälischen Recht spielte das Individuum keine Rolle. Staaten sind die (originären) Subjekte des Völkerrechts. [Nun aber sieht] das Völkerrecht (...) Regeln vor, die Einzelpersonen (...) unmittelbar zu Gute kommen sollen."[206] Mit der Kodifizierung des Kriegsvölkerrechts wurden souveränen Staaten bezüglich der Wahl der Mittel zur Gewaltausübung als auch der Personen, die der Gewalt des Krieges ausgesetzt werden dürfen, eingeschränkt.

Adressiert an die neuen legitimen Akteure der Weltgesellschaft, die sich aus der Ära der Aufklärung heraus zu entwickeln begannen, wurde erstmals im internationalen Maßstab ein Bereich illegitimer Formen von Makrogewalt festgesetzt. Schon in dieser frühen Phase der Betrachtung des Institutionalisierungsprozesses wird deutlich, wie stark die globale Entwicklung von Transitional Justice an die allgemeine Entwicklung der World Polity gebunden ist - und sie über eine Neubestimmung des Verhältnisses einzelner Akteursmodelle (Staat und Individuum) im Rahmen eines neuen Rechts geprägt hat.

Agentinnen des Humanitarismus

Für Staaten stellte diese Entwicklung natürlich eine nicht unerhebliche Einschränkung ihres Handlungspotentials dar. Die Frage, die sich damit stellt, ist, warum sich so viele von ihnen auf diese neuen rechtlichen Regelungen einließen

---

[204] Jackson (2001): 43.
[205] Hobe & Kimminich (2004): 36ff.
[206] Safferling (2011): 44f.

- immerhin ratifizierten „(...) bis zum 1. August 1911 zwanzig Staaten die HLKO. (...) Zu den Unterzeichnern gehörten alle europäischen Großmächte."[207] Ein bisweilen in diesem Zusammenhang genannter Aspekt ist ein genuin (kriegs-)ökonomischer: Der technologische Fortschritt führte zu immer neuen Waffen und Kriegsmitteln mit einem zunehmenden Vernichtungspotential, die teuer waren. Eine 1898 verfasste Note des russischen Zaren Nikolaus II. lässt sich etwa nach Jost Dülffer als „(...) anschaulich[e] Diktion" lesen, welche „die Pathologie des damaligen Wettrüstens, das ungeheure Ressourcen verschlinge, die den Volkswohlstand vernichteten"[208], zum Ausdruck brachte. Doch tatsächlich wurde diese Meinung kaum von anderen Staatsoberhäuptern geteilt, und de facto war „keine Großmacht zu substantiellen Rüstungsbegrenzungen bereit."[209]

Schon an dieser Stelle wird das Erklärungspotential konstruktivistischer Theorie im Allgemeinen und der Theorie von Normdurchsetzungsprozessen im Speziellen deutlich. Denn bereits hier war es das Engagement einzelner Normunternehmerinnen, die den entscheidenden Anstoß für diese Entwicklung gegeben haben. Dieses Moment ist in der Literatur (ohne es freilich mit diesem theoretischen Vokabular zu erfassen) äußerst präsent, führen doch alle der oben genannten bzw. zitierten Autorinnen die Entwicklung eines *ius in bello* vor allem auf das idealistische Engagement einer Person zurück: Henry Dunant. Der Schweizer Geschäftsmann wurde 1859 Zeuge der Schlacht von Solferino, in der sich österreichische und franko-italienische Truppen eines der bis dato blutigsten Gefechte der Geschichte lieferten.[210] Schockiert von der Brutalität, versuchte er den auf dem Schlachtfeld zurückgelassenen Verwundeten zu helfen. Seine Erlebnisse publizierte er vier Jahre später in dem Buch „Erinnerungen an Solferino" - ein europäischer Bestseller, der mit einer relativ unbeschönigten Schilderung die Schrecken des Krieges einer breiten Öffentlichkeit nahebrachte.[211] Gary Solis stellt zu der damaligen Wirkung des Werkes fest:

> „Dunant's somewhat lurid descriptions of the battle and its aftermath shocked much of Europe, including kings, queens, and heads of state. (...) A worldwide political arousal followed the publication of Dunant's book, the last few pages of which contain the seed of an idea for the formation of neutral relief committees in time of peace, to train volunteers who would treat the wounded in time of war, with an international agreement to recognize and protect those committees. There was a consensus that something had to be done."[212]

---

[207] Dülffer (2001): 42.
[208] Ibid.: 37.
[209] Ibid.
[210] Meurant (1987): 240.
[211] Ibid.
[212] Solis (2010): 46f.

Dunant, der in der Konsequenz das Internationale Komitee vom Roten Kreuz („International Committee of the Red Cross", ICRC) mitbegründete, gilt nach Finnemore und Sikkink wohl zu Recht als ein „norm entrepreneur" par excellence.[213] Man kann in diesem Zusammenhang auch auf weitere Menschen hinweisen, die sich ähnlich (wenn wohl auch insgesamt nicht so öffentlichkeitswirksam) wie Dunant für eine Humanisierung des Krieges einsetzten. Insbesondere Florence Nightingale, die als Krankenpflegerin im Krimkrieg diente, und Clara Barton, die ähnliche Aufgaben im amerikanischen Bürgerkrieg übernahm, hatten, wie er, die Schrecken des Krieges direkt erlebt, setzten sich für humanitäre Regelungen im Kriege ein und hatten jeweils deutlichen Einfluss auf den Aufbau sowie die Ausgestaltung der Praxis des Roten Kreuzes.[214]

Dass einige wenige engagierte Personen einen so gewichtigen Einfluss auf eine derart weitreichende Entwicklung hatten, mag zunächst etwas ungewöhnlich klingen. Es wird jedoch verständlicher, wenn sie in einen breiteren weltkulturellen Kontext eingeordnet wird. Dunant und andere Mitstreiterinnen konnten auf einen humanitar- istischen Zeitgeist rekurrieren, der sich, wie Michael Barnett detailliert herausgearbeitet hat, bereits seit Mitte des 18. Jahrhunderts in verschiedenen Ausprägungen Bahn gebrochen hatte.[215] Im Kern ist mit dem Begriff nach Barnett eine neue Form menschlichen Mitgefühls verbunden, welches im Gegensatz zu früheren Spielarten desselben Verständnisses eine Grenzen überschreitende Unterstützung Anderer auf der Basis einer transzendentalen Bezugnahme auf „die Menschheit" beinhaltete.[216]

Insbesondere die internationale Anti-Sklaverei-Bewegung wurde unter anderem von dem Gedanken getragen, dass alle Menschen vernunftbegabt sind, qua Geburt unveränderliche natürliche Rechte haben und dass es nicht zuletzt aus Gründen des Fortschritts der Menschheit eine moralische Verpflichtung sei, die Emanzipation der Sklavinnen zu unterstützen.[217] Auch jenseits dieser wahrhaft globalen Bewegung waren eine ganze Reihe wohltätiger und reformorientierter zivilgesellschaftlicher Organisationen in Europa entstanden, die von humanitaristischen Idealen inspiriert waren.[218] Unter diesen schließlich war auch der Gedanke, dass kriegerische Auseinandersetzungen aus humanitären Gründen reguliert werden sollten, nicht neu. Inspiriert waren sie dabei nicht zuletzt auch durch aufklärerisches Denken.[219] Jean-Jacques Rousseau hatte etwa bereits in

---

[213] Finnemore & Sikkink (1998): 896f.
[214] Solis (2010): 51; Smyser (2003): 25.
[215] Barnett (2011).
[216] Ibid.: 10.
[217] Ibid.: 57ff.
[218] Ibid.: 77.
[219] Weiterführend zu allgemeinen Diskussionen um das Völkerrecht in der Philosophie der Aufklä-

dem 1762 erstmals veröffentlichten Werk „Vom Gesellschaftsvertrag" geschrieben:

> „War (...) is not a relation between man and man, but a relation between State and State, in which individuals are enemies only by accident, not as men, nor even as citizens, but as soldiers; not as members of the fatherland, but as its defenders. In short, each State can have as enemies only other States and not individual men, inasmuch as it is impossible to claim any true relation between things of different kinds. (...) The aim of war being the destruction of the hostile State, we have a right to slay its defenders so long as they have arms in their hands; but as soon as they lay them down and surrender, ceasing to be enemies or instruments of the enemy, they become again simply men, and no one has any further right over their lives."[220]

Derartige politisch-philosophische Überlegungen bekamen durch den neuen europäisch-nordamerikanischen Zeitgeist einer „humanitaristischen Sensibilität" und einer „invocation of ,humanity'"[221] ein neues Gewicht. Gepaart mit den eindrücklichen Berichten über den Schrecken des Krieges trafen vor allem in liberal-bürgerlichen Kreisen Ideen über einen Schutz von Verwundeten, Zivilisten und Gefangenen sowie über eine Beschränkung der Waffen und Kriegsmittel auf eine beachtenswerte Zustimmung. Wenngleich nun Staatsoberhäupter und Militärs zwar von humanitären Avancen zunächst eher wenig angetan schienen, sahen sie sich angesichts dieser neuen öffentlichen Stimmung doch zum Handeln gezwungen.[222] Dunants Aktivismus war nun vor diesem Hintergrund allerdings nicht unbedingt ihr Problem, sondern eher Teil einer Lösung: Er und seine Mitstreiterinnen gaben ihnen eine Möglichkeit, durch seine „Humanisierung" qua rechtlicher Regelungen den Krieg neu zu legitimieren und auf die für sie ungünstige öffentliche Meinung zu reagieren.[223] Kurzum: Die kriegsvölkerrechtlichen Entwicklungen sind vor dem Hintergrund eines neuen weltkulturellen Zeitgeistes zu betrachten, der sich seit der Aufklärung Bahn gebrochen hatte. Dieser hatte neue kulturelle Bedeutungen von Staat und Individuum, Menschheit und Gerechtigkeit zur Folge. Dunant und andere konnten darauf aufbauen und zugleich politisch-praktische Vorschläge für einen neuen Umgang mit Makrogewalt vorbringen (die Gründung des ICRC und der Rot-Kreuz Gesellschaften sowie die Verabschiedung der Genfer Konvention), die sowohl mit dem humanitären Bewusstsein als auch den realpolitischen Bestrebungen von Staaten zu vermitteln waren. Der allererste Schritt zu einer Ächtung von Makrogewalt war damit maßgeblich dem klugen Aktionismus weniger Personen geschuldet, die diese neue

---

rung vgl. etwa Koskenniemi, (2009); Kingsbury und Strautmann (2010); Perreau-Saussine (2010).

[220] Rousseau (2002): 160f.

[221] Teitel (2011): 25.

[222] Dülffer (2001): 35ff.

[223] Barnett (2011): 79.

Norm an transzendentale Prinzipien (die Menschheit, Gerechtigkeit) sowie bestehende Akteursmodelle (Staat und Individuum) anbinden konnten.

Die Grenzen von „Menschlichkeit" und „Menschheit"

So fundamental diese Neuerungen waren - die ersten Avancen für eine Ächtung von Makrogewalt und in der Konsequenz auch für ihre Aufarbeitung und Ahndung verliefen noch in relativ engen Bahnen. Die Bedeutung von Menschheit und Menschlichkeit, die zu diesen Neuerungen geführt hatte, war im imperialen Zeitalter noch von einem Bild des Westens (insbesondere Europas) als Hort der Zivilisation und der moralischen Überlegenheit des Christentums geprägt. Dies zeigt sich etwa in den Grundsatzdiskussionen, welche mit dem Bestreben des Osmanischen Reiches einhergingen, die Genfer Konventionen zu unterzeichnen, dabei aber in ihrer nationalen Gesellschaft das Kreuz durch den islamischen Halbmond zu ersetzen.[224] Auch war für die meisten der beteiligten Akteure klar, dass die Geltung des neuen Kriegsvölkerrechts zunächst in der Regel de facto auf die Konflikte zwischen sogenannten „zivilisierten", d.h. westlichen Staaten, beschränkt war. In der Konsequenz bedeutet dies, dass „[i]n den häufigen Kolonialkriegen der imperialistischen Epoche (...) der größte Teil des *ius in bello* außer Kraft gesetzt (...) [war, und] diese Konflikte entsprechend grausam und unbarmherzig geführt wurden."[225] Die Grundpfeiler der World Polity waren gesetzt, aber Weltkultur hatte noch nicht die universelle Bedeutung und weltweite Wirkmächtigkeit, die sie in der Folge erhalten sollte.

Auch hatte die Offenheit der neuen Institution Kriegsvölkerrecht in ihrer Verbindung zwischen Staat und Individuum gegenüber machtpolitischen Zugriffen Konsequenzen, die den Ideen der Normunternehmerinnen durchaus zuwiderliefen. So begannen etwa die europäischen Großmächte die jeweils nationalen Rot-Kreuz Gesellschaften des ICRC, die zunehmend von patriotisch-nationalem Gedankengut durchdrungen waren, als Teil ihrer Kriegspolitik zu betrachten, was die Idee der Neutralität ebenso wie einen pazifistischen Grundgedanken konterkarierte.[226] Schließlich wurden zwar durch die Kodifizierung des Kriegsvölkerrechts bestimmte Formen von Makrogewalt geächtet, Mechanismen zur Ahndung der Vergehen waren aber auf internationaler Ebene nicht vorgesehen. Das ICRC forderte zwar „im Anschluss an den deutsch-französischen Krieg von 1870/1871 die Einsetzung eines unabhängigen, inter-nationalen Strafgerichtshofs

---

[224] Ibid.: 80.
[225] Darge (2010): 73. Man denke hier etwa vor allem an den Genozid der deutschen Kolonialmacht an den Herero im damaligen „Südwest-Afrika" (Chalk & Jonassohn, 1990: 230ff).
[226] Barnett (2011): 80.

zur Aburteilung von Kriegsverbrechen aller beteiligter Parteien. Durchsetzbar war das zu diesem Zeitpunkt allerdings nicht."[227] Es war Aufgabe der einzelnen Nationalstaaten die völkerrechtlichen Bestimmungen in nationales Recht zu überführen und auf ihre Einhaltung seitens ihrer Soldaten zu achten.[228] Die HLKO sah lediglich in einer etwas unbestimmten Formulierung in Artikel 3 vor: „Die kriegsführende Partei, die die Vorkehrungen der genannten Regelung verletzt, wird gegebenenfalls zur Wiedergutmachung verpflichtet."[229]

4.2 Der Erste Weltkrieg und die Folgen

Vor allem aber konnten diese neuen humanitären und pazifistischen Bestrebungen nicht den Ausbruch des Ersten Weltkrieges verhindern, der das Ausmaß kriegerischer Gewaltexzesse auf eine neue Stufe hob. Getragen von der deutschen Aggression war mitten in Europa ein Krieg entfacht worden, der wohl insbesondere an der Westfront zwischen Frankreich und Deutschland alle damaligen Schreckensszenarien, wie sie etwa in „Erinnerung an Solferino" geschildert wurden, bei Weitem übertraf.[230] Der zermürbende Stellungskrieg, der Einsatz von Gaswaffen, Gewalt gegen die Zivilbevölkerung[231] – all das hatte kein völkerrechtlicher Pakt verhindern können. Mehr noch: Das Osmanische Reich hatte im Zuge des Krieges eine große Zahl Armenier auf Todesmärschen systematisch ermordet.[232] Wohl zum Teil von kriegspolitischen Erwägungen (in Form armenischer grenzüberschreitender Verbindungen zu Russland), aber auch von einer Ideologie türkisch-nationaler „Reinheit" getragen[233], hatte die so genannte „jungtürkische" Regierung, von Deutschland gedeckt, einen Völkermord begangen.[234] Eine internationale Kommission, die mit der Klärung der Kriegsverantwortlichkeiten betraut war, sprach später in diesem Zusammenhang erstmalig von „Verbrechen gegen die Gesetze der Menschheit", was rechtshistorisch in der Regel

---

[227] Safferling (2011): 45.
[228] Dülffer (2001): 40ff.
[229] Ibid.: 42.
[230] Hobsbawm (2009): 42.
[231] Ibid.
[232] „As in every case of genocide, much uncertainty exists about the exact numbers. Estimates for the number of Armenian victims range from a few hundred thousand to 1.5 million" (Weitz, 2003: 5, fn.8).
[233] Ibid.: 4.
[234] Vgl. Akcam (2004).

als Ausgangspunkt für den späteren völkerstrafrechtlichen Tatbestand der „Verbrechen gegen die Menschlichkeit" gewertet wird.[235]

Erste Ansätze einer Ahndung von Makrogewalt und ihr Scheitern

Wenngleich sie neue Gräueltaten nicht verhindern konnten, setzten die kriegsvölkerrechtlichen Entwicklungen mit dem Ende des Krieges jedoch die Frage nach einer Ahndung der Kriegsverbrechen auf die Agenda. Die weltkulturell-institutionellen Entwicklungen, die vor dem ersten Weltkrieg ihren Lauf genommen hatten, setzten ihren steinigen Weg nach 1918 weiter fort.

Zunächst manifestierte sich dies im Versailler Vertrag, der Deutschland am 7. Mai 1919 übergeben wurde. Er

> „enthielt in Teil VII, Art. 227-230 (...) Strafbestimmungen, die Wilhelm II. und andere der Kriegsverbrechen beschuldigte Deutsche unter Anklage stellten und zur Aburteilung Wilhelms II. einen internationalen Gerichtshof einsetzen sowie hinsichtlich der weiteren Kriegsverbrecher die deutsche Regierung verpflichteten, diese - auf Antrag der jeweiligen Macht - zur Aburteilung vor einem Militärgericht auszuliefern."[236]

Doch diese Vorhaben waren gerade aufgrund des oben angeführten, vernachlässigten Punktes der Ahndung von Verstößen gegen das *ius in bello* wenig erfolgreich. Der deutsche Kaiser, der inzwischen abgedankt hatte, weilte inzwischen nicht zuletzt aufgrund des Bestrebens der Entente, ihn zur Rechenschaft zu ziehen, in den Niederlanden. Diese verweigerten sich gegenüber dem alliierten Auslieferungs- gesuch mit dem Hinweis, es bestünde hierzu keine internationale Verpflichtung, was „[der] Verurteilung des ehemaligen Kaisers Wilhelm II. ein faktisches Ende [bereitete]."[237]

Auch die Bestrebungen der Alliierten, die anderen deutschen Kriegsverbrecher ausliefern zu lassen, scheiterten.[238] Die deutsche Regierung setzte alles daran, dies zu verhindern und stellte darauf ab, dass für die Aburteilung von Kriegsverbrechern das Reichsgericht in Leipzig erst- und letztinstanzlich zuständig sei.[239] Dem wurde schließlich nachgegeben, was angesichts der Stimmung in

---

[235] So heißt es im ersten Punkt der Schlussfolgerungen des Kommissionsbericht: „The war was carried on by the Central Empires together with their allies (...) by barbarous or illegitimate methods in violation of the established laws and customs of war and the elementary laws of humanity" (Commission on the Responsibility of the Authors of the War and on Enforcement of Penalties, 1920: 115). Für eine rechtshistorische und juristische Bewertung s. Bassiouni (2011): xxvii ff.

[236] Müller (2001): 202.

[237] Ahlbrecht (1999): 38.

[238] Vgl. Kramer (2001).

[239] Ahlbrecht (1999): 41.

Deutschland allerdings fatal war. Weite Teile der Bevölkerung und der politischen Elite wollten die Kriegsschuld nicht anerkennen und standen der Politik der Siegermächte und insbesondere dem Versailler Vertrag bekanntlich äußerst feindselig gegenüber.[240] Entsprechend mag es auch wenig überraschen, dass letztlich die Bilanz dieser Strafverfolgung deutscher Kriegsverbrecher vor eigenen Gerichten äußerst mager ausfiel:

> „Insgesamt waren 907 Ermittlungsverfahren aufgrund der allliierten Auslieferungslisten und weitere 728 Verfahren, die auf Anzeigen und Mitteilungen beruhten, von der Reichsanwaltschaft betrieben worden. Im Ergebnis wurden lediglich (...) zwölf Verfahren (...) gegen siebzehn Beschuldigte zur Anklage und Hauptverhandlung gebracht, wobei (...) neun Freisprüche und acht Verurteilungen zu geringen Freiheitsstrafen erfolgten."[241]

Nach einem nur leicht abweichenden Muster und nur wenig erfolgreicher verlief die Ahndung des Genozids an den Armeniern. Auf einer Konferenz in London im Januar 1919 wurden Richtlinien für die rechtliche Verfolgung der türkischen Verbrechen gelegt und das Osmanische Reich angehalten, Kriegsverbrecher an die Briten oder andere Besatzungsmächte auszuliefern.[242] Auch in diesem Fall waren es schließlich nationale Gerichte, die tätig wurden. Osmanische Kriegsgerichte „sprachen (...) 17 Todesurteile aus, von denen drei vollstreckt wurden."[243] Doch „[d]ie Hauptkriegsverbrecher konnten fliehen und wurden nicht belangt."[244] Weitere Bestrebungen Großbritanniens, Täter vor britischen Gerichten zur Verantwortung zu ziehen scheiterten ebenso wie die Bestrebungen, einen internationalen Gerichtshof einzurichten.[245] Taalat Pascha, der ehemalige Innenminister des Osmanischen Reiches wurde im deutschen Exil angeklagt, doch der Prozess ist wohl insgesamt eher als eine Farce zu bewerten, weil die deutsche Regierung - vor allem vor dem Hintergrund der parallel stattfindenden Leipziger Prozesse und ihrer eigenen Rolle in dem Genozid - wenig Interesse an einer tatsächlichen Strafverfolgung hatte.[246]

---

[240] Vgl. Parker (2003).
[241] Müller (2001): 220. Ausf. zu den Leipziger Prozessen s. Hankel (2003).
[242] Vgl. Akcam (2004): 98.
[243] Barth (2006): 75.
[244] Ibid.
[245] Akcam (2004): 119.
[246] Barth (2006): 75.

Rechtliche und politische Entwicklungen zwischen den Weltkriegen

Dem ersten Test aufs Exempel war also das neue Kriegsvölkerrecht noch nicht gewachsen, kann doch von einer umfassenden Ahndung der in den Jahren zuvor rechtlich delegitimierten Formen von Makrogewalt kaum die Rede sein. Nicht nur, dass alle hehren Bestrebungen einer faktischen Humanisierung des Krieges zu diesem Zeitpunkt offensichtlich gescheitert waren. Auch die neuen Verbote und Regelungen wurden zwar formell anerkannt, in der Praxis aber oft nicht umgesetzt. Die ersten Versuche einer Ahndung und Aufarbeitung von Makrogewalt konnten offensichtlich zunächst keine besonders gute Bilanz vorweisen. Der schwierige Weg, den Normdurchsetzungsprozesse mitunter durchlaufen müssen, wird an dieser Stelle besonders deutlich.

Dennoch hatten diese Rückschläge weniger Resignation denn vielmehr neue internationale Bestrebungen und weitere rechtliche Entwicklungen zur Folge. Immer stärker wurde nun auch der Umgang mit Makrogewalt mit friedenspolitischen Erwägungen und der Idee des „Weltfriedens" in Verbindung gebracht. Unmittelbar nach dem ersten Weltkrieg wurde der Völkerbund geschaffen, der zwar „keine wesentlichen Fortschritte im Bereich der Friedenssicherung [brachte, weil] (...) das Dogma der Staatssouveränität als unüberwindbar galt."[247] Doch immerhin wurden so neue Diskussionen um die „Errichtung einer internationalen Strafgerichtsbarkeit"[248] entfacht. Insbesondere debattierte die bereits 1873 gegründete „International Law Association" (ILA) von 1922 bis 1926 über die Einrichtung einer eben solchen, wenngleich die Diskussionen abermals faktisch ergebnislos blieben.[249] Darüber hinaus wurden erstmals Anstrengungen unternommen, das *ius ad bellum*, also das Recht zur Kriegsführung, zu reglementieren.

„Die Schrecken des Ersten Weltkrieges hatten zu einer mächtigen Friedensbewegung geführt, auf die sich die Männer des Friedens (...) stützten, um den Krieg zu ächten und die Lösung aller internationalen Meinungsverschiedenheiten durch friedliche Mittel verbindlich zu machen."[250]

Kodifiziert wurde dies in einem „‚Vertrag über die Ächtung des Krieges', der nach den Initiatoren, dem französischen Außenminister Aristide Briand und seinem US-amerikanischen Amtskollegen Frank Kellog (...) [oftmals] auch Briand-Kellog Pakt (...) genannt wird (...)."[251] In ihm wurde, wie es in Artikel 1

---

[247] Safferling (2011): 48.
[248] Ahlbrecht (1999): 46ff.
[249] Ibid.: 50f.
[250] Lemay & Letourneau (2001): 108.
[251] Safferling (2011): 48.

heißt, der „Krieg als Mittel zur Lösung internationaler Konflikte [verdammt]."[252] Bis 1934 traten 63 Staaten dem Vertrag bei.[253] Der Vertrag hatte allerdings wiederum das Problem, dass er weder ein generelles Schiedsverfahren noch Möglichkeiten der Sanktionierung bei Nichteinhaltung vorsah.[254] Die Idee, rechtliche Prozeduren als ein Skript für den Umgang mit Makrogewalt zu institutionalisieren, wurde immer wieder vorgebracht, konnte sich aber noch nicht institutionell durchsetzen. Dennoch muss der Pakt, wie auch die kriegsvölkerrechtlichen Entwicklungen vor dem Ersten Weltkrieg, als ein starker Ausdruck eines zumindest partiell vorhandenen humanitär-pazifistischen Zeitgeistes verstanden werden, der sich neben all jenem nationalistischen und chauvinistischen Gedankengut in Europa und Nordamerika verbreitet hatte.

Von 1860 bis in die 1930er Jahre ist also über mehrere Jahrzehnte hinweg eine heterogene Bewegung entstanden, die immer wieder Entwicklungen hin zu einer Ächtung von Makrogewalt forcieren, allerdings zunächst an den Problemen und Herausforderungen rund um ihre Ahndung und Aufarbeitung weitgehend scheiterten. Vorstellungen über den nahezu unantastbaren Stellenwert staatlicher Souveränität waren nach wie vor hegemonial und die machtpolitischen Konstellationen ließen wenig mehr als Absichtserklärungen und Bekenntnisse zu. Nichtsdestotrotz war ein ebenso großer wie notwendiger Schritt hin zu ersten Ansätzen von Transitional Justice unternommen worden, die nach dem zweiten von Deutschland entfachten Krieg in Europa zum Tragen kommen sollten.

4.3 Deutschland nach 1945: Das Tribunal von Nürnberg

Am 8. Mai 1945 trat um 23:01 die bedingungslose Kapitulation des Oberkommandos der deutschen Wehrmacht in Kraft, die den Zweiten Weltkrieg in Europa offiziell beendete. Der von dem nationalsozialistischen Regime in Deutschland angezettelte Krieg hatte den Kontinent verwüstet, und allein die Kriegshandlungen hatten vermutlich drei- bis viermal so viele Menschenleben – Kombattantinnen wie Zivilistinnen – gekostet wie der Erste Weltkrieg.[255] Abermals war hinsichtlich der Ausübung von Makrogewalt eine neue Stufe überschritten worden. Dem Holocaust – „the most carefully conceived, the most efficiently implemented, and the most fully realized case of ideologically motivated genocide in the

---

[252] Lemay & Letourneau (2001): 99.

[253] Ibid.: 100.

[254] Ibid.: 102.

[255] Hobsbawm (2009): 64f.

history of the human race."[256] – waren zwischen fünf und sechs Millionen Juden zum Opfer gefallen[257]; zudem wurden in den nationalsozialistischen Vernichtungslagern Hunderttausende Sinti und Roma, Homosexuelle, politische Gegner und andere ermordet.

Sicherlich hatte die Erfahrung mit dem preußischen Militarismus und dem Ersten Weltkrieg bereits gezeigt, welche Aggression von deutschem Boden ausgehen kann. Doch in der Form, wie sie sich seit den 1930er Jahren im nationalsozialistischen Deutschland manifestierte, hätte sie wohl kaum jemand damals für möglich gehalten. Auch wenn es Zeit brauchte ihre Tragweite zu erfassen (sofern das überhaupt möglich ist) und sich gerade ein Bewusstsein für die Einzigartigkeit des Holocausts erst in den 1960er und 1970er Jahren zu manifestieren begann[258], standen nicht wenige bereits bei Kriegsende den schier unfassbaren Gräueltaten fassungslos gegenüber. Norbert Ehrenfreund etwa, der als Soldat in der US-Armee den Zweiten Weltkrieg erlebt hatte und später als Reporter den Prozess gegen die Hauptkriegsverbrecher vor dem Internationalen Militärgerichtshof in Nürnberg (International Military Tribunal, IMT) verfolgte, rekapituliert autobiographisch seine damaligen Gedanken:

> „I thought to myself: this cultured nation, so rich in music, literature, and science (...) - how could it have produced leaders so barbaric? How could these few Nazis have persuaded and organized so many others to aid and abet their atrocities?"[259]

Die Wahrnehmung einer abermals neuen, gesteigerten „Qualität" der Makrogewalt in Europa führte dazu, dass die Ideen und Entwicklungen vor dem Zweiten Weltkrieg in neuem Licht erschienen. Die Sicherung von Frieden und Gerechtigkeit durch die Aufarbeitung und Ahndung der Gewalt wurde nach 1946 zunehmend von immer mehr Akteuren als legitime Verfahrensweise anerkannt. Doch selbstverständlich war dieser wichtige Schritt für die Institutionalisierung von Transitional Justice nicht.

Die Frage nach dem Umgang mit den nationalsozialistischen Verbrechen

Informiert durch militärische Aufklärung und die Schilderungen von Flüchtlingen und Exilantinnen, zeichnete sich bereits während der Kriegsjahre zunehmend ein Bild der Gräueltaten des nationalsozialistischen Regimes ab. Während - wie bereits gesagt - das Ausmaß der Verbrechen sicherlich erst nach und nach

---

[256] Chalk & Jonassohn (1990): 323.
[257] Hilberg (1999): 1281.
[258] Ignatieff (1999): 315.
[259] Ehrenfreund (2007): xiii.

mit der Befreiung Deutschlands erkannt wurde, machten Berichte über diese ab dem Frühjahr 1942 in den Hauptstädten der Alliierten die Runde und führende Politiker begannen über den Umgang mit Kriegsverbrechen seitens des Deutschen Reiches nachzudenken.[260] In den drei Jahren, die bis zur Kapitulation noch vergehen sollten, lässt sich allerdings weder für die USA noch für Großbritannien oder die UdSSR in dieser Hinsicht eine klare politische Linie feststellen. Vielmehr schwankten die führenden Staatsmänner der Alliierten, Roosevelt, Churchill und Stalin über diesen Zeitraum hinweg in unterschiedlicher Weise zwischen Bekenntnissen zur rechtlichen Ahndung und der Intention mit den für die Aggression und Gräueltaten Verantwortlichen kurzen Prozess zu machen. Auch in den Staatsapparaten insgesamt sowie in der Öffentlichkeit der Westmächte war lange keine einheitliche Stimmung in die eine oder die andere Richtung zu erkennen. Vor dem Hintergrund bislang beispielsloser Verbrechen sowie einer mitunter uneindeutigen weltpolitischen Stimmungslage war die Frage nach dem Umgang mit der „nationalsozialistischen Gewaltkriminalität"[261] zunächst völlig offen.

So gibt auf der einen Seite Churchill selbst in einer Notiz über ein Treffen mit Stalin und Roosevelt in Teheran im November 1943 zu Protokoll, inwiefern zwei Jahre vor Kriegsende die sowjetischen und US-amerikanischen Delegationen standrechtliche Erschießungen favorisierten:

> „‚Fifty thousand,' he [Stalin, D.P.] said, ‚must be shot.' I was deeply angered. ‚I would rather,' I said, ‚be taken out into the garden here and now and be shot myself than sully my own and my country's honour by such infamy.' At this point the President [Roosevelt, D.P.] intervened. He had a compromise to propose. Not fifty thousand should be shot, but only forty-nine thousand."[262]

Während das Protokoll zwar nahelegt, dass diese Aussagen zumindest halb als „Scherz" zu werten sind[263], so stellte doch die Idee, mit den Führungskadern der Nationalsozialisten kurzen Prozess zu machen, damals für alle alliierten Staatsoberhäupter eine durchaus veritable Option dar - und zwar auch für Churchill. Tatsächlich hatte die britische Regierung bereits 1942 bekundet, die Schuld der deutschen Führung wiege so schwer, dass sie jenseits eines jedweden juristischen Prozesses liege. Die mit ihr zu assoziierenden Individuen seien schlicht als „outlaws" anzusehen und auf der Stelle zu erschießen.[264] Diese Ansicht wurde zum einen durch die Wahrnehmung der öffentlichen Meinung in den

---

[260] Marrus (1997): 19.
[261] Jäger (1982).
[262] Churchill, zit.n. Marrus (1997): 22.
[263] Ibid.
[264] Overy (2003): 3.

alliierten Staaten und zum anderen von der Furcht, Hitler mit einem Prozess eine Bühne zu bieten, genährt.[265] In den USA war es vor allem der damalige Finanzminister Henry Morgenthau Jr., der starken Einfluss auf Roosevelt ausübte und ein resolutes Vorgehen gegenüber Deutschland befürwortete - was die Erschießung der Hauptverantwortlichen einschloss.[266] Vor allem musste aber seiner Meinung nach in einem besiegten Deutschland ein grundlegender kultureller Wandel und umfassende Umerziehungsprogramme gefördert werden, um den deutschen Nationalismus und Militarismus, der innerhalb von rund dreißig Jahren den Nährboden für zwei Weltkriege geliefert hatte, endgültig zu brechen: eine Ansicht, die sowohl bei Roosevelt als auch bei Churchill Anklang fand.[267]

Auf der anderen Seite bestanden ebenso immer Überlegungen, auf Basis der oben ausgeführten völkerrechtlichen Entwicklungen vor dem Zweiten Weltkrieg Kriegsverbrecherprozesse durchzuführen: „During the war, the Allied powers expected to prosecute conventional war crimes, from the machine-gunning of the survivors of sunken ships to the torture of prisoners-of-war."[268] In diesem Zusammenhang wurde 1943 seitens Großbritanniens und der USA die „United Nations War Crimes Commission" (UNWCC) und seitens der UdSSR eine „Extraordinary State Commission" eingerichtet, um jeweils Fragen nach der Ahndung von Kriegsverbrechen zu erörtern und mit Ermittlungen zu beginnen. Anfang November 1943 trafen sich die alliierten Außenminister in Moskau und äußerten erstmals in einer offiziellen Erklärung die Absicht, die Verbrechen Deutschlands rechtlich zu ahnden.[269] In der „Moskauer Erklärung" heißt es:

> „At the time of the granting of any armistice to any Government which may be set up in Germany, those German officers and men and members of the Nazi Party who have been responsible for or have taken a consenting part in (...) atrocities, massacres and executions will be sent back to the countries in which their abdominable deeds were done in order that they may be judged and punished accord-

---

[265] Ibid.: 4.

[266] Wie Elizabeth Borgwardt feststellt, wurde oftmals Morgenthaus deutsch-jüdischer Hintergrund als ausschlaggebender Faktor für das Propagieren seines Plans hervorgehoben. Sie legt demgegenüber allerdings überzeugend dar, inwiefern der Plan vor allem im Lichte der damaligen Politik des „New Deals" zu betrachten ist: „As Roosevelt historian Warren Kimball argues, Morgenthau's approach was part and parcel of ‚the belief of many New Dealers in the efficacy of grand plans as the solution to problems' and it assumed ‚that an entire nation could be restructered and redirected by outside agents.' Morgenthau even used New Deal parlance and analogies in some of his diary entries when discussing plans for German reeducation" (Borgwardt, 2005: 416).

[267] Ibid.: 414ff.

[268] Overy (2003): 2.

[269] Safferling (2011): 49f.

ing to the laws of these liberated countries and of the Free Governments which will be erected therein."[270]

Während einige der Staaten, die Mitglieder der UNWCC waren, in diesem Sinne die Ermittlungen aufzunehmen begannen, waren die alliierten Hauptmächte zögerlicher in der Umsetzung dieser Policy. Erst im November 1944 begann die britische Regierung unter dem „Royal Warrant" deutsche Verbrechen gegen alliierte Bürgerinnen zu verfolgen.[271] In den USA war es vor allem das Kriegsministerium unter Henry Stimpson, einem politischen Gegenspieler Morgenthaus, das versuchte Roosevelt von einer strafrechtlichen Antwort auf die nationalsozialistischen Gräueltaten zu überzeugen. Stimpson argumentierte nicht zuletzt, dass der Morgenthau-Plan den Grundsätzen der Jahre zuvor proklamierten „Atlantik-Charter"[272] entgegenstünde, die Siegern und Besiegten gleichermaßen die Freiheit von ökonomischer Not zugestand.[273] Des Weiteren sprach sich sein Kriegsministerium dafür aus, dass es für die Alliierten wichtig sei zu zeigen, dass „democratic notions of justice would be dispensed even for men like Hitler."[274]

Während also Einstimmigkeit herrschte, dass die deutschen Verbrechen in irgendeiner Weise geahndet werden müssen, war zunächst völlig unklar, wie dies geschehen sollte. Gerade auch die unbefriedigende Erfahrung mit der Strafverfolgung von Kriegsverbrechern nach dem Ersten Weltkrieg ließ die alliierten Sieger zunächst zögern abermals auf diese Karte zu setzen. Weder war die rechtliche Aufarbeitung und Ahndung von Makrogewalt zu diesem Zeitpunkt besonders weit institutionalisiert noch das später so zentral mit ihr verbundene Modell des Strafverfahrens.

Umso erstaunlicher ist es, dass die Alliierten letztlich dennoch genau diesen Weg einer rechtlichen Ahndung einschlugen: Mit dem IMT wurde am 8. August 1945 zum ersten Mal in der Geschichte ein internationales Gericht geschaffen, das führende politische Größen eines Staates bzw. Regimes individuell für Makroverbrechen zur Verantwortung zog. Weder wurde die harsche Politik standrechtlicher Erschießungen, noch der Morgenthau-Plan umgesetzt, und die rechtliche Antwort ging mit dem IMT weit über das hinaus, was sich in den

---

[270] Marrus (1997): 22.

[271] Bloxham (2001): 8.

[272] Die Atlantik-Charter ist eine im August 1941 verfasst und veröffentlichte Erklärung von Roosevelt und Churchill, in der in verschiedenen Punkten der Verzicht auf territoriale Expansion, das Selbstbestimmungsrecht, liberaler Freihandel und verschiedene Aspekte der globalen Friedenssicherung programmatisch Festgehalten wurden. Die Charter kann unter http://avalon.law.yale.edu/wwii/atlantic.asp (letzter Zugriff: 1.11.2013) eingesehen werden.

[273] Borgwardt (2005): 417.

[274] Overy (2003): 5.

Jahrzehnten zuvor in rechtlicher Hinsicht entwickelt hatte. Die Ereignisse, die sich in Nürnberg ab Ende des Jahres 1945 und in der Folge im ganzen besetzen Deutschland abspielten, waren für die Entwicklung von Transitional Justice so maßgeblich wie bis heute vielleicht kein zweiter, einzelner nationaler Fall. Abermals zeigt sich, wie wichtig in dieser Phase Normunternehmerinnentum war – in diesem Fall *in persona* Judge Robert H. Jackson.

Robert H. Jackson und das Tribunal von Nürnberg

Zunächst seien einige Fakten zu dem Tribunal und dem Prozess gegen die Hauptkriegsverbrecher an sich kurz aufgeführt[275]: Das IMT war ein ad-hoc Strafgerichtshof, der, getragen von einer weltweiten Unterstützung[276], von den Alliierten eingerichtet wurde, um den Hauptverantwortlichen des Zweiten Welt-krieges und den noch lebenden, führenden Personen des nationalsozialistischen Regimes den Prozess wegen Verbrechen gegen den Frieden und Kriegsverbre-chen zu machen. Damit wurde sowohl den kriegsvölkerrechtlichen Entwicklun-gen des *ius in bello* als auch dem Briand-Kellog Pakt und dem Verbot des An-griffskrieges („war of aggression") Rechnung getragen. Zudem wurden Verbrechen gegen die Menschlichkeit[277], verstanden als „murder, extermination, enslavement, deportation, and other inhumane acts committed against any civili-an population, before or during the war, or persecutions on political, racial, or religious grounds (...)"[278] als Straftatbestand aufgeführt. Alle Straftaten mussten dabei im Zusammenhang mit dem Krieg von 1939 bis 1945 von den Achsen-mächten („European Axis countries") verübt worden sein. Der Holocaust war

---

[275] Die Darstellung muss sich an dieser Stelle auf den Kern der Fakten beschränken. Zum Prozess von Nürnberg und dem IMT s. insbesondere die offizielle Abschrift (IMT Nürnberg, 1947). Weiterfüh-rend s. Harris (2008), Taylor (1992) sowie Tusa & Tusa (2010). Für eine rechtswissenschaftliche Analyse der Wirkungsgeschichte s. Reginbogin & Safferling (2006); Blumenthal & McCormack (2008).

[276] Das Londoner Vier-Mächte Abkommen von 8. August 1945, welches die Absicht der Einrichtung des IMT verbindlich festhielt, wurde zwar nur von den vier alliierten Siegermächten unterzeichnet. Allerdings sind ihm die folgenden Nationen per Erklärung beigetreten: Griechenland, Dänemark, Jugoslawien, Polen, Belgien, Äthiopien, Australien, Honduras, Norwegen, Panama, Luxemburg, Haiti, Neuseeland, Indien, Venezuela, Uruguay und Paraguay (IMT Nürnberg, 1947: 9).

[277] Wie oben bereits erwähnt war bereits nach dem Ersten Weltkrieg die Rede von „Verbrechen gegen die Gesetze der Menschheit". Borgwardt führt aber aus, dass sich der Tatbestand in der Charta wahrscheinlich aus einer anderen Rechtsquelle speist: „It seems more likely that the Nuremberg legal advisors believed they were deriving the term directly from the so-called Martens clause of the Fourth Hague Convention of 1907, which invoked 'the principles of the law of nations, as they result from the usages established among civilized peoples, from the laws of humanity, and the dictates of the public conscience'" (Borgwardt, 2005: 412, fn. 38).

[278] IMT Nürnberg (1947): 11.

„kaum Gegenstand der Verhandlung"[279] und Völkermord war kein Tatbestand nach dem Statut des IMT.

Die ursprünglich 24 Angeklagten[280] deckten verschiedene Bereiche der nationalsozialistischen Herrschaft ab: Neben den noch lebenden politischen Führungskadern (Göring, Hess, von Ribbentrop, Ley, von Papen) mussten sich auch solche des Militärs (Keitel, Jodl, Raeder, Doenitz), der Wirtschaft (Speer, Sauckel, Schacht, Krupp von Bohlen und Halbach, Funk), der Polizei und des Geheimdienstes (Kaltenbrunner), die Verantwortlichen für die von Deutschland besetzten Gebiete (Frank, Seyß-Inquart, Rosenberg, von Neurath, Frick) und für die Propagandamaschinerie (Streicher, Fritzsche, von Schirach) vor dem Gericht verantworten. Damit sollte der Prozess gegen die Hauptkriegsverbrecher das Regime als solches auf die Anklagebank bringen. Das Gericht verhandelte etwa zehn Monate, ehe am 30.9. und am 1.10.1946 das Urteil verkündet wurde: Zwölf Todesstrafen, drei lebenslange Freiheitsstrafen, vier nicht lebenslängliche Freiheitsstrafen und drei Freisprüche.[281]

Die Einrichtung eines internationalen Tribunals, das einen Prozess nach damaligem (völker-)rechtlichen Standard durchführen sollte, war letztlich eine von der Regierung der USA forcierte Unternehmung.[282] Stimpson konnte sich zu guter Letzt gegenüber seinem politischen Gegenspieler Morgenthau durchsetzen, was vor allem daran lag, dass die öffentliche Stimmung durch einen umfassenden Mediencoup zu seinen Gunsten kippte.[283] Roosevelt, der seine Wiederwahl gefährdet sah, gab den Morgenthau-Plan auf, war aber zögerlich, sich aktiv gegenüber den alliierten Partnern für Kriegsverbrecherprozesse einzusetzen. Auf der Konferenz von Jalta im Februar 1945 spielten sie insgesamt kaum eine Rolle. Doch als der Nachfolger Roosevelts nach dessen Tod im April das Amt übernahm, trat eine entscheidende Wende ein: „Harry Truman, a former small-town judge, was adamant that a trial was both necessary and feasible."[284] Er setzte Robert H. Jackson, einen Richter des US-amerikanischen Supreme Courts und

---

[279] Safferling (2011): 51.
[280] Ley beging zu Prozessbeginn Selbstmord und Krupp von Bohlen und Halbach wurde wegen Prozessunfähigkeit ausgeschlossen und Bormann war unauffindbar, weswegen am 20.11.1945 der Prozess gegen nurmehr 22 Angeklagte eröffnet wurde. Gegen Borman wurde *in absentia* verhandelt (Safferling, 2011: 52).
[281] Safferling (2011): 52.
[282] Borgwardt (2005): 445.
[283] „Newspapers across the political spectrum were soon concurring with the Washington Post's assesment that the Morgenthau plan was ,the product of a feverish mind from which all sense of reality had feld.' The Treasury plan would ensure that Germany remained ,a festering sore ... in the heart of Europe, and there would be installed a chaos which would assuredly end in war'" (Borgwardt, 2005: 418).
[284] Overy (2003): 5.

ein enger Vertrauter und Freund Roosevelts als „chief of counsel for the prosecution of Axis criminality" mit umfangreichen Befugnissen ein, um die Verhandlungen für das Tribunal im Sinne der US-Amerikaner zu leiten.[285] Später diente Jackson dem IMT als US-amerikanischer Chefankläger. Er war ein Mensch, den sein späterer britischer Kollege in Nürnberg, Sir David Maxwell-Fyfe, wie folgt charakterisierte: „In the truest sense of the word, he was a romantic of the law. For him, the vocation of the lawyer left dull huckstering and pettifogging things. It caught the full wind of the traditions of natural justice, reason and human rights."[286] Mit diesem Bewusstsein ging er in die Verhandlungen mit den britischen, sowjetischen und französischen Vertretern, die von Mai bis Oktober 1945 andauerten. Jackson war kein Diplomat, sondern ein Idealist, der daran glaubte, dass Gerechtigkeit gerade auch angesichts der von den Nationalsozialisten ausgeübten Makrogewalt durch Recht, Gesetz und die „rule of law" verwirklicht werden konnte. Strafrecht, so die ratio, eignet sich nicht nur zur Ahndung „gewöhnlicher" Verbrechen im nationalen Kontext, sondern auch zur Sanktionierung makrokrimineller Handlungen auf internationaler Ebene, die von Staatsoffiziellen und -dienern verübt werden. „American citizens could bring their officials before courts; this right should be available in the international sphere."[287] Das bedeutet aber auch, die Grundsätze der „rule of law" ebenso auf völkerstrafrechtliche Prozesse anzuwenden: Jackson war - wie auch seine Mitarbeiter - der Überzeugung, dass das Tribunal einen fairen Prozess nach rechtsstaatlichen Standards inklusive der Unschuldsvermutung und dem Recht auf eine frei wählbare Verteidigung seitens der Angeklagten zu führen hatte.[288] In seinen eigenen Worten: „Ich habe keinerlei Sympathie für diese Männer, aber wenn wir einen Prozess abhalten, muss es ein echter Prozess sein."[289]

Diesen Ansatz vertrat er vehement – sowoh in politischen Zusammenhängen als auch gegenüber der Öffentlichkeit und vor allem auch in den Auseinandersetzungen mit seinen alliierten Kollegen in den Verhandlungen. Vor allem die sowjetischen Delegierten folgten der ursprünglichen Linie Moskaus (s.o.) und insistierten bis zum Ende, das Gericht müsse nur noch die Höhe des Strafmaßes angesichts der offenkundig feststehenden Schuld festschreiben. Dies stellte freilich eine Position dar, die mit Jacksons Ansicht nicht zu vereinbaren war. Des Weiteren stritt er darum, dass das Tribunal nicht nur den von Deutschland geführten Krieg sanktionierte, sondern in der Wortwahl der Charta mit Blick auf

---

[285] Marrus (1997): 33.
[286] Maxwell-Fyfe, zit.n. Tusa & Tusa (2010): Pos. 1470.
[287] Ibid.: Pos. 1609.
[288] Marrus (1997): 40ff.
[289] Jackson zit.n. Harris (2008): 17.

den Briand-Kellog Pakt die Strafbarkeit von Angriffskriegen im Allgemeinen unterstrichen werden sollte. Jenseits dessen gab es immer wieder Diskussionen, die sich aus dem Aufeinanderprallen des anglo- amerikanischen „common law" und des europäischen „civil law" ergaben.[290] Jackson musste insgesamt zwar immer wieder auch kleinere Rückschläge einstecken, doch sein Engagement prägte nachhaltig die Konstitution des Gerichts. Nicht zuletzt sorgte er dafür, dass in Nürnberg ein zwar mit einigen Schwierigkeiten und einigen Abstrichen behafteter, aber insgesamt nichtsdestotrotz nach damaligen internationalen Standards weitgehend fairer und rechtsstaatlicher Prozess stattfinden konnte. Jackson, der mitunter auch als „Architekt"[291] des IMT bezeichnet wird und der in verschiedener Hinsicht eine maßgebliche Rolle in Nürnberg spielte[292], hatte mit seinem Engagement in Deutschland zusammen mit seinen Kollegen maßgeblich an der Entwicklung des Völkerstrafrechts mitgewirkt.

Gerechtigkeit, Fortschritt, Frieden: Die Ideen hinter dem IMT

Vor allem in juristischer Hinsicht war der Prozess in Nürnberg ein immenser Schritt in der Weiterentwicklung und Konsolidierung des internationalen Rechts im Zusammenhang mit der Ächtung und Ahndung von Kriegsverbrechen und Gräueltaten. Das IMT knüpfte direkt an die oben stehenden Entwicklungen des Kriegsvölkerrechts an, ging allerdings entscheidende Schritte weiter:

> „In the shadow of Versailles, Nuremberg took an important step away from the notion of collective guilt and state responsibility (...). Instead, in a giant departure from prevailing international law, where states were the relevant subjects, responsibility was conceptualized primarily along a human measure."[293]

Individuen waren nunmehr nicht mehr nur als zu schützende Subjekte in das Völkerrecht integriert. Vielmehr wurde nun Makrokriminalität rechtlich individuellen Tätern zuordenbar, die sich nunmehr vor „der Welt" und „der Menschheit" - mithin also der Weltgesellschaft - zu verantworten hatten. Einzelne Personen, die im Auftrag des Staates oder unter seinem Schirm Gewaltverbrechen begangen hatten, konnten nun im Rahmen des Völkerrechts zur Verantwortung gezogen werden. In diesem Sinne stellt das IMT „die Geburtsstunde der internationalen Strafjustiz"[294] dar. Damit wurden bestimmte Formen von Makrogewalt nunmehr nicht mehr allein völkerrechtlich *geächtet*. Vielmehr war dadurch eine

---

[290] Ibid. 14ff.
[291] Meltzer (2004).
[292] Barrett (2007).
[293] Teitel (2006): 1621.
[294] Safferling (2011): 53.

tragfähige Grundlage entwickelt worden, sie auch zu *ahnden*, was als wesentlicher Schritt für die Entwicklung von Transitional Justice gewertet werden muss.

Möglich wurde dies dadurch, dass Jacksons Agenda in einem größeren politischen und konzeptionellen Zusammenhang gedacht und in unterschiedlicher Weise mit weltkulturellen Modellen und Prinzipien in Verbindung gebracht werden konnte. Zwar ging es den Alliierten zuvorderst wohl darum, ihre Rolle und ihr Engagement im Krieg vor der jeweils nationalen sowie der Weltöffentlichkeit zu rechtfertigen.[295] Gerade die US-amerikanischen Bestrebungen und Ideen bezüglich des Nürnberger Hauptkriegs- verbrecherprozess gingen jedoch weiter. Wie Elizabeth Borgwardt aufzeigt, stellt die Anwendung und Weiterentwicklung völkerrechtlicher Standards nur *einen* Kontext dar, in dem die Charta des IMT zu betrachten ist.[296] Vor allem politische Entscheidungs- träger wie Truman und Stimpson (aber auch die unmittelbar beteiligten US- amerikanischen Juristen selbst) waren davon überzeugt, dass das (Völker-)Recht und die „rule of law" nicht nur einen kategorischen Eigenwert haben. Vielmehr erachteten sie diese Aspekte als zentrale Momente für gesellschaftlichen Fortschritt und für die Konsolidierung des Friedens in Europa und der Welt.

In diesem Sinne ist die Charta zum einen im Kontext des Umgangs mit dem besiegten Deutschland durch die Alliierten insgesamt und des von ihnen in diesem Zusammenhang initiierten, breit angelegten Statebuilding-Prozesses zu betrachten. Die bedingungslose Kapitulation Deutschlands gebot und ermöglichte umfassende Maßnahmen seitens der Alliierten: „Germany's diminished sovereignty formed the basis for international nationbuilding."[297] Die rechtliche Ahndung war ein zentraler Punkt in dieser Politik des progressiven Wiederaufbaus: „The postwar period was also the heyday of the belief in law and development, and more generally in the belief in law as a tool for state modernization."[298] Nürnberg sollte insbesondere auch die deutsche Öffentlichkeit über die Politik des verbrecherischen Regimes aufklären und eine Demonstration der „rule of law" darstellen. Daher wurden, wie oben bereits erwähnt, die Angeklagten im Prozess gegen die Hauptkriegsverbrecher sorgfältig ausgewählt, so dass möglichst viele Facetten der nationalsozialistischen Herrschaft beleuchtet werden konnten. Zudem war man darum bemüht, jeden Anschein von Siegerjustiz zu vermeiden, und die US-Militärregierung in der amerikanischen Besatzungszone ließ kontinuierliche Studien über die Einstellung der deutschen Bevölkerung

---

[295] Teitel (2003): 73.
[296] Borgwardt (Borgwardt, 2005): 411ff.
[297] Teitel (2003): 73.
[298] Ibid.: 74.

erheben.[299] Schließlich ist jenseits des unmittelbaren Prozesses vor dem Tribunal das IMT als erster, wegweisender Schritt einer weiteren Politik des Umgangs mit der „nationalsozial- istischen Gewaltkriminalität"[300] zu sehen. Auf der Basis der Anklageschrift vor dem IMT erließ der alliierte Kontrollrat Gesetz Nr. 10, um weitere Verfahren in den jeweiligen Besatzungszonen wegen Verbrechen gegen den Frieden, Verbrechen gegen die Menschlichkeit und Kriegsverbrechen durchzuführen. Zudem leitete Gesetz Nr. 104 einen breit angelegten Prozess der Entnazifizierung an, durch den letztlich etwa 290.000 kompromittierte Personen aus öffentlichen Ämtern entfernt und Pensionen und Bezüge gestrichen sowie Vermögen beschlagnahmt wurden. In diesen vielen Facetten wurde die Ahndung der Makrogewalt zu einem wesentlichen Bestandteil des demokratischen Wiederaufbaus Deutschlands und die rechtlichen Maßnahmen damit als nicht nur der Gerechtigkeit, sondern auch dem soziopolitischen Fortschritt dienlich gedacht.

Zum anderen kann die Charta des IMT im Zusammenhang mit der Gründung der UN 1945 und dem Bretton Woods Abkommen von 1944 (die beide jedenfalls implizit auf die Ideen der „Atlantik-Charta" aufbauten) und als Teil der Idee einer neuen Weltordnung betrachtet werden. „Together with proposals for comprehensive disarmament, Nuremberg was designed primarily to be about freedom from the fear of aggressive war"[301] – und zwar über die Ahndung und Aufarbeitung des Zweiten Weltkrieges hinaus. Unmittelbar nach dem Prozess erkannte die Generalversammlung der UN die Straftatbestände der Charta - Aggression, Verbrechen gegen die Menschlichkeit und Kriegsverbrechen - als „Nürnberger Prinzipien" an und unterstrich damit ihren völkerrechtlichen Status.[302] Wie Jackson selbst feststellte, war die nachhaltige globale Friedenssicherung durch eine verstärkte völkerrechtliche Ächtung des Krieges ein Punkt, der bereits in den Verhandlungen um die Einrichtung des Tribunals eine wichtige Rolle spielte und in dem sich die US-amerikanischen Aspirationen deutlich von denen der alliierten Partner unterschieden: „They are less obsessed than Ameri-

---

[299] Vgl. Karstedt (1988; 2008). In diesem Sinne war Nürnberg zunächst auch sehr erfolgreich. Safferling stellt heraus: „Während der Prozesse wurde auch von der deutschen Bevölkerung die strafrechtliche Verfolgung durchaus begrüßt, was nicht verwundert, denn mit der in einem Strafprozess stattfindenden Individualisierung der Verantwortung ist sozialpsychologisch eine Exkulpation aller nicht angeklagten Personen verbunden. Als in späteren Prozessen und im alliierten Entnazifizierungsprogramm die Schuld vieler Deutscher deutlich wurde, fiel die Bewertung des Umgangs der Alliierten mit der ‚deutschen Schuld' eher negativ aus und auch die Zustimmung zu den Nürnberger Prozessen schwand" (Safferling, 2011: 54).

[300] Jäger (1982).

[301] Borgwardt (Borgwardt, 2005): 412.

[302] Safferling (2011): 55.

cans with the ambition to reform the world and have less confidence in their ability to do so. Hence there is more disposition to accept future wars as natural."[303]

Nürnberg im Kontext der Globalisierung von Transitional Justice: Ein kurzes Resümee

Das Tribunal von Nürnberg war ein Meilenstein in der Entwicklung von Transitional Justice. In einer grundlegenden Weiterentwicklung des Völkerrechts hin zu einer Ausdifferenzierung des Völkerstrafrechts waren nunmehr bestimmte Formen von Makrogewalt nicht mehr nur geächtet. Vielmehr war nun ein Ansatz geschaffen, der in der Lage war, Täter tatsächlich individuell zur Verantwortung zu ziehen und damit eine rationale Möglichkeit der Ahndung von klar definierten makrokriminellen Vergehen etabliert worden. Jackson formulierte dies in seiner Eröffnungsrede mit den inzwischen berühmten Worten:

> „That four great nations, flushed with victory and stung with injury stay the hand of vengeance and voluntarily submit their captive enemies to the judgement of the law is one of the most significant tributes that Power has ever paid to Reason."[304]

Die Vernunft, auf die er hier verweist, ist die Vernunft der im (westlichen) Strafrecht verankerten Form retributiver Gerechtigkeit und vor allem der politischen Ordnungsvorstellung der „rule of law", die nunmehr auf den internationalen Raum und Makrogewalt übertragen wurde. Wie Teitel schreibt:

> „(...) [T]he Nuremberg precedent stood for postwar judgment and the idea that war-making was subject to judgment. The intended judgment was neither political nor moral, but legal. The central point here is the triumph of the law over the use of force as the guiding form of rule of law in international affairs."[305]

Doch die Macht hat sich nicht einfach nur der Vernunft gebeugt. Die Durchsetzung der Ahndung von Makrogewalt durch den neuen Ansatz einer internationalen Strafjustiz war daran gebunden, dass sich gewissermaßen das Recht der Realpolitik als dienlich erwiesen hat, indem das IMT sowohl als Teil eines politischen Statebuilding-Prozesses in Deutschland als auch als Teil des Aufbaus einer neuen internationalen politischen Ordnung fungierte. Bereits in Nürnberg wurde also die Ahndung von Makrogewalt nicht nur als Form der Ausübung von Gerechtigkeit gedacht, sondern auch als wesentlich für soziopolitischen Fortschritt und Frieden - sowohl im nationalen als auch im internationalen Rahmen.

---

[303] Jackson zit.n. Tusa & Tusa (2010): Pos. 1999.
[304] Jackson zit.n. Marrus (1997): 79.
[305] Teitel (2006): 1618.

Insofern diese Aspekte wesentlich für die Etablierung des IMT waren, wird schon hier deutlich, wie wichtig institutionelle Referenzen und Verknüpfungen zwischen neuen Normen und verschiedenen transzendentalen Werten der World Polity sind. Diese starke Verbindung wird, wie noch zu sehen sein wird, Jahrzehnte später unter etwas anderen, aber letztlich doch sehr ähnlichen Vorzeichen wiederkehren und eine zentrale Rolle in der Konzeptionalisierung von Transitional Justice spielen.

Durch die Anerkennung der Nürnberger Prinzipien seitens der UN-Generalversammlung wurde die weltweite Gültigkeit der Straftatbestände der Charta bekräftigt. Damit wurde ein weiterer, wichtiger Schritt hin zur Globalisierung von Transitional Justice getan. Das IMT selbst war bereits eine internationale Unternehmung: Wenngleich diese maßgeblich von den USA gefördert und von den vier alliierten Siegermächten ausgeführt wurde, sind doch dem Londoner Vier-Mächte-Abkommen 17 weiterer Staaten per Erklärung beigetreten. Damit bestand die weltweit geteilte Einsicht, dass die Ahndung der nationalsozialistischen Verbrechen notwendig ist. Mehr noch:

> „Convening an international tribunal was based on the legal premise that the implicated offenses were considered crimes everywhere; therefore, the Nuremberg Charter refers to ‚offenses' without ‚geographic location'. The deeds were considered so overarching that they defied the ordinary criminal jurisdiction principle of territoriality, to lay the foundation for the appropriate jurisdiction of an international military tribunal."[306]

Das IMT stellte also auf einen zumindest transnationalen Verbrechens- kontext ab und legte damit den Grundstein für spätere Konzeptionen eines Weltrechtspflegeprinzips.[307]

Im Zusammenhang mit diesen wegweisenden Schritten für die Globalisierung von Transitional Justice sollte schließlich auch nicht unerwähnt bleiben, dass das IMT in Nürnberg mit dem „Internationalen Militärtribunal für den fernen Osten" (IMTfO) in Tokio ein Pendant auf der anderen Seite des Erdballs hatte. Dieses Tribunal war mit der Ahndung der japanischen Kriegsverbrechen betraut; seine Richter kamen aus den vier alliierten Siegermächten sowie Australien, China, Indien, Kanada, Neuseeland, den Niederlanden und den Philippinen.[308] Zwar muss gerade in juristischer Hinsicht festgestellt werden, dass das IMTfO kaum die Relevanz seines „Nürnberger Vorbilds" erlangt hat und nicht auf Basis eines völkerrechtlichen Vertrages errichtet wurde.[309] Doch wird mit

---

[306] Ibid.: 1624f.
[307] Ibid.: 1626.
[308] Safferling (2011): 56.
[309] Ibid.

Blick auf die Etablierung des Tokioter Tribunals deutlich, dass die Ahndung von Makrogewalt als global bedeutsames Unterfangen, als universelle Aufgabe gedacht wurde und nicht auf eine bestimmte Region (etwa Europa) begrenzt.

4.4 Eine Sternstunde des internationalen Rechts

Die Globalisierung der Ahndung von Makrogewalt wurde in den Folgejahren zunächst durch die Institutionalisierung einer Reihe weiterer regulativen Normen fortgesetzt:

> „The period immediately following World War II was the heyday of international justice. The critical turn away from prior nationalist transitional responses and toward an internationalist policy was thought to guarantee rule of law."[310]

Unter dem bleibenden Eindruck der Erfahrungen mit dem Zweiten Weltkrieg und insbesondere dem Holocaust wurden weitere Schritte unternommen, um die Ächtung von Makrogewalt sowohl hinsichtlich ihrer inhaltlichen Bestimmung auszuweiten und ihr ein stabileres Fundament zu schaffen. Insbesondere die Tatsache, dass vor dem IMT Makrogewalt nur im Zusammenhang mit dem Krieg geahndet werden konnte, spielte dabei eine zentrale Rolle. Zudem sollte der Problematik des Rückwirkungsverbots (*nullum crimen sine lege*) durch neue rechtliche Kodifikationen begegnet werden.

Neue Völkerrechtsnormen

Zum Ersten wurde 1949 auf Drängen des ICRC erneut eine Konferenz zur Weiterentwicklung des Kriegsvölkerrechts einberufen. Dort wurden vier neue Genfer Abkommen geschlossen, die auf den vorangegangenen Konventionen aufbauten, sie in wesentlichen Punkten ergänzten und änderten[311]: Die neuen Normen sollten nicht mehr nur im Krieg, sondern in allen Formen des bewaffneten Konflikts Anwendung finden und sie sollten auch selbst dann während der Besatzung von Territorien gelten, wenn dort kein bewaffneter Widerstand geleistet wurde. Ferner stellen sie nicht mehr nur bestimmte Gruppen von Kombatanten wie etwa Kriegsgefangene oder Verwundete unter Schutz, sondern alle Zivilisten.[312] Da-

---

[310] Teitel (2003): 73.
[311] Meurant (1987): 242.
[312] Teitel (2011): 29.

mit wurde das Kriegsvölkerrecht nach Teitel und Meurant zu einem „genuine law of humanity" weiterentwickelt.[313]

Die zweite rechtliche Neuerung war die am 9. Dezember 1948 von der UN-Generalversammlung angenommene „Convention on the Prevention and Punishment of the Crime of Genocide".[314] Vor dem Hintergrund des Holocaust geschrieben, stellt sie „acts committed with intent to destroy, in whole or in part, a national, ethnical, racial or religious group" unter Strafe und deklariert damit eine neue Kategorie von Gräueltaten als Makroverbrechen.[315] Auch hier ließe sich wieder die Geschichte eines „norm entrepreneurs" schildern, dessen Engagement maßgeblich für die Entstehung der Konvention war: Raphael Lemkin.[316] Der polnische Jurist hatte sowohl den Prozess gegen Taalat Pascha in Berlin erlebt als auch den Terror der deutschen Besatzungspolitik in Polen, vor dem er fliehen konnte.[317] Zeit seines Lebens setzte er sich bis zur Selbstaufgabe dafür ein, das „Verbrechen der Verbrechen"[318], „die koordinierte Ausführung eines Plans, welcher die Zerstörung sämtlicher Lebensgrundlagen einer nationalen Gruppe mit dem Ziel ihrer totalen Vernichtung bezweckt"[319] völkerrechtlich unter Strafe zu stellen. Wenngleich nicht alle Aspekte seines ursprünglichen Konzeptes in der Rechtsnorm aufgingen (kulturelle und politische Gruppen werden etwa nicht genannt), so war er doch maßgeblich an der Entwicklung der Konvention beteiligt, die den bis heute letzten Kerntatbestand im Kanon des Völkerstrafrechts kodifizierte.

Als drittes und letztes muss schließlich noch die „Allgemeine Erklärung der Menschenrechte" (UDHR)[320], die am 10. Dezember von der UN-Generalversammlung verkündet wurde, erwähnt werden. Sie proklamiert bekanntlich zum ersten Mal in der Geschichte in universeller und globaler Hinsicht, dass alle Menschen als solche bestimmte unveräußerliche Rechte besitzen, die ihnen von niemandem - und insbesondere auch nicht von souveränen Staaten - aberkannt werden können. Ideengeschichtlich betrachtet liegen ihre Wurzeln in der Aufklärung und insbesondere dem französischen und US-amerikanischen Konstitutionalismus.[321] Im Laufe des Zweiten Weltkrieges waren sie als Begriff

---

[313] Vgl. jeweils ibid..
[314] UN Doc. A/RES/260(III)[A-C].
[315] Für eine ausführliche juristische Bewertung und rechtshistorische Betrachtung s. Schabas (2009b).
[316] Eshet (2007).
[317] Sein zentrales Werk „Axis Rule in Occupied Europe" (Lemkin, 2005), das ursprünglich 1944 erschienen war, dokumentiert einerseits die deutsche Besatzungspolitik und versucht sich andererseits an einer Definition und Konzeption von „Genozid".
[318] Schabas (2009b).
[319] Lemkin zit.n. Rabinbach (2009): 44.
[320] „Universal Declaration of Human Rights", UN Doc. A/RES/217(III)[A].
[321] Moyn (2010): 12ff.

mit einer hoffnungsvollen alternativen Vision gegenüber der nazistischen Welt-
anschauung in den politischen Diskurs eingeflossen, ohne allerdings die ideell-
normative Kraft zu entfalten, die heute mit ihnen verbunden wird.[322] Nichtsdestotrotz stellt die UDHR allerdings auch einen Bruch mit dem Gedanken des Ge-
sellschaftsvertrags der Aufklärung dar und ist zudem wohl weniger mit einer
positiven Vision als vielmehr mit einer Reflexion der Negativität des Nationalsozialismus verbunden. Teitel schreibt etwa: „Whereas in earlier rights theory,
individuals were entitled to the contractual rights that the state agreed to protect,
these assumptions fell away in the postwar paradigm. Individual rights bore no
particular relation to the state's assumption of duties. Indeed, the previous formu-
lation of rights appeared unavailable and the state instead a potential source of
evil. Accordingly, rights protection moved to alternative sites and systems, to
international human rights conventions, mechanics, and processes."[323] Zwar
entfaltet die UDHR an sich keine unmittelbare rechtliche Bindungswirkung.[324]
Doch ihre Proklamation stellt nun einen normativen Bezugspunkt für unterschiedliche politische Agenden dar, der jenseits des Staates auf global-
universellen Werten (Freiheit, Gleichheit etc.) beruht.

Die Schaffung der UN

In dieser Darstellung neu geschaffener Rechtsnormen wurde bereits die tragende
Rolle eines neuen Akteurs deutlich, dessen Schaffung ebenfalls als direktes Resultat der Erfahrungen mit dem Zweiten Weltkrieg verstanden werden muss: die
UN. Bereits oben wurde angesprochen, dass sie auf den Ideen der Atlantik-
Charter aufbaut. Der zweite wichtige Einflussfaktor für ihre Entstehung und
konkrete Ausgestaltung war die Reflexion auf die begrenzte Wirksamkeit des
Völkerbundes.[325] Wenngleich die UN dezidiert zur Sicherung des Weltfriedens
konzipiert wurde und dabei vor allem die Beteiligung und Unterstützung der
neuen Organisation durch alle Weltmächte zentral war (was insbesondere zu den
umfassenden Veto-Rechten der ständigen Sicherheitsratsmitglieder führte), hat
sich ihr Betätigungsgebiet bereits relativ schnell erweitert. Aus den UN wurde in
den Folgejahren „(...) [eine] Staatenorganisation mit einem breiten Aufgaben-
spektrum (...)."[326]

---

[322] Ibid.: 44ff.
[323] Teitel (1997): 303.
[324] Sie ist als Resolution der UN-Generalversammlung eine „Empfehlung", vgl. Hobe & Kimminich
(2004): 396.
[325] Zur Gründungsphase der UN vgl. Gareis & Varwick (2006): 22ff. Kritisch hierzu Mazower
(2009).
[326] Gareis & Varwick (2006): 24.

Die Menschenrechte, die Weiterentwicklung des internationalen Rechts, Weltfrieden und Peacebuilding: Entlang dieser Linien wird die UN für die weitere Entwicklung von Transitional Justice noch eine zentrale Rolle spielen. Die Weltorganisation war und ist eine wichtige Säule in der Genese und Weiterentwicklung der World Polity. Kaum ein anderer Akteur stellt so stark auf transzendentale weltkulturelle Werte ab wie die UN in ihren vielen Erklärungen und Resolutionen[327], verbindet sie mit immer neuen Feldern, entwickelt beständig neue Skripte zu ihrer Umsetzung und dient Akteuren der Weltgesellschaft als professioneller rationaler Anderer. Ebenso wie sie im Umwelt- und Klimaschutz, der Gesundheits- und Bildungspolitik und vielen weiteren Bereichen eine führende Rolle eingenommen hat, wird sie auch im Zusammenhang mit der Aufarbeitung und Ahndung von Makrogewalt äußerst wichtig werden, wie auf den folgenden Seiten zu sehen sein wird.

4.5 Zwischenfazit

„Until the 1860s all was fair in love and war, but after the 1860s only love operated without rules."[328] Im Jahre 1945 war das Führen von Angriffskriegen nunmehr international verboten, die Wahl der Kriegsmittel im Verteidigungsfall limitiert und die Vorgehensweise stark reglementiert. Zudem war es nunmehr überall auf der Welt illegal, Pläne zur Auslöschung religiöser, nationaler, ethnischer oder „rassischer" Gruppen zu verfolgen und Menschen systematisch umzubringen, zu versklaven, zu deportieren oder anderweitig unmenschlicher Behandlung auszusetzen. Makrogewalt war zwar nach wie vor allgegenwärtig, doch ihre Wahrnehmung in der globalen sozialen Umwelt hatte sich grundlegend geändert. Staaten und Mächtige, die Gräueltaten begangen haben, sahen sich jetzt zunehmend einer internationalen Ächtung ausgesetzt. Regierungen mussten berücksichtigen, dass sie durch makrokriminelle Verhaltensweisen an Legitimität als Akteure der Weltgesellschaft einbüßen konnten. Einzelne Staatsoberhäupter und -diener mussten sich der Tatsache gewahr sein, dass ihre entsprechenden Handlungen rechtliche Konsequenzen haben können. Mitte des 19. Jahrhunderts konnten sich Militärs auf einer internationalen Konferenz in Den Haag noch in unflätige Beleidigungen gegenüber den Verfechterinnen einer Humanisierung des Krieges ergehen.[329] Von der Genfer Konferenz, die 1947 stattfand, werden

---

[327] Man denke etwa an die Millenium Development Goals (http://www.unric.org/html/german/mdg/index.html, letzter Zugriff: 1.11.2013).
[328] Barnett (2011): 76.
[329] S.o. fn. 193.

derartige Ausfälle nicht kolportiert. Selbst wenn (was wohl nicht unwahrscheinlich ist) so manche die Richtigkeit und Wirksamkeit der neuen Regeln insgeheim
nicht teilten, haben sie sich doch zurückgehalten, ihre Meinung laut preiszuge-
ben. Das ein solches Verhalten zu diesem Zeitpunkt kaum mehr angemessen
war, dessen waren sich wohl alle Akteure bewusst.

Grund dafür ist, wie in diesem Unterkapitel gezeigt wurde, dass verschiedene Vorkämpferinnen - Lieber, Dunant, Nightingale, Barton, Jackson, Lemkin -
die sich mal „der Menschheit" und der Humanität, mal der „rule of law", Recht
und Gesetz verpflichtet gefühlt haben, zu bestimmten Zeiten an bestimmten Orten nicht nur entscheidende Schritte zu einer Ächtung von Makrogewalt unternommen, sondern auch die Durchsetzung einer neuen Norm zur Aufarbeitung
und Ahndung von Makrogewalt forciert haben. Dieses maßgebliche Engagement
einzelner Personen hatte dabei vor allem deswegen Erfolg, weil sie ihre Anstrengungen mit weltkulturellen Modellen und Prinzipien verbunden haben, und sich
dieses Engagement auch immer wieder mit den Machtinteressen von Staaten
vereinbaren ließ. Vor diesem Hintergrund zeigt sich an dieser Stelle die Relevanz
des „world time context" ebenso wie die Wirkmächtigkeit der World Polity.

Indem diese Normunternehmerinnen also auf transzendentale weltkulturelle
Werte und Vorstellungen wie Gerechtigkeit, Fortschritt, Frieden und Menschlichkeit rekurriert haben, haben sie auch sukzessive die ersten Konturen eines
neuen rationalisierten Feldes von Transitional Justice definiert. Dabei spielte
bereits zu Beginn eine Neubestimmung des Verhältnisses von Staat und Individuum eine zentrale Rolle für den weiteren Umgang mit Makrogewalt. Während
einzelne (natürliche) Personen im klassischen Völkerrecht nicht berücksichtigt
wurden, wurden nun mit dem *ius in bello* Staaten angehalten, bestimmte Gruppen von Individuen zu verschonen oder auf eine bestimmte Weise zu behandeln.
Mit der UDHR wurden ihnen nun individuelle unveräußerliche Rechte zugeschrieben, die sie qua Geburt als natürliche Personen besitzen sollten.

Zudem wurde ein umfassendes Konzept von Makrogewalt entwickelt, das
sich über verschiedene Rechtsnormen konstituiert. Massive Gewalt und Gräueltaten haben mit „Kriegsverbrechen", „Genozid", „Verbrechen gegen die
Menschlichkeit" und „Menschenrechtsverletzungen" nun einen Namen. Von den
Anfängen der Kodifizierung des Kriegsvölkerrechts hin zu den zuletzt dargestell-
ten Rechtsnormen ist beständig der Korridor erweitert worden, in dem staatliches
Handeln einen illegitimen Akt von Makrogewalt darstellt. Damit ist eine umfassende Grundlage geschaffen worden, welche die Ahndung und Aufarbeitung von
Makrogewalt erst ermöglicht. „Wo kein Kläger, da kein Richter" lautet ein ge-
läufiges Sprichwort; damit aber überhaupt geklagt werden kann, muss etwas als
beklagenswert (an)erkannt sein. Dies ist nun mit Blick auf Makrogewalt der Fall.
In den Genfer Abkommen, den Nürnberger Prinzipien, der Genozidkonvention

und der UDHR erhält ein neues globales Bewusstsein für die Unzulässigkeit und Unrechtmäßigkeit bestimmter Handlungsweisen von Mächtigen in juristischen Begrifflichkeiten Ausdruck.

Weiterhin ging mit der juristischen Bestimmung von Makrogewalt auch sukzessive eine Institutionalisierung des Rechts als Mechanismus für ihre Ahndung einher. Ob in Form militärischer Anordnungen wie dem „Lieber Code", die bezüglich der Sanktionierung der Zuwiderhandlungen an eine militärische Gerichtsbarkeit gebunden waren, oder die Ahndung der Verstöße gegen das Kriegsvölkerrecht durch Soldaten seitens der Staaten, denen sie angehörten oder die internationale Strafgerichtsbarkeit in Form des IMT und des IMTfO: Von Beginn an war die Ahndung von Makrogewalt an die Idee gebunden, dass massive Gewalt und Gräueltaten als Rechtsverstöße anzusehen sind und entsprechend einer rechtlichen Antwort bedürfen. Mit dem Ende des Zweiten Weltkrieges bestehen nun analog zum nationalen Strafrecht Tatbestände, für deren Erfüllung nicht unmittelbar Staaten, sondern vielmehr ihre Diener und Oberhäupter individuell zur Verantwortung gezogen werden können. Retributive Gerechtigkeit wurde als ein relevantes Konzept und das Skript des Strafprozesses gegen einzelne Personen für den Umgang mit Makrogewalt institutionalisiert.

Schließlich wurden diese Ansätze zur Ächtung, Definition und Ahndung von massiver Gewalt und Gräueltaten nun als global und universell gültig konzipiert. Für die Prozessaufnahme ist es nunmehr grundsätzlich gleichgültig, ob die Massaker und gewalttätigen Übergriffe etwa in Asien, Amerika, Afrika oder Europa stattfinden: Es ist nun überall gleichermaßen zu prüfen, ob Genozide, Verbrechen gegen die Menschlichkeit oder Kriegsverbrechen stattgefunden haben. Auch besteht zumindest prinzipiell kein Unterschied, ob die Taten beispielsweise von einem deutschen oder japanischen General an etwa einer afrikanischen oder englischen Zivilbevölkerung verübt werden: Die Straftatbestände, für die sie sich vor einem Gericht verantworten müssen, sind die gleichen. Es ist eine neue, weltkulturelle Sichtweise auf „die Menschheit", die sich etabliert hat und die den Umgang mit Makrogewalt bereits in diesem frühen Stadium informiert: „There [now] existed an international community formed not by God but rather by a common humanity."[330]

---

[330] Barnett (2011): 76.

4.6 Die Zeit des Kalten Krieges

Die Antwort auf die Verbrechen des Naziregimes war so umfassend wie revolutionär, und die Menschenrechte und das Völkerrecht wurden nach dem Zweiten Weltkrieg international beträchtlich gestärkt. Mit der regulativen Institutionalisierung durch internationale Rechtsnormen hatte sich nun die Ächtung vielfältiger Formen und Ausprägungen von Makrogewalt als solche durch die Ratifikation der völkerrechtlichen Verträge seitens einer großen Zahl von Staaten weltweit weitgehend durchgesetzt. Damit einhergehend war ein erster großer Schritt zur individuell-strafrechtlichen Ahndung von Makroverbrechen vollzogen worden. In dieser Hinsicht bestand nun ein umfassendes Fundament, auf dem die weitere globale Institutionalisierung von Transitional Justice aufbauen konnte. Doch dieser Prozess kam in der Folge nur langsam in Gang, wurden doch mit der Dämmerung des Kalten Krieges zunächst weitergehende Ansätze von Transitional Justice jedenfalls auf internationaler Ebene fast vollständig suspendiert.

Die internationale Ebene

Zunächst ist abermals festzuhalten, dass das Abschreckungspotential der völkerrechtlichen Fortschritte de facto noch äußerst gering war. Die Ausübung von Makrogewalt - und zwar gerade auch jene, die nunmehr geächtet war - war nach wie vor virulent: Das stalinistische Gulag-System, die Gewaltexzesse während der maoistischen Kulturrevolution und die Terrorherrschaft der Khmer Rouge in Kambodscha während der 70er Jahre führten ebenso wie die von westlichen Staaten gestützten Diktaturen in Lateinamerika weltweit zu einer Allgegenwärtigkeit von Massenmord, Deportation, systematischer Folter und anderweitigen systematischen Menschenrechtsverletzungen. Mit den neuen, in der Folge beständig weiterentwickelten Atomwaffen hatte zudem abermals das Vernichtungspotential der Waffentechnologien und damit auch die Bedrohung der Existenz der Menschheit durch einen erneuten Weltkrieg eine neue Stufe erreicht.

Transitional Justice und dem humanitären Völkerrecht im Allgemeinen war also kaum der Gegenstand abhanden gekommen.[331] Doch im politischen Klima der Blockkonfrontation und dem in den USA wie auch in der UdSSR und ihren jeweiligen Allianzen vorherrschenden Primat nationaler Sicherheits- und Verteidigungspolitik schien es schnell keinen Platz mehr für die liberalen und pazifistischen Aspirationen und Visionen der Nachkriegszeit zu geben. Ihre Errungen-

---

[331] Zum Stellenwert und der Bedeutung des humanitären Völkerrechts und des Humanitarismus im Koreakrieg und weiteren Konflikten während des Kalten Krieges s. ausf. Smyser (2003: 75ff) sowie Barnett (2011: Kap. 5).

schaften wurden einem zweifelhafteren Verwendungszweck zugeführt: So wenig die rechtlich institutionalisierten Normen der Abschreckung dienen konnten und keine der neuen Großmächte während des Kalten Krieges an Normverletzungen hinderte, so sehr wurde gerade die Institution der Menschenrechte zu einem wichtigen ideologischen Bezugspunkt in den Propagandaschlachten zwischen den kommunistischen Warschauer-Pakt-Staaten und den Westmächten. Ein weiterer Punkt, der lange Zeit ein Hindernis für internationale Bestrebungen von Transitional Justice in der Nachkriegszeit und darüber hinaus darstellte, war die Phase der Dekolonialisierung:

> „In the cases of Madagascar, Kenya, Indochina, and Algeria (to name a few) the lack of international accountability for systematic repression endured by civilian populations in the 1940s and 1950s was not a ‚consequence' of the Cold War. One might rather propose, as many did at the time, that the reason that a standing court to try international crimes had not been set up after World War II was precisely because great powers such as France feared their own soldiers would be tried for violations they committed in the colonies."[332]

Zwei Beispiele mögen die Schwierigkeit einer Weiterentwicklung von Transitional Justice auf internationaler Ebene in der Zeit des Kalten Krieges illustrieren. Zum einen hatte einerseits gegen Ende der 1940er Jahre die schwarze Bürgerrechtsbewegung in Form des „Civil Rights Congress" (CRC) in den USA weitreichende Anstrengungen unternommen, Sklaverei und rassistisch motivierte Gräueltaten im Rahmen einer Anklage wegen Genozids vor die neu gegründeten UN zu tragen.[333] Dass die Gewalt und Diskriminierung gegenüber der afro-amerikanischen Bevölkerung tatsächlich gerade auch vor dem Hintergrund der neuen (menschen-)rechtlichen Entwicklungen äußerst problematisch war, hatte auch schon Jackson in der Vorbereitung des IMT gesehen (ohne sie in irgendeiner Weise mit den nationalsozialistischen Gräueltaten gleichzusetzen): „We have some regrettable circumstances at times in our own country in which minorities are unfairly treated"[334], gab er bereits während der Londoner Konferenz im Juli 1945 zu Protokoll. Die sowjetische Regierung nahm diesen Punkt später jedenfalls implizit gerne auf, um Vorwürfe von Menschenrechtsverletzungen in der UdSSR seitens der USA zu kontern. Vor diesem Hintergrund spielte eine inhaltliche Auseinandersetzung mit dem Vorwurf des CRC nie eine Rolle - die USA setzten allein schon aus antikommunistischen Gründen alles daran, den Report unbeachtet zu lassen und seine Verfasserinnen zu drangsalieren.[335] Ähn-

---

[332] Arthur (2009): 342.
[333] Civil Rights Congress (US) (1970).
[334] Jackson, zit.n. Marrus (1997): 45.
[335] Vgl. Rabinbach (2009): 60ff.

lich erging es auch einem zweiten Ansatz zur Aufklärung von Makroverbrechen auf internationaler Ebene - dem von den Philosophen Bertrand Russell und Jean-Paul Sartre initiierten, sogenannten „Russel-Tribunal".[336] Vor jenem sollten Fragen nach Kriegsverbrechen der US-Amerikaner im Vietnamkrieg verhandelt werden. Ob seine Anklage berechtigt war oder nicht, war in der politischen Debatte, die sie begleitete, fast gänzlich irrelevant - im Mittelpunkt stand die Frage, inwiefern es als ein Propagandainstrument zu betrachten sei oder ihm jedenfalls eine äußerst einseitige Betrachtung kriegerischer Konflikte und Menschenrechtsverletzungen im Kalten Krieg zugrunde läge.[337] Wie auch das Vorhaben des CRC, war dieser Versuch einer Aufarbeitung von Makrogewalt im ideologischen Sperrfeuer der Blockkonfrontation zum Scheitern verurteilt.[338] Insgesamt wird man sagen müssen, dass jene, die als rationale Andere die weitere Verbreitung und Durchsetzung der Aufarbeitung und Ahndung von Makrogewalt vorantreiben wollten, sich in dieser Ära der Weltgeschichte kaum als neutrale Akteure präsentieren konnten. Die vergleichsweise mageren Resultate ihrer Bestrebungen legen Zeugnis von der Schwierigkeit internationaler Ansätze von Transitional Justice während des Kalten Krieges ab.

Die nationale Ebene

Anders verhielt es sich allerdings auf nationaler Ebene, auf der in den 1960er und 1970er Jahren durchaus ein Weiterwirken der Idee von Transitional Justice zu beobachten ist. In Deutschland wurden im Zusammenhang mit dem Nationalsozialismus über 100.000 Ermittlungsverfahren eingeleitet und 6000 Prozesse durchgeführt.[339] Wenngleich ein struktureller Konflikt zwischen jungen Staatsanwält- innen und älteren Richterinnen sowie strafrechtsdogmatische Gegebenheiten gerade hinsichtlich der „Schreibtischtäter" zu meist recht milden Strafen führten[340], war doch immerhin eine deutliche Steigerung des Willens zur Strafverfolgung gegenüber der Zeit nach dem Ersten Weltkrieg zu beobachten. Insbesondere der Ulmer Einsatzgruppen- prozess (1958) und vor allem der Auschwitz-Prozess (1963-65) stechen hervor, legten doch diese Gerichtsverfahren umfassend Zeugnis über die genozidale Praxis des Regimes ab: „Rund zwan-

---

[336] Das sich selbst „International War Crimes Tribunal" nannte, vgl. Duffet (1968).
[337] Blaser (1992): 361ff.
[338] Für weitere Fälle von Makrogewalt im Kalten Krieg mit Blick auf die Rolle nationaler Sicherheitsinteressen und ideologischer Grabenkämpfe s. die Kapitel über Bangladesh und Kambodscha in Beachler (2011).
[339] Wittmann (2006): 209.
[340] Ibid.

zig Jahre nach Kriegsende hörten viele [der Deutschen, D.P.] zum ersten Mal in aller Öffentlichkeit und Deutlichkeit, was rund zwei Jahrzehnte lang verschwiegen, vergessen und verdrängt wurde."[341] Fritz Bauer, ein maßgeblich am Auschwitz-Prozess beteiligter Frankfurter Staatsanwalt, war es auch, der einen weiteren, spektakulären Fall nationaler Strafverfolgung gegen einen wichtigen NS-Täter einleitete. Weil er skeptisch gegenüber dem deutschen Willen zur Ahndung der Verbrechen war, informierte er den israelischen Geheimdienst Mossad über Adolf Eichmanns Aufenthalt in Argentinien. Diese wiederum extrahierten jenen und stellten ihn vor ein israelisches Gericht, wo er wegen Verbrechen gegen das jüdische Volk, Verbrechen gegen die Menschlichkeit, Kriegsverbrechen und Mitgliedschaft in einer verbrecherischen Organisation (SS und Gestapo) 1961 angeklagt und zum Tode verurteilt wurde.[342] Prozesse wie diese zeigen, dass die Aufarbeitung und Ahndung von Makrogewalt nicht mit Nürnberg zu einem Ende gekommen war. Wenngleich sie für internationale Aufmerksamkeit sorgten, so konnten sie jedoch zunächst kaum Impulse für eine weitere Institutionalisierung von Transitional Justice auf globaler Ebene entfalten.

Kurzum: Der Kalte Krieg führte zwar nicht zu einer „Umkehr" von der über die vorherigen Jahrzehnte institutionalisierten Ächtung von Makrogewalt und stellte auch nicht die Idee ihrer Ahndung in Frage. In der Blockkonfrontation und mit der einsetzenden Dekolonisierung waren allerdings international-globale Anstrengungen in dieser Hinsicht weitestgehend suspendiert worden. Dem über allen Konfliktlinien hinweg bestehenden Imperativ nationaler und internationaler Sicherheit (die bis heute durchaus weltkulturell legitimierte Bezugspunkte für staatliches Handeln darstellten) und weiteren machtpolitischen Erwägungen war jedwede ernstzunehmende Form der Auseinandersetzung mit Phänomenen von massiver Gewalt quasi zum Opfer gefallen. Die Ära des Kalten Krieges stellt wie keine Zweite eine Phase in der Entwicklung der World Polity dar, in der sich unterschiedliche Zuschreibungen und Bedeutungen von kulturellen Modellen (Staat, Individuum, Gerechtigkeit, Freiheit, etc.) konkurrierend gegenüber standen. Der konflikthafte Charakter, den diese institutionelle Ordnung aufweisen kann, zeigt sich hier in besonderem Maße. Für den Prozess der Institutionalisierung von Transitional Justice bedeutet dies vorübergehend, dass ihm kaum neue Entfaltungsmöglichkeiten gegeben waren.

Eine wichtige Ausnahme stellte jedoch die Fortsetzung einer Kodifikation der Menschenrechte dar, die noch in der Hochzeit des Kalten Krieges vorangetrieben wurde. Damit wurde nicht nur das rechtliche Fundament einer Reglemen-

---

[341] Wandres & Werle (1995): 42.
[342] Bach (2006).

tierung staatlicher Gewaltanwendung gegenüber einzelnen Individuen weiter ausgebaut, sondern auch ein wichtiger Ansatzpunkt für die weitere Entwicklung von Transitional Justice geschaffen, welche in der Phase des „Tauwetters" des Kalten Krieges an Fahrt aufzunehmen begann. Im nächsten Abschnitt wird sich mit Blick auf die Globalisierung der Aufarbeitung und Ahndung von Makrogewalt zeigen, inwiefern sich die Menschenrechte als ein zentraler institutioneller Bezugspunkt durchsetzten konnten, wie nationale Straf-verfahren weiter als Skript etabliert wurden, und wie Menschenrechtsorgani-sationen als wichtige rationale Andere die globale Bühne betreten haben.

4.7 Erkämpft das Menschenrecht!

Seit der UDHR wurde im Rahmen der UN die Verabschiedung eines völker-rechtlich verbindlichen Menschenrechtsschutzes angestrebt. Im Dezember 1966 konnten schließlich zwei Konventionen ohne Gegenstimme von der Generalver-sammlung verabschiedet werden: Der „Internationale Pakt über wirtschaftliche, soziale und kulturelle Rechte" und der „Internationale Pakt über bürgerliche und politische Rechte", die beide 1976 in Kraft traten.[343] Zusammen mit der UDHR werden sie heute als „Internationale Menschenrechtscharta" bzw. „International Bill of (Human) Rights" bezeichnet.[344] Zudem folgten eine Reihe weiterer men-schenrechtlicher Verträge.[345] Wie unter anderem Thomas Buergenthal herausge-stellt hat, legten diese Konventionen zusammen mit der UN-Charta und der UDHR

> „the normative foundation of the contemporary international human rights revo-lution. They inspired the law making processes that created the European, inter-American, and African human rights systems. They have also influenced, in part at least, the contents of the legal norms under which international criminal tribunals operate today."[346]

In Europa trat bereits 1953 die Europäische Menschenrechtskonvention (,,Euro-pean Convention on Human Rights", ECHR) in Kraft[347]; noch umfassender war

---

[343] Hobe & Kimminich (2004): 401.
[344] Ibid.: 403.
[345] Insbesondere sind dies: Die „Genfer Flüchtlingskonvention" (1951), die „Konvention zur Beseiti-gung jeder Form von Rassendiskriminierung" (1966), die „Konvention zur Beseitigung jeder Form von Diskriminierung der Frauen" (1979), die „Konvention gegen Folter und andere grausame, un-menschliche oder erniedrigende Behandlung und Strafe" (1984) und die „Konvention über die Rech-te des Kindes" (1989) (Hobe & Kimminich, 2004: 407f).
[346] Buergenthal (2006): 791.
[347] Ibid.

wohl die Entwicklung auf dem amerikanischen Kontinent: Bereits im Mai 1948 war sieben Monate vor der UDHR die „American Declaration of the Rights and Duties of Man" verabschiedet, knapp 12 Jahre später war die „Inter-American Commission on Human Rights" (IACHR) installiert und im November 1969 die „American Convention on Human Rights" (ACHR) angenommen worden, die 1978 in Kraft treten konnte.[348]

„The paradox of empty promises"

Diese weitreichende rechtliche Verankerung und Ausgestaltung der Menschenrechte konnte jedoch nur begrenzt eine unmittelbare Wirkmächtigkeit entfalten. Wie oben bereits dargelegt, bestand während des Kalten Krieges vor dem Hintergrund einer wahrgenommenen Notwendigkeit der Ausübung von Makrogewalt im Namen der (inter-)nationalen Sicherheit nur eine mitunter eingeschränkte Bereitschaft zur unbedingten Einhaltung und Gewährleistung der in den Verträgen verankerten Bestimmungen. Gerade in dieser historischen Phase zeigte sich, dass die internationalen Regelwerke oftmals ein „leeres Versprechen" darstellten. „(...) [G]overnments often ratify human rights treaties as a matter of window dressing, radically decoupling policy from practice and at times exacerbating negative human rights practices"[349] – diese Tatsache war wahrscheinlich zu keiner anderen Zeit augenscheinlicher als zu Zeiten der Blockkonfrontation.

Dieses Missverhältnis zwischen der internationalen Kodifikation der Menschen- rechte und der weit verbreiteten Ausübung von Makrogewalt war es nun, das Transitional Justice einen signifikanten Schub verlieh. Was sich ab den späten 1970er Jahren zeigte, war ein Phänomen, dass Emilie Hafner-Burton und Kiyoteru Tsutsui als ein „paradox of empty promises" bezeichnen:

> „As nation-states make formal legal commitments to symbolize human rights compliance even while they are in violation, this process of ,empty' institutional commitment to a weak regime paradoxically empowers nonstate advocates with the tools to pressure governments toward compliance."[350]

Was die Autorinnen damit darlegen, ist eine mögliche Entwicklung, die Finnemore und Sikkink auch jenseits des konkreten Falls der Menschenrechte im Allgemeinen konstatieren: NGOs und andere zivilgesellschaftliche Akteure üben angesichts einer wahrgenommenen Kluft zwischen formeller Normsetzung und faktischer Normgeltung Druck auf Staaten aus, und treiben so den weiteren Pro-

---

[348] Goldman (2009).
[349] Hafner-Burton & Tsutsui (2005): 1373.
[350] Ibid.: 1378.

zess der Normdurchsetzung und -verbreitung in der Phase der Normkaskade voran.

Wie nun im Folgenden zu erkennen sein wird, führt das „name and blame" von Makrogewalt als Menschenrechtsverletzungen dazu, dass die Institutionalisierung der Menschenrechte deutlich vorangetrieben wurde. Dies wiederum ermöglichte später umgekehrt in der Frage der Aufarbeitung und Ahndung der nunmehr als Menschenrechtsverletzungen deklarierten Formen von Makrogewalt anderen, Transitional Justice in globalem Maßstab als Menschenrechtspraxis weiter zu institutionalisieren. Mit anderen Worten: Es besteht zumindest in einer bestimmten Phase (die hier dargestellt werden wird) ein enges, wechselseitiges Verhältnis zwischen der Institutionalisierung der Menschenrechte und derjenigen von Transitional Justice. Konkret wird zu sehen sein, dass sie in der Auseinandersetzung mit der systematischen Verschleppung, Folter und Ermordung von vermeintlichen oder tatsächlichen Oppositionellen durch rechtsgerichtete bis offen faschistische Militärjuntas und Regime in der so genannten „zweiten Welle"[351] von Transitional Justice in Portugal und Griechenland elementar waren. Nicht zuletzt wurde Transitional Justice zu einem zentralen Handlungsfeld für die entstehende zivilgesellschaftliche Menschenrechtsbewegung. In der „dritten Welle", die in Lateinamerika ab den 1980er Jahren zu beobachten war, war letztere nun sowohl im regionalen als auch im internationalen Maßstab gewachsen und forcierte über den Rekurs auf die Menschenrechte die Aufarbeitung und Ahndung von Makrogewalt.

Die Zweite Welle von Transitional Justice in Südeuropa nach Faschismus und Diktatur

Am 25. April 1974 stürzten linksgerichtete Militärs in Portugal die Diktatur des „Estado Novo" von António Salazar. Die so genannte „Nelkenrevolution", die von weiten Teilen der Bevölkerung begrüßt wurde, setzten einem Regime ein Ende, das systematisch Oppositionelle (vor allem Kommunistinnen) zu Tode gefoltert hatte und dessen politische Polizei, die PIDE, das Land und seine Kolonien terrorisiert hatte.[352] In der Folge der Revolution wurden in einer Reihe von „Säuberungen" („purges") konservative Kräfte aus dem Militär sowie Staatsdiener und andere mit der alten Regierung assoziierte Personen aus ihren Ämtern und Positionen entfernt; ebenso wurden die politischen Verbände des diktatori-

---

[351] Die Einteilung von Transitional Justice in verschiedene Wellen findet sich etwa bei Barahona de Brito et al. (2001: 3). Als erste Welle bezeichnen sie die Auseinandersetzung mit den Verbrechen des Zweiten Weltkrieges (insbesondere in Nürnberg).
[352] Sikkink (2011): 50ff.

schen Regimes aufgelöst und einige der Führungspersonen inhaftiert.[353] Nachdem in einem erneuten Coup die zentrumsorientierte Mitte unter Sousa e Castro an die Macht kam, wurden im September 1976 Verfahren gegen ehemalige Mitglieder der PIDE eingeleitet. Die Prozesse, die im Schnellverfahren durchgeführt wurden und meist zu Verurteilungen mit geringen Haftstrafen führten, wurden von weiten Teilen der Bevölkerung als zu milde empfunden und sind heute sowohl in der portugiesischen Öffentlichkeit als auch im wissenschaftlichen Diskurs weitgehend in Vergessenheit geraten.[354]

Dennoch gingen sie immerhin weiter als die Aufarbeitung des Faschismus in Spanien. In dem unmittelbaren Nachbarland, in dem mit dem Tod Francos im Oktober 1975 die faschistische Herrschaft offiziell ein Ende fand, stand eine Beschäftigung mit dem verbrecherischen Regime nicht zur Debatte:

> „(...) [T]he main civilian and military institutions inherited from the Franco dictatorship were not purged after his death. There were no ‚truth commissions‘ or trials to judge those responsible for deaths, tortures and illegal detentions (...).“[355]

Die Pro-Franco-Kräfte schafften es, jeden Versuch strafrechtlicher Ahndung abzuwehren, und viele Spanierinnen fürchteten wohl, dass eine breite und öffentliche Auseinandersetzung einen erneuten Bürgerkrieg provozieren könnte.[356]

An Intensität und Reichweite „überholt" wurde der Prozess der Auseinandersetzung mit der autoritären Herrschaft in Portugal indes durch die Ereignisse und Entwicklungen in Griechenland. Das südeuropäische Land wurde von 1967 bis 1974 von einer antikommunistischen Militärjunta regiert[357], die in ihrem Kampf gegen vermeintliche und tatsächliche linke Revolutionärinnen systematisch unrechtmäßige Verhaftungen und Folterungen vornahm und andere Gräueltaten begang (so stürmte die Armee 1973 die Polytechnische Universität in Athen mit Hilfe eines Panzers und schoss wahllos auf Zivilistinnen).[358] Die Invasion Zyperns durch türkische Truppen nach einem erfolglosen Coup der griechischen Junta führte schließlich zum Zerfall des diktatorischen Regimes.

Als Ende 1974 die Demokratie wiederhergestellt wurde, war – wie auch in Spanien und Portugal – zunächst unklar, wie mit den Verbrechen der Militärs

---

[353] Pinto (2001).
[354] Sikkink (2011): 55.
[355] Aguilar (2001): 92.
[356] Sikkink (2011): 57.
[357] Die Junta wurde wohl maßgeblich von der CIA und anderen westlichen Geheimdiensten im Zusammenhang mit der NATO-Operation „Stay Behind", auch bekannt als „Gladio", unterstützt. Deren Ziel war es, eine kommunistische Wende in West- und Südeuropa mit allen Mitteln zu verhindern (Ganser, 2004: 221ff). Dieser Zusammenhang spielte allerdings in den Prozessen (s.u.) keine Rolle (Laughland, 2008: 177).
[358] Laughland (2008): 175ff.

umzugehen sei. In der ersten Zeit dominierte einerseits die Furcht vor einem Gegencoup.[359] Andererseits waren auf den Straßen auch Rufe zu hören, mit den für die Gewalt und den Terror Verantwortlichen im doppelten Wortsinne „kurzen Prozess" zu machen.[360] Doch nach und nach begannen griechische Bürgerinnen einen juristischen Weg einzuschlagen und erstatteten offiziell Anzeige gegen Mitglieder der Junta wegen Hochverrat sowie Mord und Folter.[361] Dieser Ansatz setzte sich nicht zuletzt aufgrund dieses Drucks „von unten" schließlich auch auf politischer Ebene durch. Das Resultat sah letztlich wie folgt aus:

> „(...) [T]he Junta Trials of 1974–5 sentenced 24 of the more than 100 men that had led the 1967 coup and the bloody colonels' regime, and some were still serving their sentences at the end of 1996. In addition, about 100,000 civil servants were purged and a few hundred trials for torture took place, but few convictions were secured."[362]

Bereits vor diesen Entwicklungen waren seit den 1960er Jahren zunehmend internationale Menschenrechts-NGOs entstanden. Vor allem in Europa, aber auch in Nordamerika und in Asien bestanden Ende der 1990er Jahre mindestens 295 einzelne Organisationen, von denen sich 25% bereits vor 1960, 50% nach 1979 und 20% nach 1988 konstituierten.[363] Hier formierte sich also auf der Basis des weltkulturellen Modells der formell-rationalen Organisation, das allgemein ab dieser Zeit in der World Polity an Relevanz gewann, eine große Zahl rationaler Anderer, die bis heute für die Menschenrechte und Transitional Justice eintreten. Insbesondere die heute wohl bekannteste dieser Organisationen, „Amnesty International" (AI), ist eng mit der hier genannten zweiten Welle von Transitional Justice verbunden. Ihren Namen verdankt sie einem medialen Aufruf ihres Gründers, Peter Benenson, der sich für eine Amnestierung für zwei unter der portugiesischen Diktatur verhaftete Studenten im Jahre 1961 einsetzte.[364] Auch

---

[359] Sikkink (2011): 43.

[360] „(...)[W]hen the Junta fell, celebrations spilled over into the streets of Athens, where people chanted their support for democracy and the constitution. They also shouted ‚All the guilty to the Goudi!' meaning that the Junta leaders should be tried and sent to the barracks in the Goudi neighborhood in Athens where executions were traditionally held" (Ibid.: 33).

[361] Ibid.: 45.

[362] Barahona de Brito et al. (2001): 3.

[363] Pagnucco et al. (1998): 386.

[364] In der Selbstdarstellung von AI heißt es: „After learning of two Portuguese students imprisoned for raising a toast to freedom in 1961, British lawyer Peter Benenson published an article, ‚The Forgotten Prisoners' in the *Observer* newspaper. That article launched the ‚Appeal for Amnesty 1961', a worldwide campaign that provoked a remarkable response. Reprinted in newspapers across the world, his call to action resonated with the values and aspirations of people everywhere. This was the genesis of Amnesty International" (http://www.amnesty.org/en/who-we-are/history, letzter Zugriff: 1.11.2013).

in Griechenland war die neu gegründete NGO aktiv, indem sie Kontakt mit politischen Gefangenen aufbaute und 1968 einen Bericht über die „Situation in Griechenland" veröffentlichte, in dem die Folter von Häftlingen dokumentiert wurde.[365] 1972 begann AI mit ihrer ersten internationalen Kampagne zur Abschaffung der Folter, in der die beiden südeuropäischen Länder einen wichtigen Bezugspunkt einnahmen und in deren Rahmen sie die Einrichtung unabhängiger internationaler Tribunale forderte.[366] Die Organisation verfolgte die Prozesse in Griechenland mit großer Aufmerksamkeit und publizierte 1977 einen umfassenden Bericht über die Gerichtsverfahren.[367] Über das konkrete Engagement vor Ort hinaus bestand der weitergehende Erfolg für AI insbesondere darin, die Verabschiedung der Anti-Folter-Konvention (s.o.) maßgeblich mit gefördert und damit einen direkten Beitrag zur rechtlichen Weiterentwicklung und Konsolidierung der Menschenrechte geleistet zu haben.

Die Prozesse in Portugal und Griechenland besitzen als solche zwar für die weitere Entwicklung von Transitional Justice keine besonders hohe Relevanz und werden damals wie heute kaum in diesem Kontext thematisiert. Der mit ihnen verbundene, wichtige Schritt bestand allerdings darin, dass Menschenrechtsaktivistinnen die in Südeuropa verübten Akte von Makrogewalt als Menschenrechtsverletzungen thematisierten. Diese institutionelle Verbindung wurde etwa ein Jahrzehnt später und etwa 9000 Kilometer entfernt auf dem amerikanischen Kontinent aufgegriffen, wo sie eine maßgebliche Rolle in Bestrebungen der Ahndung und Aufarbeitung von Makrogewalt spielte.

Die dritte Welle von Transitional Justice in Lateinamerika und der Fall Argentinien

Etwas später als in Südeuropa ware dort etwa seit den 1970er Jahren eine ganze Reihe von Ländern unter die Herrschaft von Militärjuntas gefallen. Ebenso wie ihre europäischen Pendants wurden sie von einem starken Antikommunismus informiert und nahmen es in Kauf, zur Bekämpfung von linken Bewegungen die Bevölkerung systematischem Terror auszusetzen. Vermeintliche und tatsächliche Regimegegnerinnen waren massiver Repression ausgesetzt, und Folter und Massaker durch paramilitärische Todesschwadrone standen ebenso auf der Tagesordnung wie eine Politik des Verschwindenlassens. Diese gewalttätige Unrechtspolitik der Juntas war etwa über die „Operation Condor" interkon-

---

[365] Amnesty International (1977): 79.
[366] Sikkink (2011): 40.
[367] Amnesty International (1977).

tinental vernetzt und wurde mit internationaler Unterstützung (v.a. durch die USA) verübt.[368]

Über alle sonstigen Differenzen hinweg stellten die Menschenrechte bereits während der Zeit unter autoritärer Herrschaft verschiedenen Oppositionsgruppen wie etwa der Frauenbewegung, der katholischen Kirche und der radikalen Linken einen gemeinsamen Bezugspunkt.[369] Wesentlich stärker als es noch ein Jahrzehnt zuvor in Südeuropa der Fall war, waren die Menschenrechte ein elementarer Bestandteil des politischen Kampfes gegen die Militärjuntas. Durch die starke rechtliche interkontinentale Institutionalisierung der Menschenrechte (s.o.) vor der Zeit der Juntas war das „Menschenrechtsregime"[370] auf dem Kontinent fest verankert und bot eine Artikulationsmöglichkeit für verschiedene politische Kämpfe und Forderungen, der die Juntas im Gegensatz zu anderen Rhetoriken (etwa einer sozialistisch-marxistischen) auf Grund der mit ihr verbundenen Legitimität nur schwer etwas entgegensetzen konnten.

Als nun in den 1980er und 1990er Jahren eine Phase des politischen Wandels weg von autoritärer Herrschaft und hin zu Formen liberaler Demokratie in den latein- und mittelamerikanischen Staaten stattfand[371], setzte sich diese Bezugnahme auch hinsichtlich der Frage, wie mit dem Erbe des Terrors und insbesondere den Tätern umzugehen sei, fort. Gerade die auf dem Kontinent erstarkte, facettenreiche Menschenrechtsbewegung drängte dabei auf die Auseinandersetzung mit den Verbrechen.[372] Doch die verschiedenen mit ihr assoziierbaren Gruppen und andere progressive Kräfte stießen durchaus auf Widerstand. In den verschiedenen Ländern bot sich in dieser Hinsicht eine ähnliche politische Situation dar:

> „At the moment of transition, two opposing camps faced one another: in the one hand the victims of repression, human rights organizations (...), opposition parties, and other social groups called for ‚truth telling', to counteract years of military denial of violations, and for trials of those responsible for abuse, and on the other hand the military and their allies, who were opposed to any ‚settling of accounts'. Between these two stood parties and groups that empasized the need for a balancing act between truth and justice, as well as aims of ‚national reconciliation' and a stable process of democratization."[373]

---

[368] McSherry (2005).
[369] Panizza (1995): 169.
[370] Zum Begriff des Menschenrechtsregimes vgl. Donnelly (1986).
[371] 1982-1985: Bolivien, Honduras, Argentinien, Grenada Uruguay und Brasilien; 1990-1996: Chile, Nicaragua, Peru, Haiti, Panama, Surinam, El Salvador, Paraguay, Ecuador und Guatemala; 2000: Mexiko (Backer, 2009: 25f).
[372] Sikkink (1993).
[373] Barahona de Brito (2001): 119f.

Zunächst konnten die Befürworterinnen einer umfassenden Aufarbeitung und Ahndung der systematischen Menschenrechtsverletzungen in dieser Konstellation wenig Erfolge verbuchen, wurde doch zumindest in den ersten Jahren in dieser Hinsicht entweder wenig unternommen (wie etwa in Brasilien) oder umfassende de facto Amnestien ausgesprochen (z.b. in Uruguay).[374] In vielen Ländern hatten die alten Regime und die Militärs in unterschiedlicher Hinsicht nach wie vor eine zwar geschwächte, aber nichtsdestotrotz noch gewichtige Machtposition inne. Vor diesem Hintergrund sahen gerade vorsichtigere Vertreterinnen der neuen Regierungen umfassende Maßnahmen der Auseinandersetzung mit Makrogewalt als eine potentielle Gefährdung des Übergangs zu einer demokratischen Ordnung an.

> „In many countries in Latin America, the price exacted for the end of military rule was society's acceptance of the outgoing junta's self-amnesty; in others, impunity for past crimes was the military's implicit but unambigous price for remaining in the barracks as fragile democracies took root."[375]

Anders verhielt es sich allerdings in Argentinien. Dort war zunächst von dem neu gewählten Präsidenten Raúl Alfonsín 1983 die „National Commission on the Disapperance of People" (CONADEP)[376] eingesetzt worden, die ein Jahr später einen äußerst umfassenden Bericht über die Menschenrechtsverletzungen der Junta veröffentlichte, der in kurzer Zeit zum Bestseller avancierte.[377] 1985 wurde nach einem kurzen juristisch-adminstrativen Tauziehen ein Gerichtsverfahren gegen die neun führenden Köpfe der Junta eingeleitet. Das Gericht befand fünf der Angeklagten für schuldig, insgesamt 709 Menschenrechtsverbrechen begangen zu haben und verurteilte insbesondere die wichtigen Führer General Videla und Admiral Massera zu lebenslanger Haft.[378] Die neue Regierung hoffte, damit der Gerechtigkeit Genüge getan zu haben, und versuchte in der Folge den Prozess strafrechtlicher Ahndung und Aufarbeitung zu stoppen - doch zunächst ohne Erfolg. Menschenrechtsorganisationen und Teile des juristischen Establishments wirkten, getragen von einer breiten Stimmung in weiten Teile der Bevölkerung, auf neue Verfahren hin, die auch Militärs niederer Ränge einbezog:

> „(...) [T]rial demonstrations in favour of justice had become increasingly frequent, placing growing pressure on the executive to allow the courts to proceed. By

---

[374] Ibid.
[375] Orentlicher (2007): 11.
[376] Die CONADEP stellte einen Meilenstein für die Institutionalisierung der Wahrheitskommission im Rahmen von Transitional Justice dar, s.u.
[377] Barahona de Brito (2001): 121.
[378] Ibid. Vgl. auch Sikkink (2011): 75.

early December [1986, D.P.] there were an estimated 6,000 cases in the courts involving about 600 officers."[379]

Erst Alfonsíns Nachfolger, Carlos Menem, setzte schließlich nach Revolten des
Militärs mit dem „Due obiedience law" eine de facto Amnestie durch.[380]

Doch der Prozess der Auseinandersetzung mit den Menschenrechtsverletzungen ging nicht wie in anderen Ländern mit einem Amnestiegesetz, wie es hier
von Menem durchgesetzt wurde, zu Ende. Wo derartige Rückschritte in anderen
Fällen Bestrebungen von Transitional Justice torpedierten, demonstrierten hier
Menschenrechtsaktivistinnen Ausdauer und Innovationsgeist.[381] So wurden verschiedene rechtliche Kniffe angewandt, um das Amnestiegesetz mit Anklagen
umgehen zu können. Zudem bauten sie die kontinentale Kooperation mit dem
IACHR und damit die „Opportunitätsstruktur" für ihr politisches Handeln weiter
aus.[382] Vor allem aber setzten die Aktivistinnen erfolgreich auf die internationale
Zusammenarbeit und Solidarität:

> „[T]hey sought out judical allies abroad to pressure their government at home (...)
> and brought their cases to foreign courts, especially in Spain, but also in Italy, Ger-
> many, and France, opening up some of the first foreign human rights prosecu-
> tions."[383]

Mehr als alle vergleichbaren Strömungen und Initiativen in anderen Ländern
schaffte es die argentinische Menschenrechtsbewegung immer wieder neue
„Schlupflöcher" zu finden und auszunutzen, sich zu vernetzen und in unterschiedlichen Formen der Kooperation ihr Anliegen nach einer Ahndung und
Aufarbeitung der systematischen Menschenrechtsverletzungen der Junta weiter
durchzusetzen.

Ein Wendepunkt in der Globalisierung von Transitional Justice

Dass in Argentinien im Gegensatz zu anderen Fällen und Prozessen der damaligen Zeit umfassende Maßnahmen der Aufarbeitung und Ahndung von Transitional Justice durchgesetzt und implementiert werden konnten, ist aus einem Zu-
sammenspiel lokal-nationaler wie global-weltkultureller Aspekte zu erklären. Es
waren sicher kontextspezifische Umstände, wie das Verhältnis von Repression
und Widerstand, der abrupte Niedergang der Junta nach dem verlorenen Falk-

---

[379] Barahona de Brito (2001): 122.
[380] Sikkink (2011): 76.
[381] Ibid.: 77ff.
[382] Booth Walling & Sikkink (2006): 305.
[383] Sikkink (2011): 77.

landkrieg und die besondere Geschichte und politische Kultur des Landes[384], die letztlich dazu führten, dass Argentinien zu einem Wendepunkt in der Geschichte von Transitional Justice werden konnte. Auch sollten die strategischen und taktischen politischen Entscheidungen der argentinischen Bewegung keinesfalls klein geredet und gering geschätzt werden.

Doch ist auch augenscheinlich, dass dies nur möglich war, weil die Aktivistinnen geschickt auf Strukturen und Entwicklungen zurückgreifen konnten, welche zu einer Neukonfiguration der World Polity geführt hatten. Die Menschenrechte, die staatlichem Handeln und Eingriffen gegenüber Individuen deutliche Schranken aufgelegt hatten, und insbesondere die damit zusammenhängende Idee von Menschenrechtsverletzungen als illegitime Akte von Makrogewalt, boten erst den Rahmen für das argentinische Engagement und die innovativen politischen Schachzüge der lateinamerikanischen Protagonisten für Transitional Justice. Zudem konnte die seit den 1960er-1970er Jahren entstandene globale Menschenrechtsbewegung, die sich bezüglich der internationalen Kodifikation der Menschenrechte nicht mit „leeren Versprechungen" abfand und die in den 1980er Jahren deutlich an Stabilität und Stärke gewonnen hatte, als Bezugspunkt und Partner (mithin: als rationale Andere) für die Argentinierinnen dienen. Letztere wiederum förderte umgekehrt maßgeblich die globale Menschenrechtsbewegung:

> „(...) [T]he Agentine human rights movement spread its innovations (...) through publications, the media, and the actual movement of individuals to new positions. (...) The networks [of human rights activists, D.P.] (...) were like the expanding ripples of raindrops on a lake: each person in the network helped form and connect to new networks that sent the ideas further out into the world."[385]

Worin aber bestand nun der Wendepunkt, von dem oben bereits die Rede war? Zunächst ist festzuhalten, dass in Argentinien die individuelle Strafverfolgung von Staatsdienern und -oberhäuptern für Makroverbrechen in beeindruckender Weise aktualisiert worden war. In Nürnberg und den Folgeprozessen waren es Kriegs- verbrechen und Verbrechen gegen die Menschlichkeit, die in Strafgerichtsverfahren geahndet wurden; hier waren es Menschenrechtsverletzungen (Mord, Folter etc.), welche die Anklageschriften füllten. Auch wenn Sikkink mit guten Argumenten darauf hinweist, dass die argentinischen Prozesse gegen die Juntas mit ihrer außergewöhnlich ausführlichen Dokumentation eine Besonderheit darstellen[386], ist das grundsätzliche Schema gleich: Ebenso wie mit einem „gewöhnlichen" Totschlag mittels rechtlich- retributiver Maßnahmen

---

[384] Sikkink (2008).
[385] Sikkink (2011): 91.
[386] Sikkink spricht in diesem Zusammenhang von „truth trials", vgl. ibid.: 87.

umgegangen werden kann, so kann auch mit Verbrechen verfahren werden, die von höchster staatlicher Stelle initiiert und begangen werden. In Argentinien wurden also strafrechtliche Maßnahmen als Skript für die Ahndung von Makrogewalt weiter institutionalisiert.

Diese Institutionalisierung wurde nun ihrerseits wiederum auf globaler Ebene aufgegriffen und über die Landesgrenzen hinaus weiter getragen:

> „By 1985, when Argentina tried its top leaders for human rights violations, the global human rights movement was gaining strength and stability, and divers groups spread the news of the Argentine experience with prosecutions. Other countries responded both positively and negatively to the Argentine experience. In this sense, the Argentine case created great controversy, and thus drew attention to the model, for better or worse. (...) [I]ndividual Argentine citizens and other familiar with the Argentine experience moved around the globe and carried their knowledge with them."[387]

Die negative Reaktion bestand dabei vor allem darin, dass diejenigen, die aus verschiedenen Gründen nicht an einer Ahndung von Menschenrechtsverletzungen interessiert waren, gewarnt waren, Aktivistinnen nicht zuviel (rechtlichen) Raum für Manöver zu lassen, um derartige Prozesse in anderen Ländern zuzulassen. Die positive Reaktion war entsprechend, dass sich Andere von der Ahndung von Makrogewalt mittels Strafprozessen inspirieren ließen und diese Art des Umgangs mit massiver Gewalt und Gräueltaten vorantrieben. Dass beide Reaktionen bisweilen im selben nationalen Kontext Relevanz entfalten konnten, zeigt sich insbesondere im Fall Chiles[388]: Während zunächst in direkter Bezugnahme auf den argentinischen Fall von Menschenrechtsprozessen Abstand genommen wurde, konnten später, wie auch in Argentinien, transnationale Netzwerke von Menschenrechtsaktivistinnen und Anwältinnen darauf hinwirken, dass Augusto Pinochet in England verhaftet wurde und von verschiedenen Ländern Auslieferungsgesuche gestellt wurden, um ihm den Prozess zu machen.[389]

Doch der argentinische Fall hat bezüglich der Globalisierung von Transitional Justice sogar noch mehr zu bieten als die bereits bemerkenswerte Tatsache, dass mit ihm das Wirken hin zu einer Ahndung von Makrogewalt durch Strafprozesse zu einem wesentlichen Bestandteil der Menschenrechtspraxis geworden

---

[387] Ibid.: 89.

[388] Barahona de Brito (2001).

[389] Der Versuch, dem chilenischen Diktator den Prozess zu machen, stellte einen weiteren Meilenstein für die transnationale Menschenrechtsbewegung dar. Insbesondere wurde das Prinzip der universellen Gerichtsbarkeit („universal jurisdiction"), nachdem von jedem Staat schwerwiegende internationale Verbrechen unabhängig von der Staatsbürgerschaft der angeklagten Person und dem Tatort angeklagt werden können, in einen Zusammenhang mit Menschenrechtsverletzungen gebracht. Ausf. hierzu s. etwa Roht-Arriaza (2001; 2005). Für eine soziologische Betrachtung s. Nash (2007).

ist. Wie nun in den beiden folgenden Unterkapiteln zu sehen sein wird, hat nicht zuletzt Argentinien zum einen gerade auch in Verbindung mit dem größeren Kontext der beiden „Wellen" in Südeuropa und Lateinamerika die wissenschaftliche Auseinandersetzung mit Transitional Justice angestoßen und zu ersten globalen Policy-Überlegungen geführt. Zum andern hat der Fall auch in einem ersten Schritt zur sukzessiven Institutiona- lisierung von Wahrheitskommissionen im Rahmen von Transitional Justice beigetragen. Jedoch können diese weiteren Schritte in der globalen Institutionalisierung nicht mehr nur allein im Kontext der Entwicklungen in Latein- und Zentralamerika und auf dem Gebiet der Menschenrechte betrachtet werden. Mit dem Niedergang der Blockkonfrontationen hielten auch andere Vorstellungen und Aspirationen in Überlegungen zum Umgang mit Makrogewalt Einzug, die schließlich zu einer ersten expliziten Konzeptionalisierung globaler Transitional Justice führten.

4.8 „Transitions to Democracy" und das „Ende der Geschichte"

Nachdem sich Prozesse von Transitional Justice zu Beginn der „dritten Welle" vornehmlich auf dem amerikanischen Kontinent abspielten, stand in den 1990er Jahren abermals Europa im Fokus der Auseinandersetzung mit Makrogewalt und dem Erbe autoritärer Herrschaft. Ab den späten 1980er Jahren war das sowjetische Imperium überraschend schnell zerfallen und der Kalte Krieg hatte spätestens 1991 endgültig sein Ende gefunden.[390] Diese historische Entwicklung, die gemeinhin als Ende einer weltpolitischen Ära gilt[391], hatte auch für Transitional Justice und ihre Globalisierung weitreichende Folgen.

Transitional Justice im post-kommunistischen Europa

Zunächst stellte sich in einer ganzen Reihe ehemaliger kommunistischer Staaten[392], ähnlich wie in Latein- und Zentralamerika, die Frage, wie mit den vom Staat begangenen Menschenrechtsverletzungen umzugehen sei. Die stalinistischen Parteien hatten versucht ihre Machtposition mit allen Mitteln zu sichern. Auch wenn die konkrete Form der Repression von Fall zu Fall unterschiedlich ausfiel, lassen sich die zu verhandelnden Erscheinungsformen von Makrogewalt in diesem Kontext etwa wie folgt umreißen:

---

[390] Dockrill & Hopkins (2006): 143ff.
[391] Vgl. etwa Hobsbawm (2009).
[392] Etwa Albanien, Bulgarien, Tschechien, Ostdeutschland, Estland, Letland, Litauen, Ungarn, Polen, Rumänien, Slowakei, Polen und Russland (Stan, 2009b).

„Those [communist, D.P.] parties controlled the appointment to state positions and public offices, had virtual monopoly over policy making in most areas of life, imprisoned, tortured, and murdered thousands of pre-communist elite members, anticommunist dissidents and religious leaders, closely supervised mass media and literary and artistic productions to root out dissent and criticism of the leaders, the official policy and ideology, and curtailed basic human rights such as freedom of travel, expression, religion, opinion, and association."[393]

Auf Grund der starken zentralistischen Anbindung an die Sowjetunion vollzog sich die Phase Transition in den kommunistischen Staaten ungleich schneller als auf dem amerikanischen Kontinent. Ein weiterer grundlegender Unterschied bestand in der Tendenz der ehemaligen Machthaber ihre historische Niederlage als solche zu sehen und die Transformation an „runden Tischen" selbst mit zu verhandeln.[394] Deutlich weitgehender als in vielen Junta-regierten Staaten waren die Diener der kommunistischen Regime zu weiten Zugeständnissen bereit; und wenngleich sich auch in Osteuropa Menschenrechtsorganisationen und andere zivilgesellschaftliche Initiativen an den Transitional Justice Prozessen beteiligten, wurden diese doch bisweilen stark von Aushandlungsprozessen zwischen alten und neuen Eliten geprägt.[395]

Während auch in Osteuropa bezüglich der konkreten Ausgestaltung der Transitional Justice Prozesse abermals deutliche fallspezifische Unterschiede zu beobachten sind, so lassen sich doch vor diesem Hintergrund einige Trends ausweisen. Zum einen bestand angesichts der Tatsache, dass das Unrecht von weitläufigen staatlichen Überwachungsapparaten – insbesondere Geheimpolizeien – verübt wurde, das primäre Anliegen darin, die Verantwortlichen aus ihren offiziellen Positionen zu entfernen und die geheimen Dokumente der „orwellschen" Staaten öffentlich zu machen.[396] Lustrationen waren in allen Ländern die zentrale Reaktion und wichtigsten Maßnahmen in der Auseinandersetzung mit dem Erbe der autoritären Herrschaft, wenngleich – wie etwa Boris Grodsky argumentiert – auch verschiedene weitergehende „truth-revelation procedures"[397] weit verbreitet

---

[393] Ibid.: 7.

[394] Elster (2005): 79.

[395] S. hierzu insbesondere Nalepa (2010), die diese Prozesse in Rückgriff auf die rational-choice-Theorie spieltheoretisch als „Skeleton in the Closet"-Spiel analysiert hat. Auch sei an dieser Stelle auf einen sowjetischen „Sonderfall" hingewiesen: Im Zuge der Entstalinisierung hatte dort bereits in den 1950er Jahren eine Auseinandersetzung mit den stalinistischen Verbrechen stattgefunden - ein Transitional Justice Prozess also, der sich durch eine regimeinterne Transitionsphase auszeichnet (Elster, 2005: 79).

[396] Stan (2009a): 8.

[397] Grodsky (2009): 22.

waren. Daneben gilt, dass es „[i]n allen Ländern (...) relativ wenige Gerichtsverfahren [gab].“[398]

Überlegungen zu Transitional Justice standen also unmittelbar nach ihrem zumindest partiellen Durchbruch in Amerika wieder auf der politischen Tagesordnung. Nachdem der amerikanische Kontinent zum Schauplatz von Prozessen der Auseinandersetzung mit Makrogewalt geworden war, stand ab Anfang der 1990er Jahre abermals Europa im Zentrum von Transitional Justice. Als Bindeglied zwischen diesen Entwicklungen auf zwei Kontinenten lässt sich erneut die inzwischen globale Menschenrechtsbewegung ausmachen, die ihre Anklage und Forderung nach einer Ahndung von Menschenrechtsverletzungen weltweit fortsetzte. Doch mit dem Ende des Kalten Krieges erhielten nun auch andere Vorstellungen in Transitional Justice Einzug, und die Ahndung und Aufarbeitung von Makrogewalt wurde auf eine weitaus breitere Basis gestellt. Für eine Analyse des globalen Institutionalisierungsprozesses von Transitional Justice ist diese Entwicklung, die gleichsam zwischen bzw. parallel zu den realen politischen Aufarbeitungsprozessen in „Ost“ und „West“ stattfand, von zentraler Relevanz. Sie hat zu einer ersten Konzeptionalisierung geführt, die bis heute die institutionelle Ordnung von Transitional Justice prägt. Um dies nachvollziehen zu können, ist zunächst ein kurzer Exkurs auf den neuen liberalen Zeitgeist am Ende des Kalten Krieges notwendig.

Liberale Weltordnungsvorstellungen

Folgt man Marrti Koskenniemi, so kann die Genese des modernen internationalen Rechts in weiten Teilen als ein von Rechtswissenschaftlerinnen und Rechtsphilosoph- innen forciertes politisches Projekt verstanden werden, das von einem „kosmopolitische Ethos“ – „the liberation of individuals enjoying human rights in a global federation under the rule of law“[399] – informiert wurde.[400] In der bisherigen Darstellung der Globalisierung von Transitional Justice sind Facetten eines derartigen Projektes immer wieder aufgetaucht. In der humanitaristischen Bewegung, den Vorstellungen Jacksons und Trumans und auch in der Kodifikation der Menschenrechte sowie der Menschenrechtsbewegung finden sich in unterschiedlichster Weise an eine durch die Herrschaft des Rechts strukturierte Weltordnung angelehnte Gedanken. Während des Kalten Krieges spielten derartige kosmopolitische Avancen in den politischen Machtzirkeln allerdings, wie

---

[398] Elster (2005): 79.
[399] Koskenniemi (2007): 3.
[400] Für andere, mitunter zumindest in Punkten ähnliche kritische Arbeiten zur Ideengeschichte des Internationalen Rechts vgl. Anghie (2007); Miéville (2005); Rajagopal (2004); Marks (2000).

ebenfalls gesehen, nur eine äußerst marginale, bestenfalls propagandistische Rolle. Nun, mit dem Ende des Kalten Krieges, kehrte die Idee allerdings insbesondere in Regierungskreisen mit großem Schwung zurück:

> „Then came 1989 and all the enthusiasm about a global rule of law - human rights, trade, environment, criminal law, sanctions and a world police. The end of the Cold War was understood – especially in Europe – as the removal of obstacles on the way to history's natural progress towards a universal federation."[401]

Eine derartige Revitalisierung eines älteren kosmopolitischen Projektes oder Ethos war dabei deutlich von den Erfahrungen der Blockkonfrontation und einem neuen Selbstbewusstsein der sich als „Gewinner" betrachtenden liberalen und konservativen Staatslenkerinnen und Intellektuellen gezeichnet. Francis Fukuyama hat mit seiner Formulierung vom „Ende der Geschichte"[402] wohl wie kein Zweiter die Wahrnehmung eines „(...) endgültigen Sieg[es] des Liberalismus – kapitalistische Marktwirtschaft plus pluralistische, repräsentative Demokratie"[403] – zum Ausdruck gebracht. Der Kalte Krieg war nicht zuletzt vor allem eine Auseinandersetzung zwischen zwei unterschiedlichen, aus der Aufklärung hervorgegangenen ideologischen Strömungen (Liberalismus und Sozialismus) gewesen. Folgerichtig wurde der Niedergang des Ostblocks von den westlichen „Siegern" vor allem auch als eine Niederlage der sozialistischen bzw. kommunistischen Idee angesehen. Gleichzeitig wurden Liberalismus und Kapitalismus in vielen Verlautbarungen immer stärker zu universellen Grundpfeilern der politischen und sozialen Ordnung deklariert, deren Förderung und Durchsetzung nun weltweit zum Wohle der Menschheit in eine Art letztem Schritt hin zum „Ende der Geschichte" vorangetrieben werden sollten. Auch der Rekurs auf die Menschenrechte und die „rule of law" durften in diesen Proklamationen[404] nicht fehlen und nahmen einen festen Platz in diesem neuen Denken ein. Michael Barnett formuliert mit Blick auf diese Sichtweise prägnant:

> „Liberalism worked wonders. It was good for individuals. It was good for societies. Democracies and markets were the touchstones of human freedom, human freedom entailed human rights, human rights included the rule of law, and the rule of

---

[401] Koskenniemi (2007): 3.

[402] Fukuyama (1992).

[403] Deppe (1997): 119.

[404] Eine der prominenteren dieser Reden stellte George W. Bush Sr. Rede vor dem US-Kongress im März 1991 dar. Darin hieß es: „Now, we can see a new world coming into view. A world in which there is the very real prospect of a new world order. In the words of Winston Churchill, a ‚world order' in which ‚the principles of justice and fair play ... protect the weak against the strong ...' A world where the United Nations, freed from cold war stalemate, is poised to fulfil the historic vision of its founders. A world in which freedom and respect for human rights find a home among all nations" (http://www.al-bab.com/arab/docs/pal/ pal10.htm, letzter Zugriff: 1.11.2013).

law was essential for economic and political liberalization. (...) Democracy, markets and the rule of law: if not the holy trinity then at least the troika of the liberal world order."[405]

Und wie etwa Richard Wilson ausführt, stellten die Menschenrechte und die Rede von ihnen gerade auch in der „dritten Welt" einen ultimativen moralisch-politischen Bezugspunkt dar, welcher die liberale „Troika" ethisch untermauerte:

> „(...)[N]ational elites in democratizing countries turned to human rights talk as the hallmark of a new democratic order. (...) [H]uman rights dominated political and economic life more than at any other point in history. (...) For many political leaders, human rights talk seemingly had the ability to create a full-blown moral-ethical code, to forge a moral unity an to legitimate the new democratic order."[406]

Eines der wesentlichen Instrumentarien zur Umsetzung dieses liberalen „Neo-Evangelismus"[407],der auf vier Grundpfeilern Menschenrechte, „rule of law", freie Märkte und Demokratie aufbaute, lag dabei in Form von Modernisierungs- und Entwicklungstheorien vor, die bereits im Kontext des Kalten Krieges und der Dekolonialisierung formuliert worden waren und insbesondere US-amerikanische Policies informiert hatten.[408] Ehemals explizit als Gegenentwürfe zu marxistischen Geschichtsvorstellungen konzipiert, stellten diese nun in der Sichtweise nicht weniger liberal-konservativer Entscheidungsträgerinnen und Denkerinnen Werkzeuge dar, die geeignet waren, das „Ende der Geschichte" herbeizuführen. Eine „neue Weltordnung" in Form eines internationales Ensembles miteinander kooperierender liberal- demokratischer Staaten, die sich sowohl jeweils national wie auch global durch kapitalistisches Wirtschaften und die „rule of law" auszeichnen, schien dadurch umso greifbarer.

Wie oben bereits angeklungen ist, kann der Kalte Krieg aus einer neo- institutionalistischen Perspektive als eine Auseinandersetzung zwischen verschiedenen weltkulturellen Deutungen gelesen werden.[409] Sowohl individualistisch-liberale als auch kooperatistisch-etatistische Modelle, die beide ihre Wurzeln in der Aufklärung haben, lassen sich als konkurrierende Deutungsmuster der World Polity verstehen.[410] In der Proklamation eines „Endes der Geschichte" manifestiert sich folglich die Legitimierung liberaler weltkultureller Sinnstrukturen gegenüber alternativen Zuschrei- bungen. Im Zuge dieser Entwicklung, die konfligierende Interpretationen der World Polity jedenfalls für einen gewissen

---

[405] Barnett (2011): 161.
[406] Wilson (2001b): 223.
[407] Vgl. Derrida (2004).
[408] Vgl. Guilhot (2002); Latham (2000; 2011).
[409] Vgl. Bonacker et al. (2011): 120.
[410] Drori & Krücken (2009b): 283.

Zeitraum drastisch reduzierte, wenn nicht gar aufgehoben hat, eröffnete sich ein neuer Raum für die Bezugnahme auf transzen- dentale Prinzipien. Universalismus, Weltbürgerschaft, globaler Frieden und Gerechtigkeit artikulierten sich verstärkt in liberalen Vorstellungen über die „rule of law", Demokratie, Menschenrechte und Märkte, und rationalistische Ideen über Fortschritt in modernisierungstheoretischem Gewand. Dies ist das weltkulturelle Deutungsmuster, die Parameter, in dem nun auch Transitional Justice zunehmend gedacht wird und als Policy-Projekt konzipiert wird. Bestehende Ideen über die Aufarbeitung und Ahndung von Makrogewalt werden in einem neuen Rahmen zusammengeführt, diskutiert und (weiter) geskriptet.

„Justice in Times of Transition"

Der Einfluss dieser neuen Weltsicht auf die Diskussionen um die Aufarbeitung und Ahndung von Makrogewalt Anfang der 1990er Jahre ist, wie im Folgenden dargestellt wird, unmittelbar deutlich. Grundsätzlich lässt sich zunächst eine elementare Weiterentwicklung des bisherigen institutionalisierten Rahmens feststellen, in dem gerade die zweite und dritte Welle von Transitional Justice operierte. Weite Teile der Menschenrechtsbewegung hatten die Auseinandersetzung mit Menschenrechtsverletzungen als ein kategorisches Gebot verstanden und propagiert: Die Herstellung von Gerechtigkeit durch individuelle Strafverfolgung war gewissermaßen Selbstzweck. Nun erhielten zusätzlich zunehmend konsequentialistische Vorstellungen in Transitional Justice Einzug, die sie darüber hinaus in ein Verhältnis zur Etablierung und Konsolidierung neuer liberaler Demokratien (dem nunmehr einzig legitimen Modell der Staatsorganisation) setzten.[411] Wie gesehen, spielte ein derartiges Verständnis im Umgang mit Gräueltaten bereits in der Ahndung der nationalsozialistischen Verbrechen eine wichtige Rolle. Nun wurde diese von den oben geschilderten weltkulturellen Entwicklungen getragene Vorstellung allerdings ungleich expliziter und direkter geäußert. Sie war nicht nur eine Facette, die mit Transitional Justice in Verbin-

---

[411] Arthur hat diese Unterschiede in den Vorstellungen wie folgt auf den Punkt gebracht: „Unlike the broader human rights movement, transitional justice relies on two sorts of beliefs: principled beliefs, which are ‚normative ideas that specify criteria for distinguishing right from wrong and just from unjust'; and causal beliefs, which are ‚beliefs about cause-effect relationships which derive authority from the shared consensus of recognized elites, whether they be village elders or scientists at elite institutions.' The human rights movement has built its practical activity around advancing and defending norms, particularly at the international level. The field of transitional justice has also taken on this task of norm ‚entrepreneurship,' but has added to it the burden of trying to systematize knowledge about the cause-and-effect relationships between justice meassures and transitions" (Arthur, 2009: 358).

dung gebracht wurde, sondern wurde zu einem elementaren Bestandteil in ersten Bestrebungen der Entwicklung eines Policy-Rahmens - einem Ensemble kultureller Zuschreibungen und institutioneller Verknüpfungen verschiedener Modelle und Skripte. Im Konkreten wurde diese auf einer Reihe von Zusammenkünften von Wissenschaftlerinnen aus verschiedenen Disziplinen (v.a. der Rechtswissenschaft und der Politikwissenschaft) mit Menschenrechtsaktivistinnen und Politikerinnen voran- getrieben, die am Ende der 1980er bis in die frühen 1990er Jahre stattfanden und aus deren Kontext auch der Begriff, die Wortneuschöpfung „Transitional Justice" hervorgegangen ist. Bereits 1988 veranstaltete das Aspen Institute eine Konferenz mit dem Titel „State Crimes: Punishment or Pardon"; im März 1992 wurde eine ebensolche zu „Justice in Times of Transition" im österreichischen Salzburg abgehalten; und schließlich wurde im Februar 1994 in Südafrika zu dem Thema „Dealing with the Past" getagt.[412] Wie Arthur detailliert aufzeigt, bestanden hinsichtlich der Teilnehmerinnen dieser Konferenzen starke Überschneidungen und die Zusammensetzung der Konferenzen war durchaus hochkarätig.[413] Unter anderem trafen führende Vertreter eines politikwissenschaftlichen „Realismus", wie John H. Herz und Samuel P. Huntington, auf prominente Menschenrechtsaktivistinnen, wie etwa Aryeh Neier, Jeri Laber (beide „Human Rights Watch", HRW), Tim Phillips (Charter 77 Foundation) und Juan E. Méndez („Americas Watch", AW) sowie bekannte Personen aus der Politik wie Joachim Gauck (Bundesbeauftragter für die Stasi-Unterlagen, Deutschland), Raúl Alfonsín (ehem. Präsident Argentiniens, s.o.) und Roberto Garretón (stellv. Außenminister Chiles) und Juristinnen wie beispielsweise Justice Richard Goldstone (Südafrika) und Justice Vojen Güttler (Tschechoslowakei). Gerade die Vertreterinnen der letzten drei Gruppen sollten noch in verschiedener Weise eine maßgebliche Rolle in der Praxis von Transitional Justice spielen. Zudem waren etwa mit Neil J. Kritz, Ruti Teitel und Diane Orentlicher bereits einige Wissenschaftlerinnen verschiedener Disziplinen anwesend, die später grundlegende Arbeiten zu Transitional Justice verfassen sollten.

Angesichts dieser Zusammensetzung überrascht es tatsächlich kaum, dass die intellektuelle Auseinandersetzung mit Transitional Justice auf diesen Konferenzen sehr stark praxisorientiert war.[414] In den ersten Debatten um Transitional Justice, für die diese Konferenzen wegweisend waren, wurden im Kern die Ereignisse in Lateinamerika diskutiert und reflektiert, um Erkenntnisse bezüglich zukünftiger politischer Möglichkeiten und Herausforderungen zu erhalten. Es

---

[412] Ibid.
[413] Ibid.: 364.
[414] Vgl. Vinjamuri & Snyder (2004).

ging also nicht etwa um eine historische Rekonstruktion des Geschehenen aus einem rein akademischen Interesse, sondern dezidiert um eine Entwicklung von programmatischen Grundlagen für die Ahndung und Aufarbeitung von Makrogewalt (die nach wie vor in erster Linie im Kontext von Menschenrechtsverletzungen gedacht wurde). Diese sollten in anderen Staaten - insbesondere auch in Europa - die Policies in Prozesse der Auseinandersetzung mit der Vergangenheit informieren können. Dabei lässt sich feststellen:

> „Instead of ‚coming to terms' with historical complexities (as one might expect in an effort to deal with ‚the past'), transitional justice was presented as deeply enmeshed with political problems that were legal-institutional and, relatively, short-term in nature."[415]

Wie deutlich gerade in dieser Zeit der Anspruch war, Transitional Justice explizit zu skripten, zeigt sich beispielhaft in einem Ausspruch von Charles Smith, dem ehemaligen Direktor und General Counsel der US-amerikanischen „Rule of Law Initiative". In dem Vorwort zu einem von Kritz herausgegebenen, dreibändigen Sammelband „Transitional Justice: How Emerging Democracies Reckon with Former Regimes"[416], das als erstes kanonisches Werk über diese Debatten gelten kann[417], hält er fest:

> „We believed that, while each country's experience was not only dramatic but unique, their problems were not unique, in particular with respect to the treatment of former officials. We were confident that similar issues were being struggled with across the world and that studies from the recent past would hold lessons for today. We determined to create a set of first-rate readings on basic questions of ‚transitional justice', demonstrating that, despite the uniqueness of each society and its historical and political context, there are unifying themes common to nations moving from despotism to democracy and lessons that each nation might bring to others."[418]

Wie Arthur ausführt, bestand ein gemeinsamer Bezugspunkt in dem Konzept von „Transition to Democracy", dem Transitional Justice als damals neu geschaffener Begriff auch seinen Namen verdankt.[419] Dieses stellt eine aktualisierte Variante modernisierungstheoretischen Denkens dar, die sich Anfang der 1990er Jahre verbreitete und sowohl mit dem oben genannten Denken eines „Endes der Geschichte" als auch (ironischerweise) auf einer grundlegenden Ebe-

---

[415] Arthur (2009): 333.
[416] Kritz (1995).
[417] Arthur (2009): 330f.
[418] Smith (1995): xvi.

[419] Arthur (2009): 337.

ne sehr eng mit orthodoxen Spielarten des Marxismus verbunden war.[420] Natürlich wurde dabei der Kommunismus durch liberale Demokratie und Kapitalismus in dieser Interpretation eines transzendetalen Prinzips „ersetzt", doch das teleologische Verständnis eines stufenweisen Fortschritts hin zu einer endgültigen soziopolitischen Ordnung blieb erhalten. Dies gilt insbesondere auch für die Vorstellung, dass diese Stufen über die „richtigen" Entscheidungen von Eliten und deren Reform- und Rechtspolitik erreicht werden können, wobei auch hier wieder die kommunistische Partei durch neue technokratische Entitäten ersetzt wurde.[421] Der Einfluss hegemonialer weltkultureller Deutungsmuster gegenüber den realen Erfahrungen der jüngsten Vergangenheit war eklatant: Obwohl es gerade auch eine Menschenrechtsbewegung auf Graswurzel- Ebene war, die maßgeblich die Prozesse der Auseinandersetzung mit den Junta- Verbrechen als auch (wenngleich wohl aber ungleich weniger) mit der kommunistischen Herrschaft angestoßen und gefördert hatten, wurde Transitional Justice nunmehr als Aufgabe gesellschaftlicher Eliten gedacht. Auch fällt auf, dass in den Perspektiven auf gesellschaftlichen Fortschritt und Wandel von weitergehenden sozialen und ökonomischen Faktoren und Prozessen abstrahiert wurde, die in „traditionellen" Modernisierungstheorien zentrale Punkte dargestellt hatten. Die Gewährleistung einer progressiven Transition erscheint in den Diskursen dieser Zeit gewissermaßen als ein juristisch-administrativer Akt; als ein Vorgang, der maßgeblich von den richtige Policy-Entscheidungen und nicht von dem Ausgang breiter gesellschaftlicher Auseinandersetzungen abhängt. Im Kontext von Transitional Justice drückte sich dies zum einen in einer fast vollständigen Abwesenheit von Überlegungen zur Verteilungsgerechtigkeit aus.[422] Zum anderen wurden, wie der britische Historiker Timothy Garton Ash kritisch anmerkte, weitergehende Diskussionen und Konflikte und die Aufarbeitung von Makrogewalt, wie sie etwa in Deutschland mit Fragen nach „Vergangenheitsbewältigung" aufkamen, nahezu vollständig ignoriert und aus den Überlegungen zu Transitional Justice ausgeschlossen.[423]

---

[420] D.h. eine Spielart, wie sie im Manifest der kommunistischen Partei dargelegt wurde, der zufolge Gesellschaften sich zwangsläufig und gesetzmäßig über Feudalismus zu bürgerlicher Gesellschaft zu Sozialismus zu Kommunismus entwickeln. Im Unterschied dazu führen Marx und Engels in der „Deutschen Ideologie" aus: „Der Kommunismus ist für uns nicht ein Zustand, der hergestellt werden soll, ein Ideal, wonach sich die Wirklichkeit zu richten haben (wird). Wir nennen Kommunismus die wirkliche Bewegung, welche den jetzigen Zustand aufhebt" (Marx & Engels, 1969: 35). Ein solches Verständnis, nachdem soziale Bewegungen (hier: die kommunistische) erst in und durch ihre Praxis ein zu Erreichendes entwickeln unterscheidet sich freilich grundlegend von der Idee einer *ex ante* entworfenen Idealvorstellung (ausf. Guilhot, 2002).

[421] Ibid.

[422] Vgl. Mani (2002); Arthur (2009).

[423] Arthur (2009): 332.

„Peace vs. Justice", „Justice vs. Truth"

Natürlich wäre es verfehlt zu behaupten, auf diesen Konferenzen wäre ohne jeden Dissens unisono ein Policy-Konzept verabschiedet worden. Doch der hier dargelegte ideologische Kern scheint de facto kaum kritisch hinterfragt worden zu sein. Streitpunkte ergaben sich vor allem jenseits dessen zwischen dem Lager der „Realisten" und „idealistischeren" (Menschen-)Rechtsvertreterinnen: Im Rahmen des oben genannten normativen Spektrums legten erstere einen Fokus auf politische Stabilisierung und Konsolidierung, während andere eher aus der Position eines kategorischen Legalismus argumentierten. Teitel hat diese Diskussionen später wie folgt reflektiert:

> „Debates about ‚transitional justice' are generally framed by the normative proposition that various legal responses should be evaluated on the basis of their prospects for democracy. In the prevailing debates about the relation of law and justice to liberalization, there are two generally competing ideas, the realists versus the idealists, on the relation that law bears to democratic development. Either political change is thought necessary to precede the establishment of the rule of law or, conversely, certain legal steps are deemed necessarily to precede political transition."[424]

Was also in derartigen Kontroversen um „peace vs. justice"[425] zur Disposition stand, war nicht die Frage *ob* von Eliten und Expertinnen implementierte „top down" Policies im Kontext von Transitional Justice geeignete Mittel sind, sondern *welche* Policies und politischen Entscheidungen in welcher Reihung geeignet sind, um Gerechtigkeit und Liberalisierung bzw. Demokratisierung zu gewährleisten.

Vor diesem Hintergrund wurden nun verschiedene Maßnahmen diskutiert, die grob in vier Kategorien fallen: Wahrheitskommissionen, Strafverfahren, Lustration und politische „Säuberungsprogramme" (wie etwa die Entnazifizierungsprogramme in Deutschland nach 1945) sowie Reparations- und Entschädigungspolitiken.[426] Bis heute sind dies die wohl am stärksten mit Transitional Justice assoziierten und diskutierten Maßnahmenmodelle. Insbesondere verschiedene Formen von Untersuchungs-, Wahrheits- und Versöhnungskommissionen und der mit ihnen assoziierte Schwerpunkt auf die meist investigative Faktensuche wurden vielfach als Alternativen zu verschiedenen Formen von Strafverfahren und Tribunale stark gemacht und vice versa.[427] Dieser Unter-

---

[424] Teitel (2000): 3; vgl. Vinjamuri & Snyder (2004).
[425] Mallinder (2008): 2.
[426] Arthur (2009): 331.
[427] Vgl. Buckley-Zistel (2008); Fenwick (2003).

scheidung liegt eine weitläufige Debatte um „Truth versus Justice" zu Grunde[428], in denen entlang dieser großen normativen Ideale verschiedene ethische und politische Fragen gegeneinander gestellt wurden. Durch die verschiedenen historischen Stationen hindurch wurde gezeigt, wie das Strafrecht und Strafprozesse in ihren vielen Facetten zu einem zentralen institutionellen Modell sukzessive in die Ordnung von Transitional Justice integriert wurden. Dieser Prozess wird in den folgenden Kapiteln noch weiter nachgezeichnet werden. Doch zuvor soll dem Aufstieg der Wahrheitskommissionen als Institutionalisierung des zweiten großen Skripts für Transitional Justice verstärkt Aufmerksamkeit gewidmet werden.

4.9 Der Aufstieg der Wahrheitskommissionen

Jenseits des bereits geschilderten bestand der vielleicht wichtigste Beitrag der amerikanischen Transitional Justice Prozesse darin, eine gänzlich neue Praxis der Aufarbeitung von Makrogewalt entwickelt zu haben: die Wahrheitskommission. Insbesondere die CONADEP in Argentinien diente als Vorbild für viele weitere solcher Einrichtungen auf dem Kontinent und später auch darüber hinaus und trug so wesentlich dazu bei, eine Alternative zu Strafgerichtsverfahren zu institutionalisieren.

Grundsätzlich gesprochen, stellen Wahrheitskommissionen (auch bisweilen als Versöhnungs- und/oder Untersuchungskommissionen bezeichnet) temporäre, offizielle Einrichtungen dar, die der Ermittlung und Berichterstattung über komplexe, systematische Menschenrechtsverletzungen in der (meist jüngsten) Vergangenheit dienen sollen.[429] Auch wenn die von ihnen ermittelten Fakten bisweilen in der Folge zu Strafprozessen führen können, dienen sie selbst nicht der direkten Verurteilung und Sanktionierung von Tätern.

Dies ist in etwa der gemeinsame Kern, der kleinste gemeinsame Nenner, der verschiedene Wahrheitskommissionen[430] über verschiedene Zeiten und Orte hinweg verbindet und es rechtfertigt, sie als *ein* Modell oder Skript im Kontext von Transitional Justice zu bezeichnen. Was aber mit ihnen konkret verbunden

---

[428] Berghof Foundation (2012): 113.
[429] Hayner (2002): 5.
[430] Für statistische Informationen zu Wahrheitskommissionen vgl. Backer (2009: 35ff). Eine Datenbank des United States Institute for Peace (www.usip.org/publications-tools, letzter Zugriff 1.11.2013) bietet ebenfalls eine Übersicht über alle Wahrheitskommissionen bis heute („Issue Area: Rule of Law; Type: Truth Commission") inkl. Hyperlinks zu den im Internet zugänglichen Abschlussberichten (soweit vorhanden). Für eine umfangreiche Bibliographie zu Wahrheitskommissionen bis 2001 s. Avruch und Vejarano (2002).

wurde und wird, die Bedeutung, die ihnen zugeschrieben wird, hat sich im Laufe ihres Institutionalisierungsprozesses verändert. Wie im Folgenden gezeigt werden soll, wurden Wahrheitskommissionen in Lateinamerika der Tendenz nach noch als eine Art Kompromisslösung in dem oben geschilderten Spannungsfeld zwischen umfassender Verfolgung von Menschenrechtsverletzungen und einer Amnestierung und Straflosigkeit für Makroverbrechen betrachtet. Im Laufe ihrer weiteren Verbreitung wurden sie immer mehr zu einem Instrument der nationalen Versöhnung umgedeutet und als gleichberechtigte - wenn nicht sogar überlegene - Maßnahme gegenüber Strafverfahren und Menschenrechtsprozessen institutionalisiert. Heute werden sie in diesem Sinne als ein „Werkzeug" mit vielen Facetten gesehen, das in vielerlei Hinsicht zur Aufarbeitung und Ahndung von Makrogewalt beitragen kann.

Die Entwicklung und Verbreitung von Wahrheitskommissionen in Lateinamerika

Die Geschichte der Wahrheitskommissionen beginnt mit einem Erfolg der argentinischen Menschenrechtsbewegung. Die CONADEP wurde 1983 auf zivilgesellschaftlichen Druck von dem neu gewählten Präsidenten Raúl Alfonsín eingesetzt, um die systematischen Menschenrechtsverletzungen der Junta aufzuarbeiten.[431] Innerhalb einer Zeitspanne von sechs Monaten sollte sie Berichte über die „Verschwundenen" und entführten Kinder sammeln und deren Schicksal aufklären, den Gerichten diese Erkenntnisse sowie Versuche der Vernichtung oder Verschleierung von Beweismaterial zutragen und nicht zuletzt auf der Basis ihrer Untersuchungen einen umfassenden Abschlussbericht verfassen.[432] In diesem wurden schließlich auf 50.000 Seiten individuelle Fälle von Folter und Mord dargestellt und somit eine umfangreiche Dokumentation der Politik des Verschwindenlassens der Junta angefertigt. Der Report selbst nennt keine Namen individueller Täterinnen, sondern stellt vielmehr ein institutionelles System von Gewalt und Repression dar. Wie viele spätere Berichte, gerade in Lateinamerika, war es ein insgesamt recht trockenes Dokument:

> „Truth commission reports tended to report ‚the bare facts' about individual abuses, and most did not write a serious structural or historical account which integrated individual violations into a wider analysis of the causes and motivations of political violence."[433]

---

[431] Hayner (1994): 614ff.
[432] Crenzel (2008): 179.
[433] Wilson (2003): 369.

Wie oben geschildert, führte die CONADEP in der Folge entgegen der Intention Alfonsíns zu umfangreicher Strafverfolgung. Damit erreichte sie in dieser Hinsicht mehr als viele ihrer Nachfolgeeinrichtungen in anderen lateinamerikanischen Ländern. Wenn sie diesen in den unmittelbaren Folgejahren als Vorbild diente und sich über den ganzen Kontinent verbreitete, dann gerade deshalb, weil sie von politischen „Realisten" als ein Instrument erachtet wurde, das gerade nicht eine prekäre politische Stabilität einem umfangreichen Streben nach Recht und Gerechtigkeit opferte. Für die Menschenrechtsbewegung waren Wahrheitskommissionen zunächst eine Maßnahme, die gerade besser als nichts war: „Even if perpetrators could not be brought to court, tried and sentenced, then at least the truth could be told about state crimes"[434], so die Ratio. Etwas weitergehend konnte ihre Einrichtung als primäres Instrument der Auseinandersetzung mit Makrogewalt sich auch dadurch rechtfertigen lassen, dass in vielen Ländern gerade die Tatsache, dass die Hinterbliebenen keine Informationen über ihr Schicksal besaßen, einen wesentlichen Punkt in den Transitional Justice Prozessen ausmachten. Eine Kommission, die diese dunklen Repressionspraxen und Schicksale aufzuklären versprach, konnte also durchaus auch im Sinne der Opfer der Juntas fungieren. In diesem Sinne lässt sich feststellen:

> „(...) [T]he model of a ‚truth commission' gained force as a ‚second-best' option where trials were demmed too destabilizing. Truth commissions seemed less confronitional while still not ignoring the violations and doing something for victims."[435]

Der CONADEP Bericht wurde ein Bestseller in Argentinien und auch über die Landesgrenzen hinaus in Lateinamerika breit rezipiert. „Nunca Más!" (dt.: Niemals wieder!), die titelgebende Parole des Abschlussberichtes, tauchte in den folgenden Jahren als geläufiges Wort im Kontext verschiedener Transitional Justice Prozesse in Lateinamerika auf - ein kleiner Indikator für die rasche Verbreitung des argentinischen Präzedenzfalls[436], die sich in der Folge schnell über den ganzen Kontinent erstreckte. Anika Oettler hat herausgearbeitet, wie dieser

---

[434] Ibid.

[435] Roth-Arriaza (2006): 3.

[436] Zwar gab es bereits vorher in Uganda und Bolivien zwei Wahrheitskommissionen (vgl. Hayner, 1994). Eine der ersten war eine von Idi Amin Dada (dem „Schlächter von Afrika") 1974 eingerichtete Kommission, die wohl v.a. als „window-dressing" für dessen Gräueltaten gedacht war. Als die Kommissionsmitglieder trotzdem einen weitgehend umfassenden Bericht verfassten, sahen sie sich umgehend harter Repression ausgesetzt. Die zweite Einrichtung in Bolivien war unterbesetzt und unterfinanziert und konnte keinen Bericht veröffentlichen. Hayner (ibid.) schreibt ihnen zwar dennoch eine gewisse Bedeutung für den jeweiligen Kontext zu. Für die Entwicklung und Globalisierung der Wahrheitskommission im Besonderen und Transitional Justice im Allgemeinen besitzen sie allerdings faktisch keine Relevanz.

Diffusionsprozess auch zu einer beständigen Weiterentwicklung, Anpassung und Veränderung des Modells der Wahrheitskommissionen führte. Sie schreibt: „Seit den 1980er Jahren schreibt sich die Tätigkeit von Wahrheitskommissionen in einen transnationalen Lernprozess ein, der vor allem von Menschenrechtsaktivisten und professionellen Erinnerungsarbeitern getragen wird"[437] und der „zu einer zunehmenden Uniformierung des vergangenheitspolitischen Instruments der Wahrheitskommission"[438] geführt hat.

So diente die argentinische Wahrheitskommission zunächst als direktes Modell für die Implementierung der „Comisión Nacional de Verdad y Reconciliación" (CNVR) in Chile. Hier wurde ebenso ein umfassender Bericht veröffentlicht und dieser auch den Gerichten überstellt. Anders als in Argentinien, wurden in Chile aber alte Amnestiegesetze aufrechterhalten und zunächst entsprechend keine Strafprozesse eingeleitet. Wohl aber wurden auf Basis der CNVR und ihres Berichtes Reparationen an die Opfer ausgezahlt.[439] Chiles und Argentiniens Wahrheitskommissionen dienten dann wiederum im Falle El Salvadors als Blaupause für eine ebensolche Maßnahme.[440] Dort allerdings waren es weniger zivilgesellschaftliche Initiativen oder die Menschenrechtsbewegung, sondern die UN, die sich (wie später auch in Guatemala) für ihre Einrichtung im Rahmen von Friedensverhandlungen zwischen der Regierung und der dortigen Guerilla stark machte. Dass die Konfliktparteien dem zustimmten, war nicht zuletzt auch Ausdruck der bereits jetzt sehr starken Legitimität von Transitional Justice und Wahrheitskommissionen zu verdanken: „Die Einsetzung der Wahrheitskommission war weder für die salvadorianische Regierung noch für die FMLN [die Guerilla, D.P.] eine Herzensangelegenheit, galt jedoch als ein gangbarer Weg, um der Forderung nach einer Aufarbeitung der Vergangenheit nachzukommen."[441] Die mit ihr verbundenen Neuerungen bestanden in einer vollständig internationalen Besetzung und der individuellen Identifizierung von Tätern. Des Weiteren ging sie weit über eine reine Dokumentation von Täterinnen und Taten hinaus: „The commission's broad mandate also allowed it to make far-reaching, binding recommendations designed to address its findings; strengthen state institutions; eradicate the structural causes of violence; overcome impunity; prevent the repetition of past violence; and promote reconciliation."[442]

---

[437] Oettler (2004a): 96.
[438] Ibid.: 95. Oettler unterstreicht und betont an der Stelle allerdings auch ausdrücklich, dass sich angesichts der fallspezifischen Erfahrungen und politischen Kräfteverhältnisse deutliche Varianzen ergeben.
[439] Ibid., vgl. Barahona de Brito (2001): 131.
[440] Oettler (2004a): 100.
[441] Ibid.: 101.
[442] Popkin (2001): 11.

Schritt für Schritt verbreiteten sich also Wahrheitskommissionen über den Kontinent und ein zunehmender Prozess der Professionalisierung setzte ein, indem aus Befürworterinnen immer mehr Expertinnen wurden - ein Prozess, der nicht zuletzt auch von der zunehmenden wissenschaftlichen Auseinandersetzung mit Transitional Justice im Allgemeinen und Wahrheitskommissionen im Besonderen beflügelt wurde, der oben geschildert wurde. In diesem Zusammenhang verschoben sich nun auch die Bedeutung von Wahrheitskommissionen und die mit ihnen verbundenen Zielvorstellungen:

> „(...) [D]emocratizing political elites went a step further than establishing salient truths about state terror. They overlaid a truth-finding project with a morally thick project of national reconciliation in order to legitimize tarnished state institutions. (...) Nation-building strategies appropriated and absorbed truth-finding, and a collectivist vision of politicized morality took precedence over the liberal humanitarian project initiated by human rights organizations."[443]

Dies wird insbesondere auch im Fall Südafrikas deutlich.

Die Wahrheitskommission in Südafrika

Die südafrikanische „Truth and Reconciliation Commission" (TRC) war mit der Aufklärung von Menschenrechtsverletzungen betraut, die während der Zeit des Apartheidregimes zwischen 1960 und 1994 begangen wurden. Das rassistische Unrechtsregime hatte neben der massiven strukturellen Diskriminierung der schwarzen Bevölkerung seine Herrschaft mittels extralegaler Tötungen und Massakern sowie systematischer Folter und unrechtmäßigen Massenverhaftungen aufrechterhalten.[444] Der oppositionelle „African National Congress" (ANC), der nach 1990 die Regierung mit bildete, hatte dagegen Widerstand geleistet. Wie oben bereits angedeutet wurde, begannen die Verhandlungen und Überlegungen zu der Kommission bereits im Jahr 1992. Doch erst vier Jahre später konnte diese ihre Arbeit aufnehmen. Ihre Ziele und Aufgaben bestanden darin, einen Bericht über die Menschenrechtsverletzungen zu erstellen, Empfehlungen zu formulieren, die eine Wiederholung des Unrechts verhinderten, das Leiden der Opfer anzuerkennen und ihre Rehabilitation zu fördern, den Tätern im Austausch für Geständnisse Amnestien zu gewähren und die „Heilung" und „Versöhnung" der Nation voranzutreiben.[445] Nachdem über 21.000 Zeugen- aussagen vor der Kommission gehört wurden und in einer breit

---

[443] Wilson (2003): 369.
[444] Hayner (2002): 40f.
[445] Eisnaugle (2003): 225.

angelegten nationalen medialen Berichterstattung über die Arbeit der TRC berichtet wurde, wurde 1998 ihr Abschlussbericht veröffentlicht.[446]

Die Entstehungsgeschichte der TRC zeigt, dass der internationale Austausch über Transitional Justice und Wahrheitskommissionen nicht an den Grenzen des amerikanischen Kontinents halt gemacht hatte. Bereits 1992 kam es zu Kontakten zwischen südafrikanischen und argentinischen Aktivistinnen um Erfahrungen im Umgang mit systematischen Menschenrechtsverletzungen auszutauschen. Alex Boraine, später stellvertretender Vorsitzende der TRC, äußerte gegenüber einer argentinischen Kollegin: „South Africa is totally connected to Europe, but we don't know anything about Latin America. We have to learn more about Argentina and its transition to democracy."[447] Dieses Vorhaben wurde schließlich auch umfassend in die Tat umgesetzt: Die inzwischen *en passant* zu Expertinnen für Transitional Justice gereiften lateinamerikanischen Aktivistinnen begannen sich umfassend mit südafrikan- ischen Kolleginnen auszutauschen.[448]

Wie Boraines Ausspruch zeigt, wurde von Anfang an nicht nur eine Verbindung zu der lateinamerikanischen Menschenrechtspraxis, sondern auch zu dem neuen Diskurs um Transitional Justice im Kontext des „Transition to Democracy"-Paradigmas geschlagen. In der Tat wurde die TRC noch deutlicher als ihre Vorbilder und Vorgängerinnen mit einem Prozess von Nationbuilding in Verbindung gebracht. Dies zeigt sich bereits darin, dass die Einrichtung der Kommission selbst im Postskriptum der neuen Verfassung angedacht wurde, wo sie als notwendige Maßnahme zur Versöhnung, welche die Brücke zwischen Vergangenheit und Zukunft schlagen sollte, ausgewiesen wurde.[449] Wie Wilson weitergehend in einer ausführlichen Studie zeigt, ist die TRC ein Paradebeispiel für die Verbindung der Menschenrechte mit Aspekten von Demokratisierung und dem Aufbau des neuen Nationalstaates.[450] Der TRC kam in dieser Hinsicht weniger die Aufgabe der Feststellung forensischer, faktischer Wahrheit zu. Vielmehr ging es um die Konstruktion eines auf einer möglichst breiten Partizipation gestützten nationalen Narrativs über die Vergangenheit: „The TRC codified the official history (...) in order to institutionalize [the] shared, bitter experiences of apartheid, which were silenced before, as a unifying theme in the new version of the nation's history."[451] Auch die Aspekte von Versöhnung über die Vergabe von

---

[446] Wilson (2001a): 206f.
[447] Boraine, zit.n. Sikkink (2011): 94.
[448] Ibid.
[449] Eisnaugle (2003): 225f. Eine offizielle Dokumentation des rechtlichen Hintergrunds der TRC findet sich aufhttp://www.justice.gov.za/trc/legal/index.htm (letzter Zugriff: 1.11.2013).
[450] Wilson (2001a).
[451] Ibid.: 17.

Amnestien einerseits und die Anerkennung des Unrechts und der Opfer andererseits dienten letztlich vor allem dem Aufbau und der Konsolidierung des Staates:

> „Reconciliation talk sought to transform the lifeworld according to systemic imperatives in order to displace revenge, retribution and physical punishment in popular views on the ‚just desserts' of human rights offenders. Reconciliation talk had as its aim the centralization of justice and the augmentation of the state's monopoly on the means of coercion. (...) The establishment of the TRC (...) was (...) only intelligible in terms of the hegemony-building project of the new state in the area of justice."[452]

Die ideele Absicherung dieses Vorhabens erfolgte oftmals durch die Rhetorik eines „dritten Weges"[453] zwischen ungebundenen Amnestien einerseits und umfassender Strafverfolgung andererseits. Die TRC wurde als eine Maßnahme dargestellt, die jenseits einer Politik der umfassenden Zugeständnisse an Täterinnen (wie sie in Lateinamerika oft noch der Fall war) und internationaler Anstrengungen der Strafverfolgung (wie in Nürnberg) eine eigene Berechtigung haben sollte. Die Möglichkeit und Notwendigkeit eines derartigen „dritten Weges" wurde dabei nicht nur politisch-realistisch begründet[454], sondern auch kulturell. Desmond Tutu, ein südafrikanischer Erzbischof und einer der Vorsitzenden der TRC argumentierte, Gerechtigkeit in Südafrika müsse auf dem afrikanischen Prinzip von „ubuntu" basieren: „This kind of justice seeks to rehabilitate both the victim and the perpetrator, who should be given the opportunity to be reintegrated into the community he or she has injured by his or her offence."[455] Retributive Gerechtigkeitskonzepte, wie sie dem Strafrecht zugrunde liegen, seien demgegenüber Lösungen, die in Afrika fremd und unangemessen seien. Damit wurde auch der Charakter der Maßnahme selbst identitär aufgeladen und war Teil des Nationbuilding-Prozesses.

Die TRC stellt damit einerseits insofern eine „klassische" Transitional Justice Maßnahme dar, als sie fest in eine Konzeption der Aufarbeitung von Makrogewalt eingebettet war, die von den transitiologisch-modernisierungstheoretischen Vorstellungen durchzogen als auch im Menschenrechtsdiskurs verankert ist. Andererseits wurden mit „Versöhnung" und einer kulturalistischen Diskussion von Gerechtigkeitsvorstellungen („ubuntu") auch neue Ideen in Diskurs um Transitional Justice gestärkt, die in der Folge maßgeblich die Weiterentwicklung des Konzeptes zu einer „comprehensive transitional justice" (s.u.) angestoßen haben.

---

[452] Ibid.: 226f.
[453] Boraine (2000).
[454] Ibid.
[455] Tutu zit.n. (2008): 5. Vgl. Tutu (2000).

Wahrheitskommissionen als institutionalisiertes Skript

Das vielleicht wichtigste direkte Resultat war aber nun, dass Wahrheitskommissionen nicht mehr als „zweitbeste Lösung" angesehen wurden, sondern bisweilen sogar als die zu bevorzugende Maßnahme im Rahmen von Transitional Justice gedacht wurden:

> „The backers of the South African TRC did not argue merely that a truth commission was a second-best alternative where trials were unavailable. Rather, they insisted, a well-run commission could accomplish things no trial could provide."[456]

Die Argumente waren dabei vor allem, dass Wahrheitskommissionen besser als Strafverfahren dafür geeignet waren, Verbrechenskomplexe und - zusammenhänge als solche zu untersuchen und dass sie den Fokus auf die Opfer und nicht auf die Täter legten.[457] Wahrheitskommissionen konnten Ende der 1990er Jahre bereits auf eine lange Geschichte zurückblicken und waren eine feste Größe im Kontext von Transitional Justice geworden. Nun war ihnen im Rahmen eines praktischen wie theoretischen Diskurses vor dem Hintergrund der TRC eine neue Legitimationsbasis geschaffen worden. „Truth commissions became a staple of the transitional justice menu."[458]

Wie in dieser Darstellung des Institutionalisierungsprozesses von Wahrheitskommissionen zu sehen war, variiert die konkrete Ausgestaltung von Wahrheits- kommissionen ebenso wie die mit ihr verbundenen Ziele und Aufgaben von Fall zu Fall. Wie Priscilla Hayner festgehalten hat, sind dies insbesondere die folgenden fünf Punkte, von denen oben bereits die Rede war: „to discover, clarify, and formally acknowledge past abuses; to respond to specific needs of victims; to contribute to justice and accountability; to outline institutional responsibility and recommend reforms; and to promote reconciliation and reduce conflict over the past."[459] Es sei allerdings hinzugefügt, dass sie wohl immer noch vor allem mit restorativer Gerechtigkeit in Verbindung gebracht werden, die im Unterschied zu retributiver Gerechtigkeit nicht die Schuld der Tat mit einem bestimmten Strafmaß begleichen will, sondern - allgemein gesprochen -

---

[456] Roht-Arriaza (2006): 4.
[457] Ibid. Wie Bonacker (2012) darlegt (und wie unten weiter ausgeführt werden wird), ist es in der Tat nicht zuletzt auch dem Aufstieg der Wahrheitskommissionen zu verdanken, dass den Opfern von Makrogewalt eine stärkere Aufmerksamkeit im Zusammenhang mit Transitional Justice zuteil wurde.
[458] Roht-Arriaza (2006): 4.

[459] Hayner (2002): 24.

auf die Wiederherstellung zerrütteter sozialer Beziehungen sowie auf Versöhnung und Wiedergutmachung ausgerichtet ist.[460]

Spätestens mit der TRC in Südafrika sind sie als Modell für Maßnahmen im Rahmen der Aufarbeitung von Makrogewalt international prinzipiell anerkannt. Die UN bezeichnet sie als ein „tool", aus dessen bisheriger Anwendung in spezifischen Ländern „best practice guidelines"[461] deduzierbar sind, die Transitional Justice Prozesse heute weltweit anleiten können. In diesem Sinne können sie heute aus institutionalistischer Sicht als ein Skript im Kontext von Transitional Justice bezeichnet werden.

4.10 Zwischenfazit

In der Zeit des Kalten Krieges schienen zunächst all die weitreichenden Entwicklungen um die Ächtung und Ahndung von Makrogewalt, welche die Nachkriegszeit mit sich gebracht hatte, aufgehoben. Die Blockkonfrontation hatte die globale Institutionalisierung von Transitional Justice weitgehend suspendiert und nur auf nationaler Ebene waren vereinzelte Unternehmungen zu beobachten. Tatsächlich brauchte es nach dem Zweiten Weltkrieg mehr als drei Jahrzehnte, ehe der Prozess wieder an Fahrt aufnehmen konnte. Ab den 1980er Jahren setzten sich immer mehr Akteure für eine vorzugsweise strafrechtliche Ahndung von Akten massiven staatlichen Gewaltmissbrauchs unter autoritärer Herrschaft ein, die nunmehr als systematische Menschenrechtsverletzungen interpretiert und begriffen wurden. Mit dem Ende der Blockkonfrontation schien die Auseinandersetzung mit Makrogewalt das Gebot der Stunde. Auf der Welle des liberalen „Siegeszuges" begann schließlich eine erste umfassende Konzeptionalisierung von Transitional Justice.

Was entlang dieser historischen Wegmarken in den letzten vier Unterkapiteln sichtbar wurde, kann mit Blick auf den Analyserahmen als Beginn einer Normkaskade hinsichtlich der Aufarbeitung und Ahndung von Makrogewalt bezeichnet werden. Über Südeuropa, Latein- und Mittelamerika, Osteuropa bis nach Südafrika waren nun in immer mehr Ländern Fälle von Transitional Justice zu beobachten. Wenngleich es zwar immer wieder auch Einzelne waren, die Normunternehmerinnen gleich die jeweiligen Aufarbeitungsprozess vorantrieben, wurde die Diffusion doch vor allem durch den Einfluss und Aktivismus zivilgesellschaftlicher Menschenrechtsnetzwerke und - organisationen, die als aktive Akteure und rationale Andere fungierten, gefördert. Wenn immer wieder

---

[460] Eisnaugle (2003).
[461] OHCHR (2006): 1.

geltend gemacht wurde, dass ein derartiger Umgang mit dem Erbe der Gewalt die prekäre politische Lage destabilisieren und so im Widerspruch zu Demokratisierung und dem gesellschaftlichem Frieden stehen könnte, setzten sie sich für umfassende Bestrebungen nach Gerechtigkeit im Namen universeller Menschenrechte ein. Dabei konnten durchaus auch nach und nach die Vertreterinnen der neuen Regime der betroffenen Staaten (v.a. in den postsozialistischen Ländern) für Unternehmungen von Transitional Justice gewonnen werden.

Die Menschenrechte stellten zunächst den primären institutionellen Bezugspunkt für diese Entwicklungen dar. Von allen rechtlichen Entwicklungen nach dem Zweiten Weltkrieg waren es vor allem sie, welche die Debatten und das Handeln verschiedener Akteuren anleiteten. Sie dienten als Legitimationsbasis für internationale Organisationen, die sich weltweit für eine universelle Gerechtigkeit einsetzen. Sie führten zu einer weiteren Institutionalisierung des Skriptes individueller Strafverfahren. Und sie informierten das neue Skript der Wahrheitskommissionen, welches der Aufklärung, Aufarbeitung und Dokumentation der Menschenrechtsverletzungen dienen sollte. Doch darüber hinaus war es dem Liberalismus als hegemoniale Sinnstruktur der World Polity nach 1989 geschuldet, dass eine Reihe weiterer weltkultureller Anbindungen institutionalisiert wurden. Transitional Justice wurde deutlich stärker als zuvor mit Demokratisierung und der „rule of law" in Verbindung gebracht. Auf diese Weise hielt neben Gerechtigkeit, Frieden und Wahrheit auch die Idee gesellschaftlichen Fortschritts verstärkt Einzug in den Kanon der mit ihr zu verfolgenden Ziele und Zwecke. Neben den genannten Strafverfahren und Kommissionen wurden vor diesem Hintergrund auch Lustrationsprozesse und Reformenpolitik als Skripte im Kontext der Aufarbeitung und Ahndung von Makrogewalt institutionalisiert.

Entlang dieser Linien, die gewissermaßen ihr „klassisches Paradigma" konturieren, formierte sich ein rationalisiertes Feld von Transitional Justice (in dessen Zuge jene auch ihren Namen erhielt). Die Wissenschaft hatte die Aufarbeitung und Ahndung von Makrogewalt als einen relevanten Gegenstand ihrer Forschung entdeckt und begann nun, ihre Theorie und Praxis zu begleiten. Mit Blick auf die Zielsetzungen wurden Skripte diskutiert und es wurde versucht, „lessons learned" aus einzelnen nationalen Aufarbeitungsprozessen zu deduzieren. Zusammen mit Vertreterinnen internationaler Organisationen traten nun auch Wissenschaftlerinnen immer stärker als rationale Andere auf, die versuchten, die Auseinandersetzung mit Makrogewalt auf der Grundlage weltkultureller Modelle auf eine „vernünftige" Basis zu stellen.

Nach einer länger währenden „Unterbrechung" in der Institutionalisierung von Transitional Justice war der Prozess also in beeindruckendem Maße vorangeschritten und hatte mit dem Eintritt in die Kaskade und der Herausbildung eines rationalisierten Feldes auch eine neue Qualität erreicht. Im Folgenden wird nun die weitere Entwicklung zu analysieren sein. Dabei wird zunächst auf die Neuerfindung des Tribunals von Nürnberg in Form der internationalen Strafgerichtshöfe und des Völkerstrafrechts eingegangen werden. Im Anschluss daran wird zu sehen sein, inwiefern sich weitere weltkulturelle Einflüsse auf die Rationalisierung von Transitional Justice zeigen und es wird schließlich auf die steigende Komplexität des Feldes eingegangen werden.

4.11 Die Neuerfindung von Nürnberg: ICTY und ICTR

Während die südafrikanische TRC noch in der Planung war, hatte mehrere hundert Kilometer entfernt ein weiteres Transitional Justice-Projekt begonnen, das bis heute die Schlagzeilen der internationalen Nachrichten füllt. Mit dem internationalen Strafgerichtshof für das ehemalige Jugoslawien („International Criminal Tribunal for the former Yugoslavia", ICTY) und seinem nur kurze Zeit später folgenden Pendant für Ruanda („International Criminal Tribunal for Rwanda", ICTR) hatte die Staatenge- meinschaft gewissermaßen das Tribunal von Nürnberg neu erfunden: Erstmals seit fast 50 Jahren wurden wieder internationale Strafgerichte eingerichtet, vor denen sich Makrokriminelle individuell für ihre Verbrechen verantworten mussten. Das Völkerstrafrecht meldete sich in beeindruckender Weise auf der weltpolitischen Bühne zurück. Wie auch schon nach 1945 mit dem IMT ging es dabei nicht allein um die Durchsetzung von Gerechtigkeit, sondern auch die Wiederherstellung von Demokratie (v.a. mit Blick auf die „rule of law") und Frieden in den von Bürgerkrieg und Genozid verwüsteten Gesellschaften.

Wie im Folgenden gezeigt wird, sollte „Neuerfindung" dabei nicht als „Neuauflage" missverstanden werden, war doch der Gewaltkontext auf dem Balkan und in Ruanda ein anderer. Auch hatten sich die weltgesellschaftlichen Umstände vor allem insofern geändert, als es jetzt die UN waren, in deren Rahmen die Gerichtshöfe eingerichtet wurde. Die wiedererstarkte Organisation hatte bereits zuvor vor allem im Kontext von Peacebuilding-Missionen Maßnahmen von Transitional Justice gefördert. Nicht zuletzt über die UN-Charta wurden auch die ad-hoc Tribunale in besonderer Weise mit einem neuen friedenspolitischen Anspruch verbunden.

Die UN, Peacebuilding und Transitional Justice

Kaum ein anderer Akteur der Weltgesellschaft hat nach dem Ende des Kalten Krieges und mit dem postulierten „Ende der Geschichte" eine derartige Aufwertung erfahren wie die UN. War ihr in der Ära der Blockkonfrontation insbesondere von den USA und der UdSSR noch lediglich eine weltpolitische Statisten-rolle zugewiesen worden, stieg die Bedeutung der Weltorganisation nun be-trächtlich: „The international body, once relegated to the back seat in security matters, had become the darling of the hour (...)."[462]

Im Januar 1992 nahmen erst- und einmalig in der Geschichte der UN die fünf Staats- und Regierungschefs der Veto-Mächte direkt an einer UN-Sicherheitsratssitzung teil.[463] Auf dieser wurde der UN-Generalsekretär (damals Boutros Boutros-Ghali) mit der Aufgabe betraut, eine Analyse und Empfehlun-gen für die Stärkung präventiver Diplomatie sowie Maßnahmen im Bereich des Peacekeeping und Peacebuilding im Rahmen der UN zu formulieren.[464] Das Resultat war die „Agenda for Peace", ein wegweisendes Dokument „(...) [that] continues to inform the thinking of many policymakers."[465] In der Einleitung der Agenda heißt es:

> „In these past months a conviction has grown, among nations large and small, that an opportunity has been regained to achieve the great objectives of the Charter - a United Nations capable of maintaining international peace and security, of secur-ing justice and human rights and of promoting, in the words of the Charter, ‚social progress and better standards of life in larger freedom'. This opportunity must not be squandered. The Organization must never again be crippled as it was in the era that has now passed."[466]

Tatsächlich war bereits seit 1989 eine steigende Zahl an UN-Peacekeeping Missionen zu beobachten. Bis 1994 wurden 20 neue Missionen eingerichtet und die Truppenstärke der UN-Peacekeeperinnen stieg von 11.000 auf 75.000.[467] Neben diesem quantitativen Sprung erhielten UN-Operationen auch eine neue Qualität. Während sie sich in der Zeit des Kalten Krieges stark an einem „westfä-lischen Modell" orientierten, das auf Unparteilichkeit, Konsens der Konfliktpar-teien (in erster Linie souveräne Staaten) und Gewaltverzicht beruhte, offenbart sich in den Peacebuilding- Missionen nach 1989 ein „post-westfälisches Mo-dell".[468] Dies beruht auf der Annahme, dass die Sicherung des Friedens viele Facetten (sozial, ökonomisch, institutionell) umfasst, der Frieden in Post-Konfliktgesellschaften und zwischen Staaten aktiv auf Basis liberal-politischer

---

[462] Barnett (2010): 21.
[463] Dies waren: Boris Jelzin (Russland), Francois Mitterand (Frankreich), John Mayor (Großbritani-en), George Bush (USA), Li Peng (China), Smyser (2003): 119f.
[464] UN Doc. S/23500; vgl. auch Smyser (2003): 120.
[465] Barnett (2010): 24.
[466] UN Doc. A/47/277 - S/24111, „Introduction", Punkt 3.
[467] http://www.un.org/en/peacekeeping/operations/surge.shtml (letzter Zugriff: 1.11.2013).
[468] Newman et al. (2009a): 7.

und marktwirtschaftlicher Vorstellungen geschaffen werden muss und nichtstaatliche Akteure mit einbezogen werden müssen.[469]

In diesem erweiterten Ansatz zur Friedenssicherung und -durchsetzung spielt nun Transitional Justice für diesen wiedererstarkten Akteur der Weltgesellschaft eine gewichtige Rolle. Bereits oben wurde angesprochen, dass die UN im Rahmen von Friedensmissionen in Guatamala und El Salvador an der Einrichtung von Wahrheits- kommissionen beteiligt war. Darüber hinaus erhält Transitional Justice auch im weitergehenden Kontext der Menschenrechtspolitik, der Etablierung der „rule of law" und Reformen des Sicherheitssektors eine zentrale Bedeutung für die UN und Peacebuilding.[470] Nicht zuletzt auf diese Weise wurde eine Verbindung zwischen diesen rationalisierten Feldern hergestellt: „The field known as transitional justice, once potentially seperated from the field known as peacebuilding, is (...) now thightly linked to it."[471] Mit Blick auf die internationalen Strafgerichtshöfe zeigt sich nun in besonderer Weise, wie Strafjustiz und Friedenskonsolidierung als institutionelle Modelle mit transzendentalen Prinzipien von Gerechtigkeit und Frieden auf eine neue Weise zusammengeführt und -gedacht wurden.

Die Einrichtung des ICTY und des ICTR

In den frühen 1990er Jahren sah sich die Weltgesellschaft abermals mit zwei extremen Fällen von Makrogewalt konfrontiert. Nachdem die Epoche nach dem Kalten Krieg mit großen Hoffnungen auf eine friedlichere Welt verbunden war, wurden diese spätestens mit den Jugoslawienkriegen und dem Genozid in Ruanda zerschlagen. Der Zerfall des ehemals kommunistischen Landes auf dem Balkan, der 1991 mit der Abspaltung Sloweniens begann, brachte den Krieg nach Europa zurück. Insbesondere in den kriegerischen Auseinandersetzungen zwischen der serbischen Regierung in Belgrad und Kroatien, Bosnien-Herzegowina und dem Kosovo gingen die Konfliktparteien mit äußerster Härte gegeneinander vor. Konzentrationslager wurden eingerichtet, Genozid (wie in Srebrenica) sowie andere Gräueltaten begangen.[472] In Ruanda tobte sich seit den 1990er Jahren ein Bürgerkrieg zwischen der nationalen Regierungsarmee und der Rebellenarmee der ruandisch-patriotischen Front (RPF). Im Kontext dieser gewaltsamen Auseinandersetzung wurde zwischen April bis Juli 1994 rund 800.000 Tutsi sowie etwa 200.000 moderate und oppositionelle Hutu

---

[469] Ibid.
[470] Vgl. Thallinger (2007); Sriram (2009).
[471] Sriram (2009): 118.
[472] Ausf. s. etwa Finlan (2004) sowie Melcic (2007).

ermordet.[473] In beiden komplexen Konfliktszenarien war es in unterschiedlicher Weise also zu verschiedenen Exzessen von Makrogewalt gekommen, welche nun gerade die Staaten, die sich zuvor so dezidiert für die Etablierung einer neuen Weltordnung des Friedens und der Gerechtigkeit ausgesprochen hatten, vor die schwierige Frage nach einer angemessenen Reaktion stellte.

Die Einrichtung von Internationalen Strafgerichtshöfen, den so genannten ad-hoc- Tribunalen, lässt sich als ein Versuch verstehen, dieser Herausforderung mit den Mitteln des internationalen Rechts zu begegnen. Der aus einer kritischen Sichtweise heraus eher unrühmliche Hintergrund für diese Wahl liegt zunächst darin begründet, dass die „internationale Gemeinschaft" nichts unternommen hatte, um die jeweiligen Gewaltexzesse zu beenden oder wenigstens einzudämmen.[474] In den frühen 1990er Jahren bestand seitens mächtiger Staaten (Europa, Russland, USA) kein wirkliches Interesse, umfassend zur Beendigung der Gewaltkonflikte zu intervenieren.[475]

Damit tat sich nun gewissermaßen ein Schisma auf, zwischen den in den Jahren zuvor verabschiedeten rechtlichen Verpflichtungen (wie etwa der „Genocide Convention") und Absichtserklärungen (wie etwa in der „Agenda for Peace") für den Weltfrieden einzutreten und Makroverbrechen nicht mehr hinzunehmen einerseits, und der Bereitschaft zu faktischem Handeln zu wollen andererseits. Wie weit der weltkulturelle Institutionalisierungsprozess von Transitional Justice eine Untätigkeit angesichts von Genozid und Gewaltexzessen zu diesem Zeitpunkt bereits delegitimiert hatte, zeigt sich insbesondere in den unmittelbaren Reaktionen der globalen Öffentlichkeit und vor allem der globalen Zivilgesellschaft. Dort hatte das nicht- Handeln allenthalben zu Entrüstung geführt und dabei wiederum einen nicht unerheblichen (innenpolitischen) Druck jedenfalls in den westlichen Staaten aufgebaut.[476]

---

[473] Ausf. s. etwa Prunier (1995) sowie Des Forges (1999).

[474] Moghalu (2008): 50; Schiff (2008): 43.

[475] Ibid.: 65. Wie allerdings in der Regel kritisch herausgestellt wird, war die spätere NATO-Intervention im Kosovo-Krieg 1999 auch in erheblichem Umfang von geostrategischen und ökonomischen Interessen geleitet (vgl. Cremer & Lutz, 1999).

[476] Schiff (2008): 44. Es sollte angemerkt werden, dass es sicherlich zu einfach ist, hier rein machtpolitisch orientierten Regierungen die Moral und den Idealismus zivilgesellschaftlicher Organisationen und der Öffentlichkeit in einer klaren Abgrenzung gegenüberzustellen. Kognitive Institutionalisierung hat nicht nur Auswirkungen auf die Zivilgesellschaft und die Öffentlichkeit, sondern betrifft natürlich auch politische Entscheidungsträgerinnen. Kaufmans (2008) Analyse der führenden Rolle der USA in der Einrichtung des ICTR legen beispielsweise entsprechend nahe, davon auszugehen, dass auch Einzelne in hohen politischen Kreisen die Durchsetzung von Recht und Gerechtigkeit aus eigener Überzeugung gefördert haben.

Der Rekurs auf Völkerstrafrecht und Menschenrechte bot den politischen Entscheidungsträgerinnen einen Ausweg aus dieser tendenziell problematischen Situation an:

> „From the outset, (...) the ICTY and the ICTR could be characterised as ‚new and improved‘ versions of Nuremberg, and as signalling the start of the international community's renewed commitment to human rights, the rule of law and the avoidance of impunity."[477]

Dieses Bekenntnis zu Recht und Gerechtigkeit wurde programmatisch mit einem Einsatz für den Frieden verbunden. In den Resolutionen des Sicherheitsrates, die der Einrichtung der Tribunale zugrunde liegen, war nicht nur von Verletzungen des humanitären Völkerrechts und anderer Rechtsnormen die Rede. Nicht zuletzt aufgrund von Kapitel VII der UN-Charta, das die völkerrechtliche Grundlage für die Einrichtung der Gerichte darstellte, sollte auch die „Wiederherstellung und Aufrechterhaltung des Friedens"[478], durch das ICTY und das ICTR gewährleistet werden. Tranzendentale Werte wie Gerechtigkeit und Frieden, die in den Jahren zuvor im Kontext einer neuen liberalen Weltordnung so oft in Verlautbarungen und Agenden angerufen und als übergeordnete Maximen proklamiert wurden, wurde so mit den ad-hoc-Tribunalen, die ihrerseits wiederum einen jedenfalls impliziten Rekurs auf das Nürnberger Modell darstellten, eine neue praktische Form gegeben. So konnten nicht zuletzt auch führende Staaten dem Legitimitätsdruck, dem sie sich durch (nicht zuletzt durch sie selbst zuvor vorangetriebenen) weltkulturelle Entwicklungen ausgesetzt sahen, gerecht werden.

Der neue Umgang mit Makrogewalt: Frieden und Gerechtigkeit im Angesicht der „neuen Kriege"

„Today, global accountability is present front and center, and transitional justice manifests itself frequently if not predominantely in situations other than post-conflict regime transformation and constitutional (re)-construction"[479], stellt Teitel fest.[479] Sie konstatiert damit einen grundlegenden Wandel hinsichtlich der Aufarbeitung und Ahndung von Makrogewalt, in dem diese nicht mehr nur *ex post*, d.h. nach der Beendigung von Gewaltkonflikten und/oder einem „regime

---

[477] Chiam (2008): 208.
[478] „Restoration and maintenance of peace", UN Doc. S/RES/808 sowie UN Doc. S/RES/955. Weitergehend zur Einrichtung der Tribunale auf Basis von Kapitel VII der UN Charta („Action with Respect to Threats to the Peace, Breaches of the Peace, and Acts of Aggression") vgl. Abrams et al. (2009): 191; 202.
[479] Teitel (2010): 1.

change", sondern noch während der „heißen Phase" von Konflikten beginnt. Dies ist besonders in der Praxis der Strafgerichtshöfe zu sehen: Während das ICTR tatsächlich erst nach dem Ende des Genozids seine Arbeit aufnahm, wurde das ICTY tatsächlich bereits fast zu Beginn der Balkankriege eingerichtet: „The ICTY (...) was convened in the midst of a bloody conflict. Its mandate was not to shape the meaning of a peace that has already been achieved, but instead to bring individuals responsible for atrocities to justice in an effort to establish peace."[480]

Die Gewaltphänomene, um die es in diesem Kontext geht, wurden und werden in der Wissenschaft in der Regel als „neue Kriege"[481] charakterisiert, d.h. als innerstaatliche Konflikte, in denen private Gewaltakteure („Warlords") gegenüber nationalen Regierungen eine zentrale Rolle einnehmen und die von Kriegsökonomien am Laufen gehalten werden. Auch werden die Auseinandersetzungen in Afrika und auf dem Balkan oftmals als „ethnische" und „ethnisierte" Konflikte gedeutet.[482] In der Rechtsprechung durch die ad-hoc-Tribunale spiegelt sich eine Auseinandersetzung mit derart neuen Interpretationen von Gewalt und ihren Charakteristika durchaus wider. So stellt die Loslösung der internationalen Strafjustiz von einer rein direkten Anbindung an Kriegshandlungen eine der wesentlichen Neuerungen und Errungenschaften im Kontext der beiden Tribunale dar. Bereits der erste Fall, der vor dem ICTY verhandelt wurde - das Verfahren gegen Duško Tadic - war in dieser Hinsicht wegweisend:

> „With the *Tadic* judgements, the ICTY paved the way for (...) the ‚second generation of international criminal law', an international criminal law whose field of application extends to crimes in non-international armed conflicts and (...) to crimes against humanity irrespective of the existence of an armed conflict."[483]

Auch in anderen wichtigen Entscheidungen legten die Gerichte das humanitäre Völkerrecht und das Völkerstrafrecht in einer Weise aus, mit der sie der Ausübung von Makrogewalt im Kontext ihrer neuen Wahrnehmung Rechnung tragen konnten.[484] So hat das ICTR maßgebliche Entscheidungen bezüglich der völkerstrafrechtlichen Handhabung von Genozid getroffen. Im Prozess gegen Jean-Paul Akayesu kam es nicht nur zu der ersten Verurteilung wegen Genozids; auch die erstmalige Interpretation und Auslegung des Straftatbestandes durch ein internationales Gericht stellte einen Meilenstein in der Ahndung derartiger Phä-

---

[480] Teitel (1999): 177.
[481] Kaldor (2012); vgl.a. Münkler (2004).
[482] Vgl. etwa Horowitz (2000). Für eine kritische Betrachtung des Konzepts s. Gilley (2004).
[483] Kress (2006): 238.Vgl. Safferling (2011: 62) und Schabas (2011: 13).
[484] Vgl. La Haye (2008); Eltringham (2011). Zur Rolle des Völkergewohnheitsrechts und der Kreativität der Richterinnen an den Tribunalen vgl. Schabas (2009a).

nomene von Makrogewalt dar.[485] Dabei fällt auch der Umgang mit Ethnizität besonders auf: War im Kontext des ICTY noch die Rede von „ethnic cleansing" prävalent[486], ging das ICTR in dem genannten Fall mit Blick auf derartige Zuschreibungen vorsichtiger um und nahm eine weite Auslegung der durch den Straftatbestand geschützten Gruppen vor.[487]

Diese Reflexion über die Praxis der ersten internationalen Strafgerichte nach Nürnberg zeigt eine bemerkenswerte Innovationsleistung im Umgang mit Makro- gewalt. Diese bestand zum einen darin, Rechtsnormen, die vom frühen 20. Jahrhundert an bis zu Beginn des Kalten Krieges entwickelt wurden, auf neue Kontexte massiver Gewalt und Gräueltaten anzuwenden, die sich doch zumindest in einigen wesentlichen, konkreten Punkten (wie etwa der Erscheinungsform von Kriegen) von damaligen Formen von Makrogewalt unterschieden. Zum anderen fand eine wesentliche Neubestimmung des Stellenwerts einer individualisierten Ahndung von Makrogewalt durch Strafprozesse statt, indem diese in einen direkten Zusammenhang mit der „Wiederherstellung und Aufrechterhaltung des Friedens" gestellt wurden.

Die Bedeutung des ICTY und ICTR für die Globalisierung von Transitional Justice

Die Bedeutung der internationalen Strafgerichtshöfe für den Prozess der Institutionalisierung der Aufarbeitung und Ahndung von Makrogewalt kann kaum zu hoch eingeschätzt werden. Zum ersten wurde mit den Tribunalen die Legitimität des Skriptes „individuelle Strafverfahren" für den Umgang mit Makrogewalt in hohem Maße gefördert. Auch dienten sie der Bestätigung einer Verfahrensweise, die sich zuvor bereits auf nationaler Ebene mit Blick auf „human rights trials" weiter institutionalisiert hatte.[488] Gerade der internationale Charakter der Tribunale und die Tatsache, dass sie von einer breiten Allianz weltgesellschaftlicher Akteure getragen wurden, unterstrichen den Stellenwert der Strafjustiz als weltkulturelles Modell und Mittel zur Aufarbeitung und Ahndung von massiver Gewalt und Gräueltaten.

Zum zweiten entwickelte sich das Völkerstrafrecht nicht nur über die Statuten des ICTY und des ICTR, sondern vor allem auch über ihre Rechtsprechung

---

[485] Safferling (2011): 63; Schabas (2009b).
[486] Teitel (1999): 178.
[487] Jallow (2008): 270f. Zu dieser in der Rechtswissenschaft nicht unumstrittenen Auslegung vgl.a. etwa Safferling (2011).
[488] S.o.. Zur Verbreitung und Prävalenz von Strafverfahren („Trials") im Kontext von Transitional Justice s.a. Olsen et al. (2010): 32ff.

in erheblichem Maße weiter. Wenngleich sich die Gerichtshöfe in die bestehende institutionelle Ordnung dieser Institution (insbesondere mit Blick auf Rechtsgrundsätze wie *nullum crimen sine lege*) einfügten, führte ihre Praxis doch zu beträchtlichen Innovationen auf diesem Gebiet (dies gilt insbesondere auch hinsichtlich des ständigen Internationalen Strafgerichtshofes in Den Haag, wie später noch zu sehen sein wird). Aus einer institutionalistischen Perspektive lässt sich feststellen, dass diese Institution weiter differenziert und verregelt wurde, mithin also ihre interne Komplexität erhöht wurde. Insofern das (Völkerstraf-)Recht bereits einen grundlegenden Teil des rationalisierten Feldes darstellte, lässt sich diese Entwicklung auch als weitergehende Rationalisierung von Transitional Justice begreifen.

Diese zeigt sich – drittens – gerade auch hinsichtlich der Inklusion neu interpretierter Gewaltphänomene („neue Kriege", „ethnische Konflikte") in das institutionelle Gefüge von Transitional Justice. Stellten zuvor „konventionelle" Kriege und systematische Menschenrechtsverletzungen unter autoritärer Herrschaft die wesentlichen Bezugspunkte dar, wurde mit dem ICTY und dem ICTR der allgemeine Kontext für die Aufarbeitung und Ahndung von Makrogewalt deutlich ausgeweitet.

Schließlich bleibt – viertens – abermals festzuhalten, dass im Zuge der Einrichtung der Tribunale nicht nur die Bezugnahme auf transzendentale Prinzipien wie Frieden und Gerechtigkeit verstärkt wurde. Vielmehr haben jene auch neue Bedeutungs- zuschreibungen erfahren und wurden in ein neues Verhältnis zueinander gesetzt. Wurde noch Anfang der 1990er Jahre in Debatten um „peace vs. justice" über einen (möglichen) Grundkonflikt dieser Prinzipien gesprochen, wurde hier ein direkter Zusammenhang zwischen „Accountability" und „Peacebuilding" bzw. „Peacemaking" hergestellt.[489]

Nichtsdestotrotz darf die Stärke dieser Institutionalisierungstendenzen nicht voreilig überbewertet werden. Keineswegs wurden diese neu konstruierten Verbindungen, Inklusionen und Weiterentwicklungen „selbstverständlich" hingenommen. So haben etwa gerade auch Juristinnen, die in der Mehrheit wohl die Einrichtung der Tribunale grundsätzlich begrüßt haben, die Koppelungen von Strafjustiz und friedenspolitischen Initiativen durchaus kritisch gesehen.[490] Auch jenseits dessen waren vielfältige Kontroversen und Debatten unter rationalen Anderen die Folge dieses institutionellen „Ausbaus". Zusammen mit weltkulturellen Einflüssen, die zunächst außerhalb von ihm lagen, dienten diese etwa ab

---

[489] Gerade auch der ICC, auf den im nächsten Unterkapitel eingegangen werden wird, wird bisweilen als ein „active agent of peacemaking" (Branch, 2011) gesehen.

[490] Sehr deutlich etwa Teitel in einem Beitrag mit dem Titel „Bringing the Messiah through the Law" (Teitel, 1999).

Mitte der 1990er Jahre als Grundlagen für eine immense Erweiterung des rationalisierten Feldes von Transitional Justice.

4.12 Die Erweiterung des Feldes: „Comprehensive Transitional Justice"

Mit den internationalen Strafgerichtshöfen und der TRC in Südafrika wuchs unter Wissenschaftlerinnen unterschiedlicher Disziplinen das Interesse an dem neuen rationalisierten Feld von Transitional Justice.[491] Zudem traten nun auch neue Akteure als rationale Andere und aktive Agenten für die Aufarbeitung und Ahndung von Makrogewalt auf, die sich offen gegenüber Neuerungen im Feld zeigten. Gepaart mit Entwicklungen in der World Polity, deren Ursprung zunächst außerhalb von Transitional Justice lag, führten diese Tendenzen zu einer stetigen Erweiterung des rationalisierten Feldes, so dass sich jenes immer mehr zu einer multidimensionalen und komplexen institutionellen Ordnung für den Umgang mit massiver Gewalt und Gräueltaten weiterentwickelte.

Dieser weitere Schritt in der Institutionalisierung von Transitional Justice wird Gegenstand dieses Unterkapitels sein. Dabei wird zunächst allgemein auf die Entstehung einer „comprehensive transitional justice" und die neuen Akteure eingegangen. Im Anschluss daran soll ein gesondertes Augenmerk auf zwei Aspekte gerichtet werden, in denen sich der Einfluss anderer weltkultureller Modelle und jene Weiterentwicklung von Transitional Justice in besonderer Weise verdeutlichen lässt: „local ownership" bzw. „local approaches" sowie „Opfer" und „Trauma".

„Comprehensive transitional justice"

Die Weiterentwicklungen im Bereich des Völkerstrafrechts und der Aufstieg der Wahrheitskommissionen sowie die weltweit zunehmende Zahl von Aufarbeitungsprozessen boten vielfältige Anknüpfungspunkte für die Analyse einzelner Fälle, der Wirkungsweise verschiedener Skripte in Bezug auf verschiedene Ziele und Zwecke und die Fortsetzung normativer Debatten. Auch die Rekapitulation und Reflexion der Erfahrungen aus den jüngsten Aufarbeitungsprozessen trug dazu bei, dass über das „klassische (liberale) Paradigma" und den Fokus auf Wahrheitskommissionen und Strafverfahren hinaus auch neue Modelle, Ziele und Zweck-Mittel Relationen im Kontext von Transitional Justice diskutiert wurden. Undine Kayser-Whande und Stephanie Schell-Faucon sprechen in die-

---

[491] S. auch hier Kapitel 2.1.

sem Zusammenhang von der Herausbildung einer „comprehensive transitional justice" und schreiben:

> „With increasing practical experience (...), a deepening appreciation for the multi-faceted nature of transitional justice processes emerged. The South African experience also led to the appearance of a vast literature on ‚reconciliation' and to the unprecedented political currency of concepts such as forgiveness and apology (...). Other elements that received frequent mention from hereon were a ‚victim-focus', the idea of ‚restoring dignity' and the benefits of ‚storytelling'."[492]

Wie auch in anderen Bereichen der World Polity führte die weitere Verwissenschaftlichung von Transitional Justice zu einer stetigen Erweiterung des rationalisierten Feldes. Diese nahm insofern weiter zu, als nun eine Vielzahl neuer Akteure die Verbindung von Transitional Justice mit anderen Bereichen internationalen Engagements vortrieb. Internationale Regierungsorganisationen („International Governmental Organizations", IGOs) wie etwa die „US Agency for International De- velopment" (US-Aid) oder die deutsche „Gesellschaft für internationale Zusammen- arbeit" (GIZ)[493] sowie verschiedene Think Tanks und INGOs befassten sich etwa ab den späten 1990er Jahren zunehmend damit, Brücken zwischen Transitional Justice und anderen Bereichen, wie „Ziviler Konfliktbearbeitung", „Post-Conflict Reconstruction" sowie der Entwicklungszusammenarbeit, zu schlagen und auf dieser Basis neue Policies zu implementieren.[494] Immer neue NGOs begannen sich dem neuen Feld von Transitional Justice im Rahmen einer „comprehensive transitional justice" zu widmen und sich auch darüber hinaus der Themen „rule of law" und „human rights" anzunehmen: Im Jahr 1998 wurde etwa das Center for Justice and Accountability (CAJ) gegründet, 2001 folgte das International Center for Transitional Justice (ICTJ) und 2005 das Global Justice Center (GJC).[495] Auch eine Vielzahl von wissenschaftlichen Einrichtungen und bereits etablierte NGOs (beispielsweise die Open Society Justice Initiative) befassten sich nun eingehender mit der Aufarbeitung und Ahndung von Makrogewalt.[496]

---

[492] Kayser-Whande & Schell-Faucon (2008): 12. Zu dem wachsenden Interesse an „Versöhnung" s.a. Wilson (2003).

[493] Zu US-Aid und Transitional Justice s. http://www.usaid.gov/what-we-do/democracy-human-rights-and-governance; zum „Zivilen Friedensdienst" (ZFD) im Rahmen der GIZ s. http://www.giz.de/Entwicklungsdienst/de/downloads/giz2012-ZFDimFokus_ZFD_im_Kontext_von_Transitional_Justice.pdf (letzter Zugriff: 1.11.2013).

[494] Vgl. etwa Bleeker (2006), DeGreiff & Duthie (2009), Davis (2010) sowie Servaes & Zupan (2010).

[495] http://www.caj.org; http://www.ictj.org; http://www.globaljusticecenter.net (letzter Zugriff: 1.11.2013).

[496] S. hierzu etwa die Website des Transitional Justice Institute der University of Ulster, http://www.transitionaljustice.ulster.ac.uk/tji_resources.html (letzter Zugriff: 1.11.2013).

Die allgemeine Zunahme von (I)NGOs in der World Polity[497], die als aktive Agenten weltkulturelle Rationalisierungsprozesse vorantrieben und als rationale Andere die Verbreitung von Weltkultur in den verschiedensten Bereichen förderten, manifestierte sich auch im Feld von Transitional Justice. Der explizite Anspruch, Staaten und internationale Organisationen in der Aufarbeitung und Ahndung von Makrogewalt zu beraten und anzuleiten, lässt sich ihren Selbstdarstellungen entnehmen. Das ICTJ schreibt etwa: „ICTJ works with policymakers at the local, national, and international levels, whose decisions can have profound impact on transitional justice. We provide advice and analysis to help them formulate policy."[498] Und das CAJ, dass sich als Teil eines „global justice movement" begreift, hält mit Blick auf ihre Expertise fest: „We have built a unique network of partners which includes medical professionals, therapists, military and forensic experts, refugee groups, law school clinics, and other human rights non-governmental organizations."[499]

Enlang dieser Fluchtlinien einer Erweiterung des Feldes lässt sich ablesen, wie „explosionsartig" dieser Prozess in relativ kurzer Zeit verlaufen ist. Tatsächlich würde die detaillierte Darstellung einer „comprehensive transitional justice" wohl leicht alleine umfassende Bücher füllen.[500] Um nicht die Grenzen einer Analyse zu sprengen, deren Anspruch ohnehin gerade nicht in der eingehenden Präsentation einzelner Facetten liegt, sei an dieser Stelle nur auf zwei Aspekte dieser neuen multi- dimensionalen Transitional Justice eingegangen.

„Local ownership" und „local approaches"

Einer der zentralen Punkte in der Entwicklung neuer Konzepte und Modelle von Transitional Justice bestand in der Betonung lokaler Handlungsfähigkeit und Verantwortung sowie der Problematisierung des Verhältnisses zwischen internationalen und lokalen/nationalen Ansätzen. In einer Debatte um „global norms und local agency"[501] wurde etwa der finanzielle Einfluss internationaler Geber[502] oder die Rolle internationaler Expertinnen[503] thematisiert und auf die Notwendigkeit und das Potential der aktiven Einbindung lokaler Akteure abgestellt. Verstärkt kreiste die Diskussion auch um Fragen nach dem spezifisch

---

[497] S. hierzu Boli & Thomas (1999a).

[498] http://ictj.org/our-work/policy-relations (letzter Zugriff: 1.11.2013).

[499] http://www.cja.org/article.php?list=type&type=86 (letzter Zugriff: 1.11.2013).

[500] Das bereits oben zitierte Papier von Kayser-Whande & Schell-Faucon (2008), das nur einen Überblick über den damaligen Stand geben möchte, umfasst bereits mehr als 70 Seiten.

[501] Kayser-Whande & Schell-Faucon (2008): 46f.

[502] Oomen (2005).

[503] Baylis (2008).

„westlichen" Charakter von Konzepten wie etwa „Accountability" und der Bekämpfung von Straflosigkeit und ihrer Bedeutung für nicht- westliche Kulturen. Das Argument von Tutu im Zusammenhang mit der TRC, jene entspreche einer afrikanischen Ethik von „ubuntu", die den retributiven Vorstellungen „des Westens" entgegenstehe[504], lässt sich gewissermaßen als früher Ausdruck einer kulturkritischen Sichtweise verstehen, die sich nach und nach unter verschiedenen Akteuren verbreitete.

In der Praxis war in der Folge ein zunehmendes Interesse an „local resources and neo-traditional approaches"[505] zu beobachten.[506] So kann beispielsweise auf ein Abkommen zwischen den Konfliktparteien in Uganda verwiesen werden, in dem die „Lords Resistance Army" und die Regierung folgendes festgehalten haben:

> „Traditional justice mechanisms, such as Culo Kwor, Mato Oput, Kayo Cuk, Ailuc and Tonu ci Koka and others as practiced in the communities affected by the conflict, shall be promoted, with necessary modifications, as a central part of the framework for accountability and reconciliation."[507]

Ein weiteres, noch prominenteres Beispiel stellten die Gacaca- Tribunale in Ruanda dar. Dieses ursprünglich als Konfliktlösungsmechanismus für Gemeinschaftsdispute eingesetzte, traditionelle Instrument wurde von der ruandischen Regierung im Rahmen ihrer Politik der Einheit und Versöhnung für eine umfassende Strafverfolgung des Genozids rekonzeptionalisiert.[508] Auch in den Policies internationaler Akteure finden sich ab den späten 1990er Jahren immer wieder Formulierungen, die auf die Bedeutung „traditioneller" Praxen im Zusammenhang mit Recht und Gerechtigkeit, Versöhnung und Konfliktlösung abstellen und/oder eine bessere Vermittlung von internationalen Normen und Konzepte mit lokalen Gegebenheiten einfordern. So heißt es etwa in einem UN-Papier: „We must learn as well to eschew one-size-fits all formulas and the importation of foreign models, and, instead, base our support on national assesments, national participation and national needs and aspirations."[509]

Hinter dieser Entwicklung steht durchaus eine selbstreflexive Wahrnehmung des zunehmenden Einflusses weltkultureller Tendenzen auf einzelne Transitional Justice- Prozesse seitens rationaler Anderer. Auch spielte sicherlich das

---

[504] Vgl. hier Kapitel 4.9.
[505] Kayser-Whande & Schell-Faucon (2008): 48f.
[506] Vgl. Baines (2007); Senier (2008); Mekonnen (2010); Huyse und Salter (2008).
[507] Huyse (2008): 1.
[508] Ausf. zu den Gacaca-Gerichten vgl. stellvertretende für viele Burnet (2011); Drumbl (2007: 85ff); Clark (2007, 2008); Tiemessen (2004).
[509] „The Rule of Law and Transitional Justice in Conflict and Post-Conflict Societies", UN Doc. S/ 2004/616, Summary.

wachsende Interesse anthropologischer und sozialwissenschaftlicher Forschungszusammenhänge an dem Feld eine wichtige Rolle, die alte Konzepte und Theorien hinterfragten und neue in die Diskussion einbrachten. Mit Blick auf die genannten Beispiele lässt sich auch die durchaus kalkulierende Interessenspolitik nationaler Eliten als ein weiterer Faktor identifizieren.[510] Aus einer neoinstitutionalistischen Perspektive heraus scheint jedoch insbesondere der Punkt relevant, dass diese umfassende Hinwendung zu „dem Lokalen" offenbar vor allem weltkulturellen Entwicklungen in anderen rationalisierten Feldern zuzuschreiben ist, auf die in der Theorie und Praxis stark Bezug genommen wurde.

So waren bereits Mitte der 1990er Jahre im Zusammenhang mit Konzepten von Entwicklung und Entwicklungszusammenarbeit Stimmen laut geworden, welche eine bessere Anbindung und Abstimmung von internationalen Policies mit den besonderen Eigenheiten lokaler Kontexte einforderten. In einem 1996 von der „Organization for Economic Co-operation and Development" (OECD) herausgegebenen Policy-Papier heißt es etwa mit Blick auf globale Anstrengungen im Rahmen einer nachhaltigen soziökonomischen Entwicklung, dass diese in „individual approaches that reflect local conditions and locally-owned development strategies"[511] umgesetzt werden sollten. In den folgenden Jahren setzte sich nach und nach die Rede von „local ownership" durch, einem bisweilen recht unscharfen Konzept, das im Kern für eine (bessere) Inklusion jeweils lokaler Akteure in internationale Projekte steht. „Local ownership encompasses (...) different components of local involvement, participation, capacity, accountability and empowerment"[512] schreibt etwa Béatrice Pouligny im Zusammenhang mit humanitärer Hilfe. Solche oder ähnliche Formulierungen finden sich auch immer wieder im Zusammenhang mit Peacebuilding-Policies.[513]

Hannah Reich zufolge steht das Konzept von „local ownership" in einem Zusammenhang mit einer generellen Reflexion auf die Nachhaltigkeit von Interventionspraxen sowie einer stärkeren Berücksichtigung der gesellschaftlichen (im Gegensatz zu einer rein staatlichen) Ebene in internationalen Policies.[514] Neben dieser eher funktionalistischen Sichtweise betont sie allerdings auch den stark normativen Gehalt von „local ownership":

> „(...) [G]iven the history of colonisation and global economic inequality and the current pattern of international relations and cooperation, (...) the demand for local

---

[510] So etwa hinsichtlich der Gacaca-Tribunale Burnet (2011).
[511] OECD (1996): 2.
[512] Pouligny (2009): 9.
[513] Vgl. De Coning (2013); Richmond (2010): 26f.
[514] Vgl. Reich (2006).

ownership (...) is meant to question patronizing attitudes and stop undue interference at the critical juncture of the present."[515]

Damit lässt sich „local ownership" als eine spezifische Ausformung transzendentaler weltkultureller Werte wie Gerechtigkeit und Gleichheit verstehen. In diesem Sinne stellt die Inkorporation des Konzeptes auch eine Reaktion auf die Wahrnehmung faktischer Ungleichheiten dar, die in Kontrast zu hochgradig kognitiv legitimierten Vorstellungen von Universalität in Bezug auf diese Werte stehen.

Gerade in einem Aspekt, der zunächst scheinbar in Diskrepanz mit der Einbindung in die universalistische World Polity steht, zeigt sich also der Einfluss weiterer weltkultureller Modelle und anderer Bereiche der institutionellen Ordnung (wie etwa der Entwicklungszusammenarbeit). Wie stark der Institutionalisierungsprozess von Transitional Justice inzwischen von den vielfältigen Entwicklungen in der World Polity geprägt wurde, die sich zwischenzeitlich ergeben hatten, zeigt sich auch in einem weiteren Aspekt der neuen „comprehensive transitional justice": der neuen Aufmerksamkeit für traumatisierte Opfer. Wie schließlich zu sehen sein wird, lässt sich dabei auch verstärkt die spezifische Konturierung von Makrogewalt durch eine zunehmend rationalistische Transitional Justice verdeutlichen.

Traumatisierte Opfer

Mit der Fixierung auf einzelne Täter im Rahmen von Strafprozessen spielte das weltkulturelle Modell des rationalen Individuums und das Prinzip des Individualismus bereits eine zentrale Rolle für die Institutionalisierung von Transitional Justice. Eine derartige Anbindung an die World Polity lässt sich nun auch zunehmend mit Blick auf das individuelle Opfer und das Konzept der Opferschaft feststellen.[516] Wie oben geschildert, war eine stärkere Opferzentrierung ein wesentlicher Faktor in der Institutionalisierung - und damit auch Legitimierung - von Wahrheitskommissionen. Dies ging insbesondere mit einer Kritik an Strafprozessen und Konzepten von „retributive justice" einher. Auch im Menschenrechtssystem der UN wurde dem Opfer etwa mit Blick auf die 1985 verabschiedete „Declaration of Basic Principles of Justice for Victims of Crime and Abuse of Power"[517] bereits recht früh besondere Aufmerksamkeit

---

[515] Ibid.: 8.
[516] Vgl. Bonacker et al. (2011); Bonacker (2012).
[517] UN Doc. A/RES/40/34.

geschenkt, die in der Folge durch weitere Verlautbarungen, Resolutionen und Entwürfe gestärkt wurde.[518]

Wie stark etwa seit Mitte der 1990er Jahre die Hinwendung zu einzelnen Opfern als relevante Akteure im Rahmen von Transitional Justice ausgefallen ist und welche zentrale Bedeutung Weltkultur in dieser Entwicklung zukommt, hat Thorsten Bonacker herausgearbeitet.[519] Er weist unter anderem darauf hin, dass sich diese institutionelle Verbindung insbesondere in der Tatsache zeigt, dass sich eben kein kollektivistisches, sondern ein individualistisches Modell von Opferschaft etabliert hat. In genereller Hinsicht drückt sich ihm zufolge die gesteigerte Bezugnahme auf Opfer in einer Institutionalisierung des „Charismas des Opfers" aus, worunter „der Umstand verstanden [wird], dass Aussagen und Bezeugungen eines Opfers in erster Linie aufgrund des Opferstatus Geltung beanspruchen können."[520] Auf Basis dieser Zuschreibung werden einzelne betroffene Menschen nicht (mehr) nur als passive Rezipienten, sondern als Trägerinnen eines besonderen Handlungspotentials in der Aufarbeitung und Ahndung von Makrogewalt wahrgenommen. Wie später noch zu sehen sein wird, findet dies insbesondere in (völkerstraf-)rechtlichen Entwicklungen Widerhall.

Ein weiterer Aspekt, in dem sich die neue Bedeutung von Opfern bzw. Opferschaft in Zusammenhang mit der Entwicklung einer „comprehensive transitional justice" in besonderer Weise zeigt, ist das Konzept des Traumas, das in den letzten Jahrzehnten im Zusammenhang mit Transitional Justice immer wichtiger geworden war.[521] Mit der Einführung von „Post Traumatic Stress Disorder" (PTSD) in das Handbuch der American Psychatric Association war 1980 erstmals eine nicht-selbstverschuldete Opferschaft anerkannt worden[522], was den Weg bereitete, um Trauma überhaupt als ein relevantes Phänomen im Kontext von Makrogewalt zu betrachten. Wie Kayser-Whande und Schell-Faucon ausführen, fand im Anschluss daran zunächst die Beschäftigung mit Trauma und Traumatisierung hauptsächlich innerhalb des psychologischen und medizinischen Feldes statt.[523] Erst ab etwa den 1990er Jahren erhielt „Trauma Work" dann verstärkt Einzug in humanitäre Policies und den Bereich der Konflikttransformation.[524] Über diese Felder sowie eine Fokussierung auf symbolische Wie-

---

[518] Schabas (2011): 325ff.
[519] Vgl. Bonacker (2012).
[520] Ibid.: 8.
[521] Bonacker (2012): 21ff.
[522] Vgl. Friedman et al. (2010).
[523] Kayser-Whande & Schell-Faucon (2008): 31. Für eine ausführliche historische Analyse des Trauma-Konzeptes s. Fassin & Rechtman (2009).
[524] Ibid.

dergutmachung im Rahmen der Institutionalisierung von „Reparations"[525] erhielt
das Konzept schließlich auch Einzug in Transitional Justice. Diskutiert wird
„Trauma" und PTSD dort vor allem im Zusammenhang mit „healing" und
„reconciliation".[526] „Trauma Work" wird heute in eigenständigen psychothera-
peutischen Maßnahmen zivilgesellschaftlicher und internationaler Organisationen oder im Kontext von anderen Transitional Justice Maßnahmen wie Gerichtsverfahren oder Wahrheitskommissionen implementiert.

Gerade mit Blick auf die Konzepte von Trauma bzw. Traumatisierung zeigt
sich eine besonders individualistische Perzeption der Folgen von Makrogewalt
als einer Verletzung der „physischen und psychischen Integrität"[527], die gewissermaßen als medizinisch-psychologisches Komplement zu ebenfalls individua-
listischen rechtlichen Konzeptionen steht, wie sie von den Menschenrechten bis
zum Statut von Rom heute im Völkerrecht verankert sind. Bonacker hält fest:
„(...) [D]ie psychologische Konzeption traumatischer Erfahrungen führt dazu,
Massengewalt als eine individuelle Verletzung eines Opfers zu betrachten, dem
geholfen und in dessen Namen interveniert werden muss."[528] Umfassende Verbrechenskomplexe werden somit nicht nur als von individuellen Tätern begange-
ne Gewaltakte interpretiert und gedeutet. Die Folgen der Gewaltausübung werden damit als spezifisch individueller „Schaden" begreiflich.

Auch der rationalistische Charakter einer weltkulturell institutionalisierten
Transitional Justice wird hier nochmals eindrücklich, wird doch die Verletzung,
die Menschen durch Makrogewalt erfahren, in universeller Hinsicht als ein rational behandelbares Phänomen begriffen.

> „Contemporary society now accepts without question the notion that psycholo-
> gists and psychiatrists intervene in situations of war and disaster, in cases of excep-
> tional or even everyday violence. No one seems astonished when mental health pro-
> fessionals leave their care centers and consulting rooms to attend to the ‚psychically
> wounded' in debriefing spaces."[529]

Was Didier Fassin und Richard Rechtman hier eindrücklich auf den Punkt bringen, sind die Konturen der „therapeutischen Weltgesellschaft"[530]. Trauma; das
traumatisierte Opfer und Traumaarbeit verweisen auf eine rational begreif- und
analysierbare Verletzung. Das erlittene Leid erscheint damit als etwas, dass zumindest in Teilen durch universelle, weltweit gültige Konzepte gelindert werden

---

[525] Zu Geschichte von „global reparations politics" vgl. Torpey (2006).
[526] Kayser-Whande & Schell-Faucon (2008): 31.
[527] Bonacker (2012): 22.
[528] Ibid.
[529] Fassin & Rechtman (2009): 4.
[530] Medico International (1997).

kann, die prinzipiell unabhängig von der Identität des zu therapierenden Menschen umgesetzt werden können.

Weltkulturelle Verflechtungen I

Die zunehmende Rationalisierung der Aufarbeitung und Ahndung von Makrogewalt im Zuge einer „comprehensive transitional justice" führte also zu einer tendenziellen Abwendung von einem „klassischen Paradigma" im Umgang mit Makrogewalt und zur Entwicklung und Inklusion neuer Skipte jenseits der zentral institutionalisierten Strafverfahren und Wahrheitskommissionen. In den Policies internationaler Akteure sowie im wissenschaftlichen Diskurs wird dabei zunehmend die Anbindung an andere rationalisierte Felder hergestellt. Neben den oben diskutierten „lokalen Ansätzen" und der Traumaarbeit wäre diesbezüglich vor allem noch ein verstärktes Augenmerk auf Genderaspekte[531] oder auch Konzepte wie „Security Sector Reform" (SSR), „Demobilisation, Disarmament and Reintegration" (DDR), „Memory Work" oder „Dialogue and Encounter Work" zu nennen.[532] Ebenso wird ein verstärktes Augenmerk auf die eigentlich „alten", aber als eigenständige Maßnahmen etwas „vernachlässigten" Politiken von „Lustration"/„Vetting" und Reparationen gelegt.[533] Die Erweiterung des Feldes führt zusätzlich zu den Debatten um das ICTY und das ICTR sowie zu den auch schon zuvor bestehenden Diskussionen im Rahmen des „klassischen Paradigmas" zu beständigen Kontroversen und neuen Innovationen im Umgang mit Makrogewalt. Eine dieser Neuerungen besteht etwa in der Kombination von Wahrheitskommissionen und Gerichtsverfahren, wie sie etwa in Osttimor oder Sierra Leone erprobt wurden.[534] Gerade auch in rechtlicher Hinsicht - und damit dem Bereich, der innerhalb des Institutionalisierungsprozesses die wohl längste „Tradition" aufweist, lassen sich grundlegende Neuerungen feststellen, wie im Folgenden mit Blick auf die „hybriden Tribunale" und die Einrichtung des ständigen Internationalen Strafgerichtshofes gezeigt werden soll.

4.13 Recht auf neuen Wegen: Die hybriden Tribunale und der ICC

Mit der Einrichtung der internationalen Strafgerichtshöfe hatte sich das Völkerstrafrecht knapp 50 Jahre nach Nürnberg eindrucksvoll in der Weltpolitik zu-

---

[531] Zum Thema Gender in Transitional Justice s. Buckley-Zistel & Stanley (2011).
[532] Kayser-Whande & Schell-Faucon (2008): Kapitel 3.
[533] DeGreiff (2008); DeGreiff & Mayer-Rieckh (2007).
[534] Sunga (2009).

rückgemeldet. Das ICTY und das ICTR stellten allerdings erst den Anfang einer rechtspolitischen Entwicklung dar, die sich mit verschiedenen hybriden Tribunalen fortsetzte und ihren vorläufigen Höhepunkt in der Konstituierung des ständigen Internationalen Strafgerichtshofes („International Criminal Court", ICC) fand.

In diesem letzten Unterkapitel zur Analyse der Globalisierung in ihrem konkreten historischen Verlauf wird das Augenmerk auf diese Institutionen des internationalen Rechts gerichtet werden. Dabei soll dargestellt werden, inwiefern sie sowohl an die Institutionalisierungstendenzen im Rahmen der ad-hoc Tribunale anknüpfen als auch von den neuen Entwicklungen im Rahmen einer multidimensionalen Transitional Justice beeinflusst wurden.

Die hybriden Tribunale

Nach den IMTs und den ad-hoc Tribunalen konnte sich Ende der 1990er Jahre eine dritte Generation internationaler Straftribunale etablierten.[535] So genannte „hybride Tribunale" oder „internationalisierte Tribunale"[536] sind Einrichtungen, die in von Fall zu Fall unterschiedlichem Maße sowohl nationales wie auch internationales Recht anwenden[537] als auch in ihrem Aufbau, ihrer Organisation und personellen Zusammensetzung auf nationale und internationale Strukturen bzw. Personen zurückgreifen: „Blending the international and the local, existing hybrids are products of judicial accountability-sharing between the states in which they function and international entities, particularly the UN."[538] Neben diesen Merkmalen eint sie, dass sie, wie auch der ICTR und der ICTY, in ihrer Gerichtsbarkeit in zeitlicher und geographischer Hinsicht begrenzt sind.[539] In ihrem Aufbau, ihrer Zuständigkeit und dem angewandten Recht unterscheiden sich die Tribunale, die bislang für Kambodscha, Kosovo, Osttimor, Sierra Leone, Bosnien-Herzegowina, Libanon und Irak eingerichtet wurden, allerdings deutlich.[540]

---

[535] Higonnet (2006): 352.
[536] Zu den Feinheiten in der Unterscheidung hybrider und internationaler Tribunale (die an dieser Stelle nicht maßgeblich für die Analyse sind) vgl. etwa Scharf (2007): 2.
[537] Dadurch wird auch der strafrechtliche Umgang mit Makrogewalt ausgeweitet, wenn etwa „Mord" oder andere „gewöhnliche" Straftaten in Verbindung mit Makrogewalt gebracht werden. Die vielleicht bemerkenswerteste - und umstrittenste - Entscheidung fiel vor dem „Special Tribunal for Lebanon", wo die „Appeals Chamber" unter Judge Antonio Cassese dargelegt hat, dass Terrorismus als internationaler (!) Straftatbestand aufzufassen ist (Scharf, 2011).
[538] Higonnet (2006): 352.
[539] Drychs (2008): 102f.
[540] Nouwen (2006): 193.

Mit Blick auf die Institutionalisierung von Transitional Justice besteht der interessante Punkt jenseits aller rechtspolitischen und rechtswissenschaftlichen Aspekte darin[541], dass diese Tribunale in bemerkenswerter Weise unterschiedliche Modelle und Skripte innerhalb des rationalisierten Feldes miteinander in Verbindung bringen. Konkret sind hier einerseits das Strafverfahren in seiner nationalen und internationalen Ausprägung und andererseits die neue Bedeutung „des Lokalen" und des Opfers zu nennen. Eine mangelnde Anbindung an lokale Strukturen und die Vernachlässigung von Opferinteressen waren zentrale Kritikpunkte an den ad-hoc Strafgerichtshöfen:

> „International tribunals lack accountability and perceived legitimacy in relation to the victim population since they often respond most readily to their patrons – the international community - and only incidentally to victims. International tribunals also risk a lack of national ownership in the process, since they do not necessarily involve the local population."[542]

Die hybriden Tribunale stellen in gewisser Hinsicht eine praktische Antwort auf diese Kritik dar.[543] Bezüglich der Beteiligung von Opfern in den Prozessen stellen insbesondere die ECCC in Kambodscha einen Meilenstein dar.[544]

Durch die Einrichtung aller hybriden Tribunale hindurch spielte aber vor allem der Aspekt von „local ownership" bzw. eine spezifische Anbindung an lokale Kontexte eine sehr wichtige Rolle. Selbst wenn nicht alle Tribunale direkt in den jeweiligen (Post-)Konfliktländern angesiedelt wurden, so berücksichtigen sie doch nationale Rechtskulturen deutlich stärker, bemühen sich um die Einbeziehung lokaler Juristinnen und anderer Kräfte und erhalten die Aufgabe lokalen „capacity buildings".[545] In diesem Sinne stellen hybride Tribunale zusammen und jedes für sich „most recent step[s] in (...) [a] process of creative adaption"[546] im Feld von Transitional Justice dar.

Der ICC

In der Einrichtung der hybriden Tribunale zeigt sich letztlich auch, wie schnell und wie umfassend sich das Völkerstrafrecht ab den 1990er Jahren wieder als

---

[541] Hierzu s. etwa Dickinson (2003); Higonnet (2006); Raub (2009).

[542] Raub (2009): 1020f.

[543] Ein weiterer zentraler Punkt waren die hohen Kosten der Strafgerichtshöfe, die eine gewisse „Geber-Müdigkeit" ausgelöst hatten (Higonnet, 2006: 1). Die jährlichen Kosten des ICTY betrugen ca. 150 Millionen US-Dollar, die des ICTR 120 Millionen (Safferling, 2011: 61f).

[544] Vgl. Bonacker et al. (2011).

[545] Vgl. Higonnet (2006).

[546] Dickinson (2003): 310.

Institution im Rahmen von Transitional Justice durchsetzen konnte. Nach der langen Periode, in der die internationale Strafjustiz im Grunde kaum eine Rolle gespielt hatte, stand sie zur Jahrtausendwende im Mittelpunkt globaler Unternehmungen zur Aufarbeitung und Ahndung von Makrogewalt.

Sinnbildlich für diese Entwicklung steht sicherlich die Einrichtung des ICC. Die Idee eines solchen ständigen Strafgerichtshofes reicht weit zurück, nämlich bis zu den Anfängen des Kriegsvölkerrechts, und begleitet gewissermaßen die ganze historische Entwicklung des Völker(straf)rechts.[547] Während des Kalten Krieges war die von den UN eingesetzte Völkerrechtskommission („International Law Commission", ILC) seit den späten 1940er Jahren mit der Formulierung eines Entwurfs für ein Statut betraut gewesen, den sie auch 1954 vorlegen konnte.[548] Doch die Entstehung des ICC war in der Folgezeit nur ein weiteres „Opfer" der Weltpolitik des Kalten Krieges. Erst ab den 1980er Jahren wurden die Entwicklung wieder aufgenommen und ab 1994 verstärkt vorangetrieben.[549] Nach einigen Vorbereitungsarbeiten kamen schließlich 1998 in Rom Vertreterinnen von mehr als 160 Staaten und hundert NGOs auf einer diplomatischen Konferenz zusammen, die schließlich das dem ICC zugrunde liegende Statut („Römisches Statut" oder auch „Rom-Statut" genannt) verabschiedeten.[550] Der ICC wurde zwar letztlich von einer breiten Koalition von Staaten getragen, einer Art „Koalition der Willigen" für die globale Durchsetzung des Völkerstrafrechts im Rahmen einer internationalen Organisation. Jenseits aller staatlichen Bestrebungen war es aber vor allem auch die globale Zivilgesellschaft[551], die sich 1995 zu einer bis heute aktiven „Coalition for the International Criminal Court" (CICC)[552] zusammengeschlossen hatte, welche die Etablierung des ICC maßgeblich vorangetragen hat.

Neben dieser von einer breiten Allianz getragenen Agentschaft für das Völkerstrafrecht war es insbesondere der Modellcharakter der ad-hoc Tribunale, der die Schaffung des ICC ermöglichte. Neben dem Einfluss, den sie in begrenztem Maße durch ihre Rechtsprechung auf das dem internationalen Strafgerichtshof zugrunde liegende Rom-Statut hatten, dienten die Gerichtshöfe als eine Blaupause für die Ausgestaltung des ICC: „(...)[T]he Tribunals (...) provided a reassuring

---

[547] Vgl. Maogoto (2009).

[548] Schabas (2011): 9.

[549] Ibid. 10ff.

[550] Ibid. 18ff. Das Römische Statut findet sich in UN Doc. A/CONF.183/9*.

[551] Konkret beispielsweise durch AI, Human Rights Watch (HRW), das ICRC, das Lawyer's Committee for Human Rights und das International Peace Bureau, die wichtige Einwürfe in die Debatte eingebracht hatten, vgl. Struett (2008): 87. S. a. Glasius (2006).

[552] S. http://www.iccnow.org (letzter Zugriff: 1.11.2013).

model of what an international criminal court might look like."[553] Mit dem ICTY und dem ICTR war ein internationaler Strafgerichtshof also ein Stück weit weniger „Phatasiegebilde" geworden. Jenseits des „rechtlichen Kerns" demonstrierten sie gewissermaßen die administrativen Abläufe, die Fallstricke des Tagesgeschäfts und das Agieren internationaler Strafgerichtshöfe im Rahmen realpolitischer Auseinandersetzungen. Dadurch schufen sie eine Grundlage für Entscheidungen über die mögliche Konstitution des Gerichts, und der ICC wurde als rechtlich-politische Idee greifbar.

Verglichen mit den genannten anderen internationalen Tribunalen fällt das bisherige „Output" des ICC relativ bescheiden aus. Zwar ist der in Den Haag angesiedelte Gerichtshof gegenwärtig immerhin in acht nationalen Situationen aktiv (Uganda, Sudan, Kongo, Zentralafrika, Kenia, Libyen, Mali, Elfenbeinküste).[554] Doch wurden bisher erst zwei Urteile gefällt[555]: Thomas Lubanga Dyilo wurde wegen der Rekrutierung von Kindersoldaten zu 14 Jahren Haft verurteilt[556]; Mathieu Ngudjolo wurde aus Mangel an Beweisen freigesprochen.[557] Beide Verfahren befinden sich gegenwärtig in Berufung. Nichtsdestotrotz muss gerade aus einer institutionalistischen Perspektive auf die Globalisierung von Transitional Justice heraus festgestellt werden, dass die Bedeutung des ICC für diesen Prozess erheblich war.

Zuerst wurde, auch wenn der Gerichtsbarkeit des ICC durchaus Schranken gesetzt sind[558], die Notwendigkeit des Handelns angesichts bestimmter Formen massiver Gewalt und Gräueltaten seitens einer Vielzahl von Akteuren der Weltgesellschaft bestätigt und damit die Norm zur Aufarbeitung und Ahndung von Makrogewalt weiter legitimiert. Zweitens wurde mit Genozid, Verbrechen gegen die Menschlichkeit, Kriegsverbrechen und dem Verbrechen der Aggression[559]

---

[553] Schabas (2011): 13.

[554] S. hierzu die Internetpräsenz des ICC (http://www.icc-cpi.int/EN_Menus/icc/Pages/default.aspx, letzter Zugriff: 1.11.2013).

[555] Der ICC hat allerdings eine Reihe weiterer Entscheidungen getroffen, die aus rechtswissenschaftlicher Sicht (und damit auch für die Details der Institution Völkerstrafrecht bzw. internationale Strafjustiz) wichtig sind.

[556] ICC-01/04-01/06

[557] ICC-01/04-02/12

[558] So gilt etwa das Komplementaritätsprinzip, demgemäß der ICC nur dann tätig werden darf, wenn nationale Gerichte nicht in der Lage oder Willens sind, die Taten zu verfolgen. Auch gilt das Universal- bzw. Weltrechtspflege-Prinzip nicht, und Straftaten dürfen entsprechend nur gemäß dem Territorialitäts- bzw. Personalitätsprinzip verfolgt werden. Ausf. hierzu etwa Schabas (2011): 58ff.

[559] Zu den Delikten vgl. Safferling (2011): 65f. Das Verbrechen der Aggression ist allerdings erst ab 2017 justiziabel, wenn es bis zu diesem Zeitpunkt von mindestens 30 Mitgliedstaaten erneut ratifiziert wurde, vgl. ibid.: 248.

nicht nur die Illegitimität bestimmter Akte von Makrogewalt, sondern auch eine weltkulturelle Kategorisierung und Zuschreibung von Gewaltphänomenen bestätigt. Und drittens wurde das Strafverfahren gegen individuelle Personen als legitimes Skript zum Umgang mit diesen Formen von Makrogewalt weiter gestärkt. Wie mit Blick auf die oben stehenden Ausführungen in diesem Kapitel deutlich geworden sein sollte, stellt keiner dieser drei Aspekte an sich eine besondere institutionelle Neuerung dar. Doch angesichts der Bedeutung, mit der der internationale Strafgerichtshof aufgrund seiner Geschichte aufgeladen ist, und der breiten Allianz unterschiedlicher Akteure der Weltgesellschaft, die seine Einrichtung forciert und getragen haben, wurde ein signifikanter Schritt hin zu der weiteren kognitiven Institutionalisierung und regulativen Absicherung dieser Aspekte gemacht. Insofern lässt sich mit Boli und Lechner festhalten: „By promising to undertake globally authorized action according to globally accepted norms against globally defined evils, the ICC significantly advances the evolution of ‚world law'."[560]

Neue Konzeptionen von Gerechtigkeit

Ein Punkt, der bereits mit Blick auf die ad-hoc Tribunale im Kontext der Institutionalisierung von Transitional Justice interessant ist, ist der Wandel der mit ihnen und dem Völkerstrafrecht verbundenen Gerechtigkeitsidee. Zunächst stehen die internationalen Strafgerichtshöfe zwar für die Fortsetzung der Idee retributiver Gerechtigkeit im Kontext von Genozid sowie Menschlichkeits- und Kriegsverbrechen. In dieser Übertragung der Handhabung „gewöhnlicher" Krimineller auf den Umgang mit Makroverbrechen unterscheidet sie ganz grundsätzlich zunächst nichts von den IMTs der 1940er Jahre.[561] Doch haben sich die Idee und das Konzept „retributive Gerechtigkeit" inzwischen deutlich gewandelt. Wie etwa Mark Drumbl ausführt, ist der Aspekt der globalen „Abschreckung" („deterrence") in diesem Zusammenhang heute weitaus relevanter als zu früheren Zeiten.[562] Zudem wurde insbesondere im Rahmen des ICTY die Bestrafung der Täter weniger als Schuldausgleich verstanden, sondern als ein Ausdruck der Verurteilung und Empörung der internationalen Gemeinschaft.

> „(...) [T]his understanding moves retribution in the direction of expressivism (...). The expressivist punishes to strengthen faith in rule of law among the general pub-

---

[560] Boli & Lechner (2005): 217.
[561] Drumbl (2007): 50.
[562] Ibid.: 60.

lic, as opposed to simply punish because the perpetrator deserves it or will be deterred by it."[563]

Benjamin Schiff geht einen Schritt weiter, wenn er herausstellt, dass die Tribunale zwar ursprünglich in einem alten (retributiven) Paradigma von Gerechtigkeit konzipiert wurden, im Laufe der Zeit aber auch restorative Aspekte in ihre Praxis inkludiert hätten.[564] Nicht zuletzt führten die durch den Aufstieg der Wahrheitskommissionen geförderten Ideen restorativer Gerechtigkeit dazu, dass die Abwesenheit derartiger Komponenten am ICTY und dem ICTR kritisiert wurden. Zudem wollten die Verantwortlichen der Tribunale ihre Legitimität in den jeweils nationalen Kontexten stärken, die durch Vorwürfe von Siegerjustiz sowie die räumliche Distanz (der Sitz des ICTY war in Den Haag, der des ICTR in Arusha, Tansania) zu den Orten des Geschehens getrübt war. „Pressures to improve efficency, respond to victims, affect local populations, and contribute to development of legal systems in the conflict areas had led to changes in their operations and expansion of their tasks."[565] Dies zeigt sich Schiff zufolge etwa im Umgang mit „Gender Crimes" sowie der Ein- und Durchführung von Outreach-Programmen, mit denen die „Herzen und Köpfe" der Menschen gewonnen werden sollten.[566]

Der Trend zu erweiterten Konzepten von Gerechtigkeit hat sich insbesondere auch im Rom-Statut fortgesetzt. Im Gegensatz zu den Chartas der ad-hoc Strafgerichtshöfe findet sich hier eine wesentlich stärkere Berücksichtigung von Opfern und Opferinteressen wieder.[567] Schiff spricht in diesem Zusammenhang sowie hinsichtlich einer stärkeren Berücksichtigung von „Gender Crimes" und Gleichstellungspraxen davon, dass traditionelle Ideen retributiver Gerechtigkeit („the old justice paradigm") und neuere Konzepte von „transitional reparative justice in the post-Cold War environment"[568] in das Statut eingeflossen sind. Schabas bezeichnet ähnlich die Inklusion und Berücksichtigung von Opfer(-interessen) als „[o]ne of the great innovations in the Rome Statute"[569]. Schließlich ist auch jenseits des ICC ein deutlich gestiegenes Augenmerk hinsichtlich der Entschädigung von Opfern im Kontext von Transitional Justice zu konstatieren.[570]

---

[563] Ibid.: 61.
[564] Schiff (2008): 60ff.
[565] Ibid.
[566] Ibid.
[567] Vgl. hierzu etwa (2009).
[568] Schiff (2008): 85.
[569] Schabas (2011): 328. S. hierzu auch Safferling (2010).
[570] García-Godos (2008). S.a. Bonacker (2012): 13.

Neben dem bereits genannten Einfluss des weitergehenden Diskurses um Transitional Justice und insbesondere den Entwicklungen im Zusammenhang mit Wahrheitskommissionen, geht der Wandel der Gerechtigkeitsidee auch mit der erweiterten Konzeptionalisierung des Völkerstrafrechts als Bestandteil der Friedens- konsolidierung und -schaffung einher. Anders formuliert ist der Wandel von Vorstellungen über Gerechtigkeit von rein retributiven hin zu „neuen" Aspekten und Ideen in diesem Zusammenhang zum einen ein Indikator für die zunehmende institutionelle Verflechtung verschiedener Aspekte von Transitional Justice innerhalb eines institutionellen Rahmens von „beyond truth vs. justice"[571]. Zum anderen bestätigt die Inklusion neuer Konzepte und Vorstellungen in den Rahmen des Völkerstrafrechts gleichzeitig auch eine Ausweitung des programmatisch-konzeptionellen Gehalts von Transitional Justice und schreibt sie fort: Die Aufarbeitung und Ahndung von Makrogewalt wird mit immer weitergehenden Aspekten verbunden, denen nun Modelle und Skripte genügen müssen.

Weltkulturelle Verflechtungen II

Wie zu sehen war, setzte sich der Trend zu einer zunehmenden institutionellen Verflechtung und Vernetzung im Rahmen des rationalisierten Feldes von Transitional Justice gerade auch hinsichtlich des Völkerstrafrechts fort. Strafjustiz und Strafverfahren stellen, wie in diesem Kapitel insgesamt deutlich geworden ist, fast schon „traditionelle" Kerninstitutionen im Umgang mit Makrogewalt dar und strahlen sicher eine besondere Dominanz innerhalb des Feldes aus.[572] Doch diese Dominanz scheint zumindest in einigen wichtigen Punkten oftmals trügerisch.

Denn nicht nur, dass sich über die Institutionalisierung von Wahrheitskommissionen als legitimes Skript und die Entstehung einer „comprehensive transitional justice" der globale „Maßnahmenkatalog" von Transitional Justice beständig erweitert hatte und sich die Komplexität der institutionellen Feldstruktur deutlich erhöht hatte. Auch der Teilbereich des Rechts selbst war zunehmend von diesen Entwicklungen betroffen. Wenn die Rationalisierung des Umgangs mit massiver Gewalt und Gräueltaten in früheren Phasen der Institutionalisierung von Transitional Justice noch vorwiegend die Inklusion neuer, vormals „externer" Aspekte und Bereiche bedeutet hat, so zeigt sich gerade mit Blick auf rechtliche Entwicklungen das Moment einer „inneren" Rationalisierung des Feldes.

---

[571] Roht-Arriaza & Mariezcurrena (2006).
[572] Es sei diesbezüglich auf die in Kapitel 2 vorgestellten Diskussionen verwiesen.

Bestehende Institutionen müssen zunehmend weiteren institutionalisierten Zwecken und Zielen gerecht werden, und Zuschreibungen an kulturelle Modelle werden beständig ausgeweitet. So wird auch an das Völkerstrafrecht nicht mehr nur die Bestrafung individueller Täter, sondern etwa auch die Sorge um die Opfer, Friedenssicherung und weitere Aufgaben herangetragen, denen die Institution Genüge zu leisten hat.

Beide Aspekte der Rationalisierung des Umgangs mit Makrogewalt führen nun nicht nur zu einer Erhöhung der Komplexität des Feldes, sondern auch zu neuen Konflikten und Kontroversen. An diesem Punkt, an dem die Betrachtung des konkreten historischen Verlaufs nun in der Gegenwart angekommen ist, schließt sich ein Kreis in der Analyse. Denn die Debatten, die in der Betrachtung des Diskurses dargestellt wurden, haben bereits einen Einblick in den umkämpften Charakter dieses weltkulturellen Feldes geboten.[573]

4.14 Zwischenfazit

Etwa ab der Mitte der 1990er Jahre hatte die Phase der Kaskade in der Institutionalisierung von Transitional Justice rasch Fahrt aufgenommen. Nachdem es zuvor vorwiegend die neuen Regime betroffener Staaten sowie Menschenrechtsorganisationen waren, die den Prozess vorangetrieben hatten, waren es nun vor allem auch Drittstaaten und neue internationale Organisationen, die als aktiv Handelnde auftraten. So wurden etwa das ICTY und das ICTR im Rahmen der UN von einer jeweils breiten Koalition getragen, und später trat eine Reihe neuer, teil stark spezialisierter (I)NGOs auf, welche die Durchsetzung und Verbreitung der Aufarbeitung und Ahndung von Makrogewalt beschleunigten.

Wie weit sich inzwischen eine Norm zur Aufarbeitung und Ahndung von Makrogewalt seit Ende der 1990er Jahre durchgesetzt hatte, zeigt sich in der breiten Allianz, die das Rom-Statut und damit die Einrichtung des ICC getragen hatte. Der ständige internationale Strafgerichtshof ist wohl das deutlichste Symbol einer globalisierten Transitional Justice zu Beginn des 21. Jahrhunderts und stellt nicht zuletzt ein eindrucksvolles Bekenntnis der Weltgesellschaft zur Notwendigkeit einer Auseinandersetzung mit massiver Gewalt und Gräueltaten dar. Durch die Weiterentwicklung des Völkerstrafrecht, die sich nicht zuletzt auch im Rom-Statut zeigt, ist die regulative Absicherung des rationalisierten Feldes von Transitional Justice gestärkt und individuelle Strafverfahren als Skript zum Umgang mit Makroverbrechen weiter legitimiert worden.

---

[573] Ibid.

Nachdem bereits im Zuge der ad-hoc Tribunale und der mit ihnen einhergehenden Neuerfindung von Nürnberg das rationalisierte Feld um neue (völkerstraf-)rechtliche Entwicklungen und „Peacebuilding" erweitert wurde, setzte sich in der Folge die Erweiterung des institutionellen Gefüges weiter fort. Über eine steigende Verwissenschaftlichung, die aufgrund der weiteren Diffusion von Transitional Justice auf die Erfahrungen in und die Analyse von neuen Fällen aufbauen konnte, entwickelte sich eine „comprehensive transitional justice". Neue Skripte, neue Ziele, neue Zweck- Mittel-Relationen und der Brückenschlag zu anderen weltkulturellen Modellen sowie rationalisierten Feldern erhöhten die Komplexität des Feldes, das sich zunehmend von einem „klassischen Paradigma" entfernte. Natürlich spielt die Institution der liberalen Demokratie als (einziges) weltkulturell legitimiertes Modell für moderne Nationalstaaten ebenso nach wie vor eine zentrale Rolle wie die „rule of law" und „human rights" im klassischen Sinne. Doch wo etwa zunehmend von „Versöhnung", „Erinnerungsarbeit", traumatisierten Opfern und „neo-traditional approaches" die Rede ist, scheint es fragwürdig, hinsichtlich globaler Transitional Justice von einem liberalen Konzept bzw. Projekt im engeren Sinne zu sprechen.

> „Transitional justice is not a new field of action and inquiry - though it is growing steadily with new facets and ideas. The amount of research published since the mid-1990s is enormous. We may well ask ourselves self-critically why TJ [Transitional Justice, D.P.] has become such a viable ‚industry' in this day and age,"[574]

schrieben Kayser-Whande und Schell-Faucon vor einigen Jahren in ihrem Überblick über den Forschungsstand im Rahmen einer „comprehensive transitional justice". Mit diesem letzten Teil der soziologisch-historischen Analyse der Globalisierung kann eine direkte Antwort auf diese Frage gegeben werden. Wie bereits zuvor hat die World Polity in der Institutionalisierung von Transitional Justice eine zentrale Rolle eingenommen. Sie hat nicht nur, wie bereits zuvor, als eine Instanz von Autorität zur weiteren Durchsetzung von Transitional Justice fungiert. Die fortgesetzte Anbindung an ihre Modelle und transzendentalen Prinzipien hat erst den Raum für neue Rationalisierungstendenzen geöffnet und diese zugleich in hohem Maße forciert. Wie auch in anderen Bereichen der Weltkultur waren die Verwissenschaftlichung und der agenthafte Aktionismus rationaler Anderer die Folge. Über diese Koppelungen war nicht zuletzt auch die Möglichkeit der Bezugnahme auf andere rationalisierte Felder und Bereiche der World Polity gegeben, was zusätzlich zur Erweiterung des Feldes beigetragen hat. Und so kommt es, dass sich in der Gegenwart Transitional Justice als ein umfassen-

---

[574] Kayser-Whande & Schell-Faucon (2008): 57.

des, facettenreiches und von Kontroversen durchzogenes, rationalisiertes Feld in der World Polity präsentiert, das weltweit Geltung und Legitimität beanspruchen kann.

5 Die Ambivalenzen der Globalisierung

„We do not live in a just world. This may be the least controversial claim one could make in political theory. But it is much less clear what, if anything, justice on a world scale might mean, of what the hope for justice should lead us to want in the domain of international and global institutions, and in the policies of states that are in a position to affect the world order."[575]

„Fiat iustitia, et pereat mundus."[576]

Die Analyse der Geschichte der Globalisierung ist nun in dem Sinne abgeschlossen, als die Betrachtung nahezu in der Gegenwart, d.h. in den späten 2000er Jahren, angekommen ist. Nun sollen die im Diskurs wahrgenommen Ambivalenzen des Prozesses genauer in Augenschein genommen werden. Einerseits zeigt sich dort in den Darstellungen von Teitel und vor allem von Sikkink, dass sich einzelne Staaten und Regierungen immer wieder der Ahndung von Makrokriminalität entziehen. Was demnach in diesem Kapitel zur Diskussion steht ist zum einen die Frage, inwieweit sich die Aufarbeitung und Ahndung von Makrogewalt tatsächlich global durchgesetzt hat. Zum anderen wurde in Ansätzen zur Auseinandersetzung mit Transitional Justice als einem liberalen Projekt internationaler Akteure sowie gerade auch mit der lokalen Perspektive der mitunter fragwürdige Einfluss hegemonialer globaler Mechanismen und Normen zur Sprache gebracht. Damit wird beleuchtet werden müssen, in welchem Verhältnis eine weltkulturell institutionalisierte Transitional Justice zu einzelnen lokalen Aufarbeitungsprozessen steht.

Beide Punkte werden nacheinander diskutiert werden. In einem ersten Schritt (5.1) werde ich den Stand der gegenwärtigen Diffusion rekapitulieren und dabei auf neue Tendenzen in der Verbreitung von Transitional Justice aufmerksam machen. Dabei werde ich auch einige neo-institutionalistische Überlegungen zu möglichen Auswegen aus der Ahndung (Amnestien und die Vermeidung von Strafprozessen) präsentieren. Mein Punkt ist an dieser Stelle, dass sich Transitional Justice zwar tatsächlich in beeindruckender Weise global durchgesetzt hat,

---

[575] Nagel (2010): 393.
[576] „Gerechtigkeit soll geübt werden, auch wenn die Welt dabei untergeht." - Dieser Ausspruch wird u.a. Ferdinand I. zugeschrieben (vgl. Sen, 2010: 49).

jedoch keineswegs in umfassender Weise von allen Akteuren der Weltgesellschaft internalisiert wurde.

In einem zweiten Schritt wird schließlich auf die kritischen Argumente und Befunde der „lokalen Perspektive" eingegangen werden (5.2). Hier werde ich in Rückgriff auf meinen analytischen Rahmen die inhärente Tendenz zur Ausblendung „des Lokalen" in Institutionalisierungsprozessen beleuchten. Auch wird das Konfliktpotential einer weltkulturell institutionalisierten Transitional Justice beleuchtet werden. Mein zentrales Argument ist hier, dass einzelne Aufarbeitungsprozesse immer stärker durch die institutionelle Ordnung des rationalisierten Feldes strukturiert werden. Dies kann in der Folge zur Exklusion von Überlebenden sowie lokalen Praxen und der Ausblendung kontextueller Besonderheiten führen. Auf diese Weise zeigt sich eine strukturell angelegte Problematik in der Globalisierung von Transitional Justice.

Wenngleich in diesem Kapitel immer wieder in unterschiedlicher Weise auf verschiedene Konfliktdimensionen hingewiesen wird, besteht mein Anliegen hier nicht darin, eine ausgefeilte neo-institutionalistische Konflikttheorie zu Transitional Justice zu entwickeln. Vielmehr möchte ich vor allem darauf aufmerksam machen, dass sich in der Reflexion auf *beide* ambivalente Tendenzen ein grundlegendes Dilemma aufzeigen lässt, dem Befürworterinnen von Transitional Justice heute gegenüber stehen (5.3). Während die Institutionalisierung auf der globalen Ebene noch nicht zu einer wirklichen Internalisierung von Transitional Justice geführt hat, leitet sie (zu) selbstverständlich die Handlungen von Akteuren der Weltgesellschaft in einzelnen lokalen Situationen an. Akteure und rationale Andere, denen an einer Förderung von globaler Transitional Justice gelegen ist, stehen vor der Herausforderung, die Globalisierung zugleich weiter voranzutreiben und in bestimmten Aspekten zurückzunehmen.

5.1 Zwischen Norminternalisierung und „window dressing"

Aus der Perspektive internationaler Organisationen, vor allem den (I)NGOs in der globalen Zivilgesellschaft, kann es keinen Zweifel mehr geben: Die Aufarbeitung und Ahndung von Makrogewalt ist heute ein zwingendes Gebot. Ihr Aktivismus im Umgang mit massiver Gewalt und Gräueltaten als rationale Andere gründet auf der selbstverständlichen Annahme, dass Gerechtigkeit und Frieden mit Maßnahmen von Transitional Justice umgesetzt werden können. Doch inwieweit wird diese Ansicht auch tatsächlich von Staaten geteilt, von denen schließlich in den meisten Fällen die Gewalt erst ausgeübt wird oder die sie zumindest maßgeblich forcieren? Und bis zu welchem Grad bedeutet eine weitgehende Akzeptanz der Legitimität der Norm auch, dass sich faktisch Makrokriminelle verantworten müssen und die Gräueltaten aufgeklärt werden?

Zur Internalisierung von Transitional Justice durch die Staatengemeinschaft

Zunächst scheint das staatliche Engagement für Transitional Justice immens zu sein. Bis 2007 hatten bereits in mehr als der Hälfte der Staaten der Welt unterschiedliche Akteure der Weltgesellschaft Transitional Justice-Prozesse initiiert, die zum Teil bis heute andauern.[577] In der jüngsten Vergangenheit wurden Maßnahmen zur Aufarbeitung und Ahndung von Makrogewalt etwa im Zuge des sogenannten „arabischen Frühlings" und dem damit verbundenen Ende autoritärer Herrschaft in nordafrikanischen Staaten diskutiert und eingeleitet.[578] Mit Blick auf den Bürgerkrieg in Syrien haben sich bereits zu Beginn des Jahres 2013 58 UN-Mitgliedsstaaten dafür ausgesprochen, dass der UN-Sicherheitsrat die Situation an den ICC übergibt.[579]

Transitional Justice-Prozesse werden heute allerdings nicht nur angesichts aktueller Gewaltphänomene angestrebt. Mit der Auseinandersetzung mit dem Erbe massiver Gewalt wird bisweilen auch in Fällen begonnen, in denen die ausgeübte Makrogewalt bereits weit in der Vergangenheit liegt. Im einleitend zu dieser Arbeit geschilderten Beispiel Kambodschas werden Gräueltaten geahndet, die vor inzwischen fast 40 Jahren begangen wurden. Noch eindrücklicher erscheint die Einrichtung einer Wahrheitskommission in Kanada, die mit der Aufarbeitung von Verbrechen befasst ist, die bis in das frühe 19. Jahrhundert zurückreichen.[580] Auch in Australien steht seit einigen Jahren die Auseinandersetzung mit der zum Teil weit zurückliegenden Gewalt des „settler state" gegen die indigene Bevölkerung zur Debatte.[581] In diesem Zusammenhang scheint auch bemerkenswert, dass Transitional Justice heute nicht mehr allein im Aufbruch aus autoritärer Herrschaft und direkt nach Bürgerkriegen und Genoziden von Akteuren als einschlägig erachtet wird. Es sind nicht nur neue Regime, die in Zeiten des politischen Umbruchs die Verbrechen ihrer Vorgänger aufklären und strafrechtlich verfolgen. Auch in „non-liberal transitions" und „consolidated de-

---

[577] Backer (2009), Olsen et al. (2010).
[578] Fisher & Stewart (2013).
[579] http://www.hrw.org/news/2013/09/17/qa-syria-and-international-criminal-court (letzter Zugriff: 1.11.2013). Ein solches Vorgehen ist insbesondere notwendig, um Untersuchungen und Ermittlungen einzuleiten, weil Syrien das Rom-Status nicht unterzeichnet hat und damit kein Vertragsstaat ist.
[580] Vgl. Nagy (2013).
[581] Vgl. Short (2012).

mocracies" ist ein Wille zur Aufarbeitung und Ahndung von Makrogewalt zu beobachten.[582]

Sicherlich lässt sich einwenden, dass diesen Avancen gegenwärtig noch unzählige Fälle gegenüberstehen, in denen nach wie vor über vergangene Gräueltaten geschwiegen wird. Die unzähligen Verbrechen der Kolonialzeit, die chinesische Politik des Schweigens über das Tiananmen-Massaker oder der Genozid an den Armeniern sind nur drei prominente Beispiele, die in dieser Hinsicht genannt werden können. Doch allein die Tatsache, dass derart stark retroaktive Unternehmungen überhaupt nach einer derart langen Zeit anstrengt werden, und dass Staaten ohne einen direkten, akuten Anlass Transitional Justice-Prozesse initiieren, lässt auf eine starke Legitimierung der Aufarbeitung und Ahndung von Makrogewalt schließen.

Einen wohl deutlichen Riss in diesem insgesamt positiven Ausblick auf die Normdurchsetzung von Transitional Justice stellt allerdings, wie bereits Sikkink dargelegt hat, die US-Außenpolitik im letzten Jahrzehnt dar. Bis heute haben die USA das Rom-Statut nicht ratifiziert. Zudem hatten sie in der Zwischenzeit eine internationale Kampagne gegen das Gericht geführt, in deren Zuge sie Staaten zu bilateralen Abkommen zwingen wollten, welches die Auslieferung von US-Staatsbürgern an den ICC verhindern sollte.[583] Zwar hatte der damalige Präsident Bill Clinton „our strong support for international accountability and for bringing to justice perpetrators of genocide, war crimes, and crimes against humanity"[584] zum Ausdruck gebracht. Auch hatten die USA diese Absicht mit Blick auf die Situation in Darfur praktisch unterstrichen[585] und bereits zuvor auch eine tragende Rolle in der Etablierung des Völkerstrafrechts in der Weltpolitik eingenommen.[586] Sich selbst wollte die US- Regierung aber nicht in derart umfassender Form unter die neue Strafgerichtsbarkeit der Weltgesellschaft unterordnen.

Wenn schon dieses Verhalten die Zivilgesellschaft und vor allem Menschenrechtler- innen in besonderer Weise alarmiert hat, so wurde die Empörung im Zusammenhang mit dem „War on Terror" noch stärker. Mit den systematischen Menschenrechtsverletzungen, die vor allem mit den Namen Abu Ghraib und Guantanamo verbunden sind, sowie mit der bewusste Inkaufnahme von so genannten „Kollateralschäden", d.h. zivilen Opfern im Rahmen von Militärschlägen (z.B. durch Drohnenangriffe) in Afghanistan und Irak, positionierten

---

[582] Vgl. Hansen (2011).
[583] Sikkink (2011): 238f; Schabas (2011): 24ff.
[584] Scheffner zit.n. Boli & Lechner (2005): 227.
[585] Schabas (2011): 31.
[586] So etwa in der Einrichtung des ICTR, vgl. Kaufman (2008).

sich die USA deutlich außerhalb der völkerrechtlichen Ordnung.[587] Der Staat hat sich damit nicht nur einer Aufarbeitung und Ahndung im globalen Rahmen entzogen - auch eine zuvor von ihm mit getragene und sogar forcierte Illegalisierung bestimmter Formen von Makrogewalt wurde damit in Frage gestellt.

Das besondere Problem für die Institutionalisierung von Transitional Justice besteht nun darin, dass sich damit nicht irgendein Akteur in erheblichem Maße und in aller Deutlichkeit gegen die neue institutionelle Ordnung zum Umgang mit Makrogewalt gestellt hat. Vielmehr waren und sind die USA einer jener Staaten, dem zusätzlich zu seiner Stellung als Weltmacht durchaus - mit Finnemore und Sikkink gesprochen - eine gewisse „moral stature" zukommt. Vor diesem Hintergrund bedeutete dieses Verhalten gerade für rationale Andere, die an einer Weiterführung des Prozesses interessiert waren, einen erheblichen Rückschlag.[588] Aryeh Neier, einer der Transitional Justice- Aktivisten der ersten Stunde[589], hat der - rein analytisch betrachtet durchaus berechtigte - Enttäuschung mit den folgenden Worten Ausdruck verliehen:

> „I recall that when we launched Human Rights Watch a little more than a quarter of a century ago, a significant component of our strategy was to leverage the power, purse, and influence of the United States to promote human rights more systematically around the world. From the standpoint of those who are trying to promote human rights today, it is necessary to pursue the opposite course. One has to put as much distance as one can between one's own efforts and the efforts of the United States government."[590]

Während die Politik der US-Regierung gegenüber dem ICC und ihr Verhalten im „War on Terror" sicherlich als Rückschläge in der Institutionalisierung von Transitional Justice zu werten sind, so ist natürlich auch festzuhalten, dass sie keineswegs zu einer „Implosion" der Aufarbeitung und Ahndung von Makrogewalt geführt haben - weder global noch in den USA. So haben sich wichtige internationale Organisationen in ihrer Funktion als rationale Andere der Problematik angenommen. Das ICTJ opponiert etwa gegen die Vermeidung von „Accountability" im Zuge des „War on Terror" seitens der US-Administration und tritt insbesondere für Reparationen und „truth-telling" ein.[591] Ebenfalls sind AI

---

[587] Vgl. Duffy (2005).

[588] Der kaum so groß gewesen wäre, wenn so genannten „Schurkenstaaten", von denen ohnehin per Definitionem nicht erwartet wird, dass sie sich an weltkulturell legitimierte Standards halten, gleichermaßen vorgegangen wären.

[589] Vgl. hier: Kapitel 3.8.

[590] Neier (2005): 143.

[591] Magarrell & Peterson (2010); vgl. http://ictj.org/our-work/regions-and-countries/usa-accountability (letzter Zugriff: 1.11.2013).

und HRW in dieser Hinsicht aktiv.[592] Auch von staatlicher Seite sind auf in einigen Fällen auf nationaler Ebene zivil- und militärrechtliche Ermittlungen eingeleitet worden.[593] Doch ein umfassender Prozess von Transitional Justice, bei dem insbesondere die Ahndung der politischen und militärischen Führungskräfte hinter diesen Ereignissen zur Debatte gestanden hätte, ist ausgeblieben.[594]

In dieser Betrachtung sind bereits die Ambivalenzen, die mit dem gegenwärtigen Stand von Transitional Justice auf der globalen Ebene in Verbindung gebracht werden, deutlich geworden. Doch bevor ein Fazit gezogen werden kann, ist ein weiter Punkt zu diskutieren, der hier bereits angeklungen ist. Im nächsten Abschnitt soll kritisch hinterfragt werden, ob mit einem „committment" zu Transitional Justice auch automatisch umfassende Tendenzen einer Aufarbeitung- und Ahndung einhergehen.

Amnestien und andere Auswege aus der Ahndung - Transitional Justice als
   „window dressing"?

In gewisser Hinsicht lässt sich die Institutionalisierung von Transitional Justice auch als Prozess der Delegitimierung eines bestimmten Skripts, nämlich Amnestien, denken, mit denen Täterinnen (meist unter bestimmten Bedingungen) Straffreiheit gewährt wird. In der Geschichte der Globalisierung der Ahndung und Aufarbeitung von Makrogewalt haben sie in unterschiedlicher Weise immer wieder eine Rolle gespielt und flankierte insbesondere auch bestimmte Aufarbeitungsmaßnahmen, wie etwa Wahrheitskommissionen.[595] In den Diskussionen in der Wissenschaft und Praxis stellten sie sicherlich eines der kontroversesten Themen dar. Während sie in der „peace vs. justice" - Debatte gerade seitens der Vertreterinnen „realistischer" Positionen durchaus noch als eine veritable Option erachtet wurden, sind sie von rationalen Anderen im Kontext von Transitional Justice sukzessive als Skript für Frieden und Gerechtigkeit delegitimiert worden.[596] Mit Leyla Sadat kann festgestellt werden: „Although the practice of exile and the granting of amnesties were widespread prior to World War II, during the second half of the twentieth century offering exile or amnesty to individuals accused of human rights atrocities collided with the erection of a new system of international criminal justice. (...) [T]he notion of allowing the perpetrators of

---

[592] Amnesty International (2007); Human Rights Watch (2010, 2011).
[593] Vgl. etwa Huffington Post, 14.06.2011, „Grand Jury Investigates Torture In Abu Ghraib Death".
[594] Mitchell (2012): 150ff.
[595] Das vielleicht bekannteste diesbezügliche Beispiel stellt wohl die TRC in Südafrika dar, vgl. hierzu etwa Wilson (2001a): 198. Vgl. auch hier Kapitel 4.9.
[596] Mallinder (2008): 2.

human rights atrocities to go unpunished appears to have become normatively unacceptable."[597] Dies wird auch in den Policy-Papieren internationaler Akteure deutlich. Die UN etwa schließt die Unterstützung von Amnestie-Politiken grundsätzlich aus und erlaubt den in ihrem Namen agierenden Individuen nur in einem sehr engen Rahmen Ausnahmen von dieser Regel.[598]

Nichtsdestotrotz scheinen sie nach wie vor auch immer wieder eine Rolle zu spielen. „Amnesties persist at a steady rate following transitions from autoritarian rule," stellten etwa Tricia Olsen und andere in einer unlängst erschienenen, empirischen Studie heraus.[599] Dabei geben sie den entscheidenden Hinweis, dass die Vergabe von Amnestien nicht gleichbedeutend mit dem Ausbleiben von Strafverfahren oder anderen Mechanismen von Transitional Justice ist: „Because transitional countries use multiple mechanisms, an increase in amnesties may accompany an increase in trials."[600] Während also Amnestien zwar als eine generelle Umgangsform, welche die Ahndung und Aufarbeitung ersetzt, delegitimiert wurden, werden sie durchaus noch im Rahmen von Aufarbeitungsprozessen angewandt. Damit wird bereits an dieser Stelle deutlich, dass ein Bekenntnis und Engagement für Transitional Justice noch lange nicht bedeuten muss, dass damit auch allumfassende Maßnahmen zur Aufklärung der Verbrechen und der strafrechtlichen Verfolgung von Täterinnen eingeleitet werden.

In diesem Zusammenhang ist auch die wissenschaftliche Arbeit von Neil Mitchell interessant. In einer unlängst erschienen Studie mit dem Titel „Democracy's Blameless Leaders" stellte er kritisch heraus, dass sich gerade die Staats- und Regierungschefs westlich-liberaler Demokratien immer wieder der Verantwortung für Gräueltaten, die unter ihrer Ägide verübt wurden, entzogen haben.[601] Der Grund für ein solches Verhalten liegt ihm zufolge darin, dass sie zwar durchaus Normen, wie die individuelle strafrechtliche Verantwortlichkeit, internalisiert haben und die Illegitimität bestimmter Formen von Makrogewalt anerkennen. Doch wenn es sie selbst betrifft, versuchen sie sich oftmals über Strategien der Leugnung, Verzögerung und Delegation ihrer Rechenschaftspflicht zu entziehen.[602] Die Schuld und Verantwortung wird auf Untergebene niedrigeren Ranges abgewälzt. Mitchell kommt zu dem Schluss: „(...) [W]hen things go wrong, whether through a calculated policy or carelessness, leaders evade accountability and transfer the blame. (...) It turns out that, despite the conventional view that it is democracy's defining feature, accounta-

---

[597] Sadat (2007): 225.
[598] OHCHR (2009).
[599] Olsen et al. (2010): 108.
[600] Ibid.
[601] Mitchell (2012).
[602] Ibid.: 27ff.

bility is a surprisingly tough test for a democracy. We must not mistake the presence of the mechanisms of accountability (...) for the delivery of accountability."[603]

Ein Beispiel stellt dabei der bereits oben genannte Fall Abu Ghraib dar. Weiterhin führt er in der Begründung seiner Argumentation etwa britische Kolonialverbrechen in Indien (Amritsar), die Ermordung von Zivilistinnen durch das Militär in Londonderry im Jahr 1972 und die Massaker von Sabra und Shatila an. Jenseits dieser konkreten Fälle ist es aber grade sein genereller Hinweis auf den Unterschied zwischen formeller Implementierung und faktischer Anwendung von Institutionen, die hier im Kontext der Institutionalisierung von Transitional Justice interessant sind.

Denn aus Sicht der WPT verweist Mitchell hier mit Blick auf „Accountability" auf ein generelles Phänomen, dass hinsichtlich vieler Aspekte von Weltkultur zu beobachten ist: Entkoppelung. Gemeint ist damit eine Diskrepanz „zwischen allgemein verkündeten Werten und praktischem Handeln."[604] Akteure der Weltgesellschaft sehen sich des Öfteren mit kontradiktorischen weltkulturellen Umweltanforderungen konfrontiert (also etwa mit zueinander im Widerspruch stehenden Prinzipien und rationalisierten Feldern) oder können und wollen jene Anforderungen aufgrund unmittelbarer Gegebenheiten (aus welchen Gründen auch immer) nicht erfüllen.[605] Eine mögliche Reaktion ist es dann, diese Anforderungen formell anzuerkennen, ihr aber kein faktisches Handeln folgen zu lassen, um auf den Legitimitätsdruck zu reagieren, mit dem sie konfrontiert werden.[606] Auf diese Weise wird verständlich, warum es zwar einerseits kaum einen Staat gibt, der nicht von sich behauptet, die Menschenrechte zu achten und einzuhalten, der Jahresbericht von AI allerdings andererseits nicht ohne Grund etwa 500 Seiten umfasst.[607] Das theoretische Konzept erklärt auch, warum ein Bekenntnis zu Transitional Justice seitens einzelner Staaten nicht gleichbedeutend ist mit der (vollen) Aufarbeitung und Ahndung der von ihnen verübten Makrogewalt.

Entkoppelung lässt sich aus einer positiven Sicht heraus als eine Demonstration des „guten Willens" begreifen[608], der sich dann in einer „rein zeremonielle

---

[603] Ibid.: 188f.
[604] Boli et al. (2005a): 101.
[605] Können und Wollen: In der WPT steht aufgrund der Betonung des Kognitiven das „nicht-können" im Vordergrund. Gerade mit einer eher handlungstheoretisch orientierten und dynamischen Ergänzung, wie sie hier mit Finnemore & Sikkink eingeführt wurde, kann aber auch auf ein strategisches Moment im Zusammenhang mit Entkoppelung (nicht wollen) aufmerksam gemacht werden. Empirisch werden wohl meist beide Momente zu beobachten sein, und es ist nicht immer einfach sein, dass eine von dem anderen zu unterscheiden. S.a.u.
[606] Ausf. Becker-Ritterspach & Becker-Ritterspach (2006): 106f.
[607] Vgl. Amnesty International (2013).
[608] Becker-Ritterspach & Becker-Ritterspach (2006): 107.

Fassade oder Aufführung"[609] manifestiert. Wenn es aber um eine ausbleibende Auseinandersetzung mit massiver Gewalt und Gräueltaten geht, scheint es mitunter angemessener zu sein, mit Blick auf Entkoppelung als einer strategischen Option in Form eines „window dressing" zu sprechen.[610] Gerade mit Blick auf Transitional Justice und der politisch schwierigen Lage, mit der sich Akteure mitunter in einzelnen Fällen konfrontiert sehen, scheint es manchmal jedoch schwierig, auf das eine oder das andere abzustellen:

> „[It is sometimes difficult to know](...) whether the emotional theater of reconciliation is causally central to establishing peace or whether it is mainly window dressing that makes political bargaining and amnesties more palatable to the public."[611]

Verharren in der Kaskade

Auch wenn Transititonal Justice-Prozesse heute weltweit verbreitet sind und beständig neue Kontexte in ihrem Rahmen erschlossen werden: Die warnenden Stimmen, die sich hinsichtlich der tatsächlichen Reichweite erheben, sind nicht unbegründet. Das Verhalten der US-Regierung hat eindrücklich deutlich gemacht, wie fragil die institutionelle Ordnung zur Aufarbeitung und Ahndung von Makrogewalt durchaus noch ist. Sicher ist es in hohem Maße unwahrscheinlich, dass das Rad der Globalisierung vollständig zurück gedreht werden wird. Doch ist auch sichtbar geworden, dass dem Prozess gerade durch die Aufkündigung seiner Unterstützung seitens der Akteure der Weltgesellschaft, die über eine besondere „moral stature" verfügen, nach wie vor erhebliche Probleme bereitet werden können. Aus der Sicht rationaler Anderer scheint es zudem geboten, ob des „committments" einzelner Staaten (und gerade auch derjenigen die sich ansonsten als vorbildlich präsentieren) misstrauisch zu bleiben, wenn es darum geht, die eigenen Verbrechen aufzuklären und zu ahnden.

Transitional Justice scheint nach wie vor fest in der Phase ihrer Kaskade zu verharren. Sicherlich ist es selbstverständlicher geworden, Makrogewalt aufzuarbeiten und zu ahnden - vor allem, wenn man dem historischen Rückblick folgt, der im vorangegangenen Kapitel präsentiert wurde. Doch von einer kognitiven Internalisierung im starken Sinne der Theorie kann mit Blick auf Transitional Justice höchstens hinsichtlich ihres starken Stellenwerts für die Organisatio-

---

[609] Ibid.
[610] Vgl. Hafner-Burton & Tsutsui (2005).
[611] Snyder & Vinjamuri (2004): 358, dort als Hinweis auf die Schwierigkeit bestimmter „research designs" angeführt.

nen und Individuen gesprochen werden, die als rationale Andere ihre Globalisierung so maßgeblich tragen und forcieren.

5.2 Globale Mechanismen, lokale Realitäten[612]

Die globale Verbreitung und die Frage nach der Reichweite einer institutionalisierten Transitional Justice ist eine Sache. Eine andere ist es, zu fragen, was passiert, wenn ihre Skripte und Modelle tatsächlich in einzelnen Kontexten implementiert werden. Sicherlich ist dieser Punkt nur begrenzt aus der Makroperspektive dieser Arbeit zu beantworten. Gerade hier scheint die detaillierte Analyse einzelner Fälle unabdingbar. Doch im Diskurs um die Globalisierung der Aufarbeitung und Ahndung von Makrogewalt liegen bereits, wie gesehen, einige Arbeiten vor, die just auf ein generell problematisches Verhältnis zwischen globalen Mechanismen und lokalen Realitäten hinweisen.[613] Die Befunde und die Kritik, die in diesen Studien enthalten ist, sollen im Folgenden aufgegriffen und aus einer neo-institutionalisitischen Sicht beleuchtet werden.

Von Fragen und Antworten

Als ein guter Ausgangspunkt für eine derartige Betrachtung kann vielleicht ein denkwürdiger Ausspruch von Richard Goldstone dienen. Der südafrikanische Jurist und ehemalige Chefankläger des ICTY und ICTR schrieb bereits vor einigen Jahren:

> „The question of how an oppressed or traumatized people should treat its recent past is a difficult and perplexing one. There are no obvious answers or easy solutions. Certainly there is no one simple solution capable of addressing the complexities and subtleties inherent in a range of different factual situations. The peculiar history, politics and social structure of a society will always inform the appropriate approach to this question in any given context."[614]

Autorinnen wie McEvoy und McGregor, Shaw und Waldorf sowie Hinton, die sich Aufarbeitungsprozessen aus einer „lokalen Perspektive" nähern, stimmen offensichtlich implizit einem Großteil dieser Aussagen zu. In ihren Sammelbänden wird in unterschiedlicher Weise die Komplexität sozialer Verhältnisse und Konfliktlagen geschildert, die in der Regel in von Makrogewalt zerrüttete Gesellschaften bestehen. Sie zeigen auf, wie schwierig es mitunter sein kann,

---

[612] Hinton (2011b).
[613] McEvoy & McGregor (2008a); Hazan et al. (2010); Hinton (2011b); vgl. hier Kapitel 2.4.
[614] Goldstone (1999): 9.

eindeutig zwischen Tätern und Opfern zu unterscheiden oder welche unterschiedlichen Bedürfnisse und Prioritäten hinsichtlich des Umgangs mit der Gewalt bei verschiedenen Gruppen und Commmunities vorherrschen können. Ihre Beiträge liefern tiefgreifende und mitunter detailreiche Eindrücke über die Art und Weise, wie Makrogewalt von unmittelbar Betroffenen wahrgenommen wird und wie sie die sozioökonomische Verhältnisse in einzelnen Fällen geprägt hat. Sie zeigen, inwiefern jenseits der nationalen und internationalen Ebene gesellschaftliche Machtstrukturen auf den Umgang mit massiver Gewalt und Gräueltaten einwirken. Und schließlich besteht der letztendliche Tenor ihrer Argumentation darin, dass die Antwort auf die schwierige Frage nach dem „richtigen" Umgang mit der Gewalt in der Tat nur aus einer eingehenden Auseinandersetzung mit den Besonderheiten lokaler Realitäten erfolgen kann.

Jedoch besteht auch eine grundlegende Differenz zwischen ihren Analysen und dem Ausspruch von Goldstone. In ihrer Kritik machen sie darauf aufmerksam, dass es nur zu einem sehr bestimmten Grad die spezifische Geschichte, Politik und Sozialstruktur einer Gesellschaft ist, die heute die Aufarbeitung und Ahndung von massiver Gewalt und Gräueltaten informiert. Vielmehr unterstreichen sie in ihrer Auseinandersetzung mit der Globalität von Transitional Justice gerade auch die dominante Rolle globaler Normen und Mechanismen in lokalen Aufarbeitungs- prozessen. Ihr Argument lässt sich in dem Sinne auf den Punkt bringen, dass so bereits globale, vermeintlich universelle Antworten auf die erst von Fall zu Fall bestehenden Fragen bestehen - oder jedenfalls von internationalen und nationalen Akteuren als solche wahrgenommen werden.[615] Dabei werden die lokalen Bedingungen und die Prioritäten der unmittelbar von der Gewalt Betroffenen tendenziell ignoriert. Die Autorinnen führen dieses „technokratische Verhalten"[616] mal auf individuelle Akteure wie etwa die „UN policymakers and bureaucratic procedures, insensitive and inexperienced lawyers"[617], mal auf eher subtil-ideologische Mechanismen wie die „verführerische Kraft" des Legalismus zurück.[618]

Im Licht des hier entworfenen neo-institutionalistischen Analyserahmens betrachtet, machen sie also darauf aufmerksam, dass Transitional Justice als

---

[615] So führen etwa McEvoy und McGregor bezüglich ihres Erkenntnisinteresses an: „(...)[O]ne of the motivating factors for the collection was to emphasise the need for bespoke solutions to different transitions rather than ‚off-the-shelf' models" (McEvoy & McGregor, 2008a: 2).

[616] Nagy (2008).

[617] Fletcher et al. (2010): 47. Baylis (2008) spricht an anderer Stelle ähnlich, aber mit deutlich drastischeren Worten, von „post-conflict justice junkies".

[618] McEvoy (2008).

weltkulturell- institutionelle Ordnung mit ihren Modellen, Skripten, transzendentalen Prinzipien, Interpretationen und Zuschreibungen – was von ihnen etwa als
„toolkit"[619] bezeichnet wird – einzelne Aufarbeitungsprozesse in erheblichem
Maße strukturiert. Durch ihrer kognitive Wirkmächtigkeit werden diese Institutionen als selbst-verständliche und einzig legitime Maßnahmen im Umgang mit
Gewalt angesehen. In der Tendenz kommen Akteure der Weltgesellschaft gar
nicht mehr auf die Idee, neue Wege in der Aufarbeitung und Ahndung von Makrogewalt zu gehen, schon gar nicht solche, die allein von den lokalen Bedingungen und nicht etwa anderen weltkulturellen Modellen inspiriert werden. Was
immer die Frage ist - die komplexe institutionelle Ordnung, als die sich eine
globale Transitional Justice heute präsentiert, hält die Antworten bereits vor oder
bietet zumindest die „Bausteine", mit denen sie formuliert werden kann (etwa
indem einzelne Skripte miteinander kombiniert werden). Aus Sicht von Akteuren
der Weltgesellschaft, die in einzelnen lokalen Auseinandersetzungen um die
Aufarbeitung und Ahndung von Makrogewalt aktiv sind, stellt eine weltkulturell
institutionalisierte Transitional Justice eine kognitive „Antwort-Maschine" dar,
die ihre Handlungen erst legitim erscheinen lässt.[620]

Institutionalisierung und die Ausblendung des Lokalen

Nun mag man einwenden, dass gerade der Rückblick auf den Institutionali-
sierungs- prozess gezeigt hat, dass es immer wieder einzelne lokale Auseinandersetzungen waren, die neue Skripte und Modelle hervorgebracht haben. Wahrheitskommissionen sind etwa aus den spezifischen Auseinandersetzungen um
den Umgang mit den systematischen Menschenrechtsverletzungen in Lateinamerika „erwachsen".[621] Auch die Einrichtung internationaler Tribunale geht im
Grunde auf die Fragen nach der richtigen Praxis angesichts der konkreten Situation nach dem Zweiten Weltkrieg zurück.[622] Jedoch waren diese Skripte immer
auch an weltkulturelle Modelle und Vorstellungen gebunden, die außerhalb des
Feldes der Aufarbeitung und Ahndung von Makrogewalt existierten. Und wie die

---

[619] Shaw & Waldorf (2010): 3.
[620] Eine Juristin aus einem beliebigen Staat wird es etwa als selbstverständlich möglich erachten,
einen Sachverhalt in einem anderen Land völkerstrafrechtlich auszulegen. Auf dieser Basis erscheint
ihr Handeln legitim. Sie wird allerdings kaum auf die Idee kommen, als Spezialistin für spezifisch
regionale Ritualpraxen aufzutreten. Täte sie es, würden wahrscheinlich andere Akteure - die der
Weltgesellschaft sowie lokale - ihr jedwede Kompetenz per se absprechen. Das Handeln von Akteuren als Akteure der Weltgesellschaft ist eben nur legitim, wenn sie sich auch an weltkulturellen
Vorgaben orientieren - was sie „in der Regel" auch selbstverständlich tun werden.
[621] S. hier Kapitel 4.9.
[622] S. hier Kapitel 4.3.

Analyse des Globalisierungsprozesses gezeigt hat, hat sich im Laufe der Entwicklung der Einfluss von Weltkultur über die immer weitergehende Inklusion anderer rationalisierter Felder und Skripte stetig erhöht. Sogar die Einbeziehung „des Lokalen" über „local ownership" und „local approaches" war, aller Bezugnahme auf afrikanische Praxen zum Trotz, hauptsächlich von Tendenzen beeinflusst, die zunächst im rationalisierten Feld von „Development" institutionalisiert wurden.[623]

Tatsächlich liegt die zunehmende Bedeutung von Weltkultur, und damit „des Globalen", in der Logik des Institutionalisierungsprozesses selbst begründet. Indem bestehende Skripte selbst immer weiter institutionalisiert werden, werden sie zum weltkulturellen Referenzpunkt für neue Mechanismen und Überlegungen. Deutlich wird das beispielsweise mit Blick auf Wahrheitskommissionen, die sich noch immer an dem bereits etablierten (sprich: weitgehend kognitiv institutionalisierten) Skript des Strafverfahrens zu messen hatten. Wenn zudem neue Bezugnahmen auf die World Polity und ihre rationalisierten Felder als bereits hochgradig kognitive und legitime Institutionen erfolgen, erhöht sich der Anpassungsdruck auf nicht-weltkulturelle Interpretationen und Mechanismen erheblich. Jedoch finden im Fortgang der Rationalisierung aber Innovationen meist ganz selbstverständlich innerhalb des rationalisierten Feldes statt. Neben der genannten Bezugnahme auf andere Felder ergeben sie sich aus Permutationen und Umdeutungen bestehender Skripte und Modelle durch rationale Andere (ob aus den Reihen der INGOs oder der Wissenschaft).

Auf diese Weise kommt es sukzessive zu einer Ausblendung „des Lokalen", d.h. orts- und kontextspezifischer Elemente, im Institutionalisierungsprozess. Um nicht missverstanden zu werden: Natürlich spielen gerade auch im wissenschaftlichen Diskurs spezifische Fälle und ihre Besonderheiten nach wie vor eine große Rolle. Schließlich stellen die oben angeführten Sammelbände nicht die einzigen Sammlungen von Einzelfallanalysen dar.[624] Doch dienen sie in der Entwicklung von Skripten, Zweck- Mittel-Relationen und neuen Modellen oftmals nur noch mittelbar als Bezugspunkt.

Lokale Verhältnisse und Ereignisse werden immer mehr durch weltkulturelle Modelle und Prinzipien gefiltert und immer weniger in ihrer besonderen Spezifik wahrgenommen: „The global level of cultural construction penetrates deeply. Increasingly, the local is couched in universalistic terms, or tied to global networks, or rendered global in itself through ‚publication' in the global public realm."[625]

---

[623] S. hier Kapitel 4.12.
[624] S. hier Kapitel 2.
[625] Boli (2005): 385.

Gewaltphänomene werden „nur" als „Genozid", „Verbrechen gegen die Menschlichkeit", „Kriegsverbrechen", „systematische Menschenrechtverletzungen" oder ähnlichen institutionalisierten Zuschreibungen wahrnehmbar. Die soziopolitische Phase nach dem Ende der Gewalt wird als eine „Transition" hin zu (mehr) „Demokratie", „Rechtsstaatlichkeit" bzw. „rule of law" oder „nationaler Versöhnung" betrachtet. Die Menschen, die die Gewalt erlitten haben, sind „traumatisierte Opfer" und diejenigen, die sie begangen haben, „individuelle Täter". Und „Wahrheits- kommissionen", „Strafverfahren" oder „Traumaarbeit" gelten schließlich als selbstverständliche Umgangsformen mit der Gewalt.[626]

Es sei an dieser Stelle daran erinnert, welches immense Potential diesen Interpretationen und Zuschreibungen innewohnt. Rationalisierung im Rahmen der World Polity ermöglicht universelle Handlungsfähigkeit. Erst auf der Basis dieser Institutionalisierung können rationale Andere überhaupt weltweit aktiv werden, da nur über diese kulturelle Konstruktion ihre globale Agentschaft legitimiert ist. Die institutionelle Ordnung von Transitional Justice ermächtigt dazu, überall auf der Welt angesichts umfassender Gewaltkomplexe zu handeln und führt dazu, dass nicht umsonst bisweilen als „unfassbar" bezeichnete Gräueltaten begreiflich und ihre Aufarbeitung und Ahndung möglich werden. Doch wie nun die Vertreterinnen einer lokalen Perspektive darlegen, gehen mit diesem Aktionismus und diesen Deutungsmuster durchaus auch Konflikte einher. Auf diesen Aspekt wird nun einzugehen sein.

Über das Konfliktpotential einer weltkulturell-institutionalisierten Transitional Justice in einzelnen lokalen Kontexten

„Because cultural structures contain numerous contradictions and local situations are complex, enactment routinely results in much ambiguity, disarticulation, and conflict," schreiben Boli und Thomas hinsichtlich des Konfliktpotentials der World Polity.[627] Diese theoretische Überlegung scheint sich gerade auch in Bezug auf Transtional Justice zu Bewahrheiten.

Zunächst ist mit Bell nochmals darauf hinzuweisen, dass zum einen die Auseinandersetzung mit Makrogewalt an sich ein konfliktreicher Prozess ist. Zum anderen präsentiert sich sich auch das rationalisierte Feld von Transitional

---

[626] Natürlich sollte spätestens mit der Darstellung zur Entwicklung einer „comprehensive transitional justice" in Kapitel 4.12 klar geworden sein, dass diese Aufzählung alles andere als abschließend und unumstritten anzusehen ist. Hier geht es mir nur um die Verdeutlichung des theoretischen Arguments.
[627] Boli & Thomas (1997): 173.

Justice den Akteuren der Weltgesellschaft als ein in sich kontroverses und kont-
radiktorisches Ensemble von Institutionen. Sie schreibt:

> „[There are] several levels of battle ongoing: the internal battle between the par-
> ties to the conflict to ‚finger' and own transition so as to control its outcomes; the
> policy battle between those who seek to ‚do good' and who have competing ideas of
> what this properly involves; and the academic battle over how we should understand
> transition and transitional justice."[628]

Wenn nun aber etwa Roger Duthie vorsichtig auf „unintended consequences"[629] hinweist, Shaw und Waldorf von „disconnections"[630] und McEvoy
und McGregor umgekehrt drastischer von einer „grassroots resistance" gegenüber einer „Transitional Justice from above"[631] sprechen, so weisen sie auf ein
zusätzliches Konfliktpotential hin, das als Resultat weltkultureller Institutionalisierung begriffen werden muss. Um das Argument der genannten Autorinnen zu
verdeutlich, mögen die Ausführungen von Laura Arriaza und Naomi Roht-
Arriaza über bestimmte Tendenzen im Transitional Justice-Prozess in Guatemala
als Beispiel dienen.[632] Dort wurden von der Regierung und den UN Wahrheitskommissionen und Gerichtsverfahren zur Aufarbeitung der umfassenden staatlichen Repression und des bewaffneten Konflikts von 1960 bis 1996 eingerichtet.
Den Autorinnen zufolge hatten diese „offiziellen" Unternehmungen der Aufarbeitung der Verbrechen die sozialen und wirtschaftlichen Dimensionen des Kon-
fliktes weitgehend ignoriert und sich als nicht in der Lage erwiesen, die spezifischen Erfahrungen der Menschen in entfernteren Regionen des Landes zu
berücksichtigen. Für die indigene Bevölkerung stellte das Rechtssystem - und
damit auch die mit ihm verbundenen Maßnahmen von Transitional Justice - ein
bestenfalls irrelevantes, in der Regel aber vor allem ein repressives und diskri-
minierendes System dar. In der Folge opponierten sie gegen die nationalen und
internationalen Unternehmungen der Ahndung und Aufarbeitung der Gewalt und
organisierten eingene „local post-armed conflict initiatives" und „historical memory recovery intiatives".

Die Schilderungen der Autorinnen zeigen, inwiefern die Strukturierung der
soziopolitischen Verhältnisse im Rahmen einer institutionellen Ordnung von
Transitional Justice ein exkludierendes Moment aufweist. Zentrale Aspekte der
Gewaltphänomene werden ebenso nicht gesehen oder berücksichtigt wie spezifi-

---

[628] Bell (2009): 26.
[629] Duthie (2011).
[630] Shaw & Waldorf (2010): 3.
[631] McEvoy & McGregor (2008b): 3.
[632] Arriaza & Roht-Arriaza (2008; 2010). Für eine umfangreiche Darstellung des Transitional Justice-
Prozesses in Guatemala vgl. Oettler (2004b).

sche Interpretationen und Zuschreibungen an Institutionen seitens bestimmter Menschen und Gruppen. Durch den institutionellen „Filter" werden manche Konfliktdimensionen besser, andere schlechter oder eben gar nicht beleuchtet. Um an einem Aufarbeitungsprozess partizipieren zu können, der hochgradig von weltkulturellen Regeln und Modellen geprägt ist, muss sich an institutionalisierten Akteursbildern orientiert werden. Menschen müssen sich an das Bild des rationalen Individuums, Gruppen an das Modell der formell-rationalen Organisation richten. Handeln sie nicht so, werden sie nicht als legitime, handlungsfähige Akteure wahrgenommen werden (sondern bestenfalls als „Objekte" der Aufarbeitung). Ihre Bedürfnisse, Forderungen und Ansprüche müssen sich in die institutionelle Ordnung übersetzen lassen, um nicht als illegitim oder vielleicht sogar als „naiv" oder „ungeheuerlich" erachtet zu werden.

Hinzu kommt, dass durch weltkulturelle Institutionen selbst neue Prioritäten und Zielsetzungen vorgegeben werden. Es reicht nicht, dass die vergangenen Gräueltaten „irgendwie" aufgearbeitet werden. Vielmehr müssen sie, wie oben dargestellt, entlang bestimmter Skripte erfolgen und dabei bestimmten weltkulturell legitimierten Zwecken dienen. Hier ist zwar festzuhalten, dass sich mit der fortgesetzten Institutionalisierung (insbesondere der Rationalisierung) zwar der Möglichkeitsraum stetig vergrößert hat. Es sind nicht mehr allein „liberale" Vorgaben im engeren Sinne, die zu erfüllen sind. Allerdings sind mit der kontradiktorischen Konstitution der institutionellen Ordnung auch möglicherweise miteinander konfligierende Zugriffe auf gleichermaßen legitim geltende Ziele möglich.

Globale Karten auf stürmischer See

Sikkink berichtet, dass ein Protagonist des portugiesischen Transitional Justice-Prozesses die damaligen Herausforderungen, denen sich die Aktivistinnen ausgesetzt sahen, wie folgt charakterisiert hat: „(...) they were *navegar a vista* (navigate by sight), as sailors do when they don't know the route and must watch the coast to avoid obstacles."[633] Dieses eindrückliche Bild hilft, abschließend nochmals die Ambivalenzen der Globalisierung vor dem Hintergrund lokaler Realitäten zu verdeutlichen.

Tatsächlich war die institutionelle „Landkarte" für Transitional Justice, wie in der historischen Analyse des Globalisierungsprozesses zu sehen war, noch relativ überschaubar. Auch war die Zahl der „Seefahrenden" relativ klein. Heute

---

[633] Sikkink (2011): 34, kursiv i.O.

allerdings fällt eben jene Navigationshilfe äußerst komplex aus, und nicht wenige Expertinnen streiten um die richtige Interpretation der „Schifffahrtslinien". Dabei geht allerdings der Blick für das stürmische Meer, auf dem sie manövrieren müssen, mitunter verloren. Die Karte ist wichtiger als die See, und wer sich an der Fahrt beteiligen und sich mit um das Ziel streiten möchte, muss sich zunächst als qualifizierte Seefahrerin erweisen.

Es bleibt an dieser Stelle festzuhalten: Je weiter die Institutionalisierung von Transitional Justice voranschreitet, desto stärker werden einzelne Aufarbeitungsprozesse durch weltkulturelle Modelle und Zuschreibungen geprägt und die Spezifik lokaler Verhältnisse strukturell ausgeblendet. Insofern damit auch die Exklusion bestimmter Personen und Gruppen, Forderungen und Ansprüche gefördert und neue Anforderungen an die politischen Auseinandersetzungen herangetragen werden, besteht die Gefahr, dass eine globalisierte Transitional Justice nicht Frieden und Gerechtigkeit, sondern ein zusätzliches Konfliktpotential mit sich bringt.

5.3 Das Dilemma der Institutionalisierung

Dass eine Vielzahl von Akteuren weltweit damit beschäftigt ist, Gerechtigkeit angesichts größtmöglicher Verbrechenskomplexe walten zu lassen und den Frieden in von Makrogewalt zerrütteten Gesellschaften zu fördern, ist sicherlich als eine im positiven Sinne bemerkenswerte Entwicklung zu bezeichnen. Doch ist die Globalisierung von Transitional Justice jenseits dieser allgemeinen Feststellung auch als ein ambivalenter Prozess zu begreifen. Denn zum einen stellen sich besonders auch mächtige Staaten bisweilen noch gegen die globale Norm zur Aufarbeitung und Ahndung von Makrogewalt. Auch sind es mitunter gerade die Hauptverantwortlichen für Massaker und Gräueltaten, die sich den Maßnahmen von Transitional Justice entziehen. Zum anderen wird deutlich, dass zwischen hochgradig rationalisierte Verfahrensweisen im Umgang mit Makrogewalt und der Komplexität lokaler gesellschaftlicher Realitäten ein strukturelles Spannungsverhältnis besteht. Eine weltkulturell institutionalisierte Transitional Justice birgt die Gefahr in sich, Konflikte zu verschärfen oder gar neue Konfliktdimensionen hervorzubringen und somit aus sich heraus Zielsetzungen wie Gerechtigkeit und Frieden zu unterminieren.

Damit haben diejenigen gute Argumente, die aus einer (menschen-)rechtlichen Perspektive für die weitere Verbreitung und Durchsetzung von Transitional Justice streiten. Doch auch globalisierungskritische Positionen machen mit ihren mahnenden Worten ob des mitunter prekären und fragwürdigen Einflusses globaler Mechanismen und Normen auf lokale Kontexte durchaus auf grundlegende Probleme aufmerksam. Allein, jede Stellungnahme weist für sich genommen nur auf jeweils eine Seite der gleichen Medaille hin. Die neo-institutionalistische Analyse der Ambivalenzen zeigt, die mit der Globalisierung verbundene Problematik liegt tiefer. Denn Befürworterinnen globaler Transitional Justice stehen angesichts des gegenwärtigen Zustandes der Institutionalisierung vor einem fundamentalen Dilemma: Einerseits muss aus ihrer Sicht die Institutionalisierung weiter voran-getrieben werden, damit eine Verweigerung gegen die Aufarbeitung und Ahn-dung von Makrogewalt über ein stärkeres kognitives Moment weniger möglich und die Legitimitätskosten höher werden. Auf globaler Ebene ist weiter für die Akzeptanz der Norm in der Staatengemeinschaft und unter internationalen Orga-nisationen zu werben. Neue Mechanismen müssen entwickelt werden, die es Makrokriminellen erschweren, sich der Aufarbeitung und Ahndung zu entziehen. Andererseits ist die Institutionalisierung in dem Sinne zurückzunehmen, als der selbstverständliche Rekurs auf globale Skripte und Modelle in lokalen Realitäten hinterfragt wird. Der Ausblendung der Spezifik lokaler Verhältnisse und Bedin-gungen muss begegnet, weltkulturelle Agentschaft hinterfragt und Versuche einer stärkeren Kontextualisierung globaler Transitional Justice unternommen werden. Dies läuft insgesamt darauf hinaus, die Legitimität der globalen Norm „Makrogewalt muss aufgearbeitet und geahndet werden" zu erhöhen und gleich-zeitig in einzelnen Situationen die Legitimität der ihr zugeordneten institutionel-len Ordnung zu hinterfragen. Der gegenwärtige Stand der Institutiona- lisierung verlangt, die höhere Autorität transzendentaler Prinzipien anzurufen und sie zu-gleich zu relativieren. Das Dilemma der Globalisierung betrifft den Kern ihrer weltkulturellen Institutionalisierung. Was ihr auf der globalen Ebene zum Durchbruch verhilft, nämlich die Anbindung an die World Polity, erweist sich auf der lokalen Ebene als hinderlich, den spezifischen, komplexen Konfliktlagen angemessen Rechnung zu tragen.

Aus einer „orthodoxen" WPT-Sicht betrachtet, wird man sagen müssen, dass das Dilemma unauflöslich ist. Transitional Justice kommt das gleiche welt-kulturelle Schicksal zu, wie vielen anderen rationalisierten Feldern in der World Polity. Entkoppelung und die Ausblendung „des Lokalen" sind gängige Begleit-erscheinungen, die hinsichtlich vieler Bereiche und Aspekte der globalisierten Welt zu beobachten sind. Dagegen kann mit der handlungstheoretischen Per-spektive, die hier über den Ansatz von Finnemore und Sikkink in den neo-institutionalistischen Analyserahmen eingeführt wurde, unterstrichen werden, dass immer Handlungsoptionen bestehen und jedes Moment kognitiver Instituti-onalisierung wieder hinterfragt werden kann. Insgesamt ist jedoch festzuhalten, dass die Herausforderungen, vor denen globale Bestrebungen im Kontext der Aufarbeitung und Ahndung von Makrogewalt stehen, größer kaum sein könnten.

Wege zu finden, sich ihnen zu stellen und angesichts des fundamentalen Dilemmas einen Spagat zu wagen, wird eine der fundamentalen Aufgaben von Akteuren und rationalen Anderen in zukünftigen Unternehmungen von Transitional Justice sein.

6 Im Namen der Weltgesellschaft

Über die letzten Jahrzehnte hatte ein bemerkenswerter Globalisierungsprozess seinen Lauf genommen: Weltweit hatten Staaten begonnen, sich der Aufarbeitung und Ahndung unfassbarer Gräueltaten und umfassender Verbrechenskomplexe anzu- nehmen. Eine ganze Reihe von universellen Maßnahmen, Mechanismen, Modellen und Konzepte wurde entwickelt, um den Umgang mit Makrogewalt überall auf der Welt anzuleiten und zu informieren. Internationale Organisationen, die globale Zivilgesellschaft und ein beachtlicher Teil der „scientific community" waren und sind an der Entwicklung, Förderung und Diffusion von Transitional Justice beteilig und beraten heute auf allen Kontinenten Staaten und andere Akteure im Umgang mit Genozid, Verbrechen gegen die Menschlichkeit, Kriegsverbrechen und systematischen Menschenrechtsverletzungen.

Mit der vorliegenden Arbeit hatte ich mir zum Ziel gesetzt zu erklären, warum es nicht nur zu dieser weitläufigen Diffussion von Aufarbeitungsprozessen kam. Vielmehr bestand mein Anspruch auch darin, die Emergenz einer globaler Transitional Justice nachzuzeichnen und nachvollziehbar zu machen. Dabei hat meine Argumentation und Darstellung den folgenden Gang genommen.

$$***$$

Im wissenschaftlichen Diskurs, so habe ich im ersten Kapitel dargestellt, waren zwar bereits verschiedene Aspekte dieser Globalisierung Gegenstand unterschiedlicher, bisweilen überaus detail- und erkenntnisreicher Forschung und Studien. Doch eine weitergehende Makroperspektive auf den Gesamtverlauf des Prozesses wurde bislang noch nicht eröffnet. So wurde sich einerseits vor allem auf rechtliche und rechtspolitische Entwicklungen beschränkt. Die Menschenrechte und das Völkerstraf- recht, die „rule of law" und die Bekämpfung der Straflosigkeit von Makrokriminellen bildeten dabei den zentralen Bezugspunkt für Studien, deren Fokus auf dem Verlauf der Entwicklung lag. Andererseits wurde Transitional Justice als ein Policy-Projekt internationaler Akteure begriffen, und in einer Reihe von Studien Momente seiner Genese und Struktur beleuchtet. Hier wurden liberale, und insbesondere legalistische und modernisierungstheoretische, Einflüsse aufgedeckt, die aus Sicht dieser Perspektive die

Eckpfeiler eines hegemonialen Konzeptes zum Umgang mit Makrogewalt bilden. In der Bewertung der Ambivalenzen der Globalisierung wurde zum einen darauf abgestellt, dass insbesondere mächtige Staaten sich nach wie vor der Aufklärung und strafrechtlichen Ahndung ihrer Verbrechen entziehen. Zum anderen wurde argumentiert, dass globale Mechanismen und Modelle mitunter konfliktfördernde Auswirkungen auf einzelne lokale Kontexten haben können. So entsteht insgesamt ein Bild, welches nahelegt, dass im Zusammenhang mit Transitional Justice zugleich zu viel und zu wenig globale Gerechtigkeit herrscht.

Um eine weitergehende Perspektive auf den Gesamtprozess der Globalisierung zu eröffnen, habe ich im Anschluss an die Auseinandersetzung mit dem Stand der Forschung einen neuen theoretischen Analyserahmen entwickelt. Dabei wurde insofern direkt an den Diskurs angeknüpft, als mir Finnemore und Sikkinks Theorie des „norm life cycle" als Ausgangspunkt diente. Allerdings wurde nicht eine Norm individueller strafrechtlicher Verantwortung zugrunde gelegt, sondern eine etwas unbestimmtere Verhaltensregel, die Akteuren vorschreibt, dass Makrogewalt aufgearbeitet und geahndet werden muss. Während der „norm life cycle" ein hervorragendes Theoriewerkzeug zur Analyse der Dynamik darstellt, und dem Stellenwert des (strategischen) Handelns von Akteuren besondere Aufmerksamkeit zu Teil kommen kann, so bedurfte er doch einiger Erweiterungen. Um sowohl die globale Umwelt als auch die institutionelle Ausgestaltung der Norm analytisch erfassen zu können, wurde daher in einem zweiten und dritten Schritt auf die neo-institutionalistische WPT zurückgegriffen. Zunächst wurde dargelegt, dass internationale Normdurchsetzungs- prozesse auch immer als Institutionalisierungsprozesse im Rahmen der World Polity verstanden werden können. Auf diese Weise habe ich den Aspekt der institutionellen Einbettung, der Norm und der beteiligten Akteure, in den Theorierahmen integriert. Im Anschluss daran wurde auf die theoretischen Überlegungen zu Rationalismus und Rationalisierung in der WPT eingegangen. Über Konzepte und Begriffe wie „Skript" „rationalisiertes Feld" und „rationale Andere" konnte so die Konzeptiona- lisierung von Transitional Justice im analytischen Rahmen mitbedacht werden.

Aus der Entwicklung dieses Theorierahmens heraus ließ sich nun die Globalisierung von Transitional Justice als ein Prozess der weltkulturelle Institutionalisierung der Aufarbeitung und Ahndung von Makrogewalt denken, in deren Zuge ein rationalisiertes Feld zum Umgang mit massiver Gewalt und Gräueltaten entstanden ist. Wie sich dieser Prozess tatsächlich historisch vollzogen hat, habe ich im Anschluss daran in dem Kapitel zur Geschichte der Globalisierung dargestellt.

Mit dem Ende des 19. Jahrhunderts forcierten Normunternehmerinnen die Ächtung bestimmter Kriegshandlungen, wodurch in der Folge zum ersten Mal in der Geschichte nachhaltig und auf internationaler Ebene Formen von Makrogewalt delegitimiert wurden. Dabei stützten sie ihre an Staaten gerichteten Forderungen nach dem Schutz besonderer Personen insbesondere auf den Humanitarismus, und verbanden so die neue Norm mit der sich sukzessive institutionalisierenden World Polity. Auch wurde in dieser Zeit das Strafverfahren als Skript zum Umgang mit massiver Gewalt und Gräueltaten institutionalisiert, wobei sich insbesondere das IMT in Nürnberg als wegweisend erwiesen hat. Am Ende des Zweiten Weltkrieges war die Ansicht einer Notwendigkeit einer Ächtung, Aufarbeitung und Ahndung von Makrogewalt bereits weit verbreitet, was sich vor allem in der Kodifizierung neuer Rechtsnormen niedergeschlagen hat. Die ersten Konturen eines rationalisierten Feldes waren gezogen, wobei Gerechtigkeit, Frieden und Fortschritt, über Demokratisierung und die (Wieder-) Herstellung der „rule of law" tranzendentale Prinzipien darstellten, mit denen Transitional Justice nun in Verbindung gebracht wurde.

Die weltpolitischen Konflikte in der Ära des Kalten Krieges suspendierten den Globalisierungsprozess über lange Jahre, und nur auf nationaler Ebene konnte Transitional Justice vereinzelt eine Rolle spielen. Doch wurden in dieser Zeit auch die Menschenrechte weiter institutionalisiert, die ab den 1970er Jahren den zentralen Bezugspunkt neuer Bestrebungen der Aufarbeitung und Ahndung von Makrogewalt stellten. Die aufkommende Menschenrechtsbewegung in Form eines transnationalen Netzwerkes von neu gegründeten Organisationen und engagierten Individuen spielten eine wichtige Rolle für die Aufarbeitungsprozesse in Süd- und Osteuropa, sowie Lateinamerika. Nachdem so in vergleichsweise kurzer Zeit der Prozess der Globalisierung in die Phase seiner Kaskade eingetreten war, kam es Anfang der 1990er Jahre zu einer ersten Konzeptionalisierung von Transitional Justice. Der Liberalismus, der das weltkulturelle Klima in der Zeit unmittelbar nach dem Kalten Krieg prägte, erwies sich dabei als besonders einflussreich. Relativ rasch wurden auch die Wahrheitskommissionen als ein zweites grundlegendes Skript institutionalisiert. Transitional Justice war nun der Begriff, unter dem die Aufarbeitung und Ahndung von Makrogewalt offiziell firmierte - und unter dem in der Wissenschaft und in den Kreisen internationaler Organisationen und Staaten die Rationalisierung des Umgangs mit Makrogewalt vorangetrieben wurde.

Wie schnell die Globalisierung voranschritt, zeigte sich insbesondere in der Einrichtung des ICTR und des ICTY, die ebenfalls in die erste Hälfte der 1990er Jahre fällt. Die erstarkten UN, in deren Policies Transitional Justice unter anderem mit Peacebuilding in Verbindung gebracht wurde, war nun eine treibende Kraft in dem Prozess. Im Rahmen der ad-hoc Strafgerichtshöfe wurde allerdings nicht nur dem friedenspolitischen Aspekt von Transitional Justice mehr Aufmerksamkeit geschenkt. Vielmehr stand im Vordergrund, dass die Weltgesellschaft über ihre Einrichtung ihr Engagement für die Aufarbeitung und Ahndung von Kriegsverbrechen, Verbrechen gegen die Menschlichkeit und Genozid in praktischer Hinsicht beeindruckend zum Ausdruck brachte. Waren bereits mit diesen Tribunalen der Kontext von Transitional Justice auf neue Gewaltphänomene (insbesondere die „neuen Kriege") ausgeweitet worden, so sollte die Ausgestaltung des Feldes in den folgenden Jahren rasant zunehmen. Immer mehr (vor allem zivilgesellschaftliche) Akteure und wissenschaft- liche Kreise waren nun mit der weiteren Rationalisierung des Umgangs mit Makrogewalt befasst. „Memory culture", „Versöhnung", „local approaches" und „Traumaarbeit" stellen dabei nur einige der neuen Modelle und Skripte dar, die im Kontext einer „comprehensive transitional justice" institutionalisiert wurden. Die institutionelle Ordnung des immer umfangreicheren, rationalisierten Feldes gewann zunehmend an Komplexität und wurde mit weiteren Bereichen der World Polity verknüpft. Wie sehr nun Skripte und Modelle im Rahmen des Feldes miteinander verbunden wurden, zeigt sich dabei insbesondere in völkerstrafrechtlichen Entwicklungen, etwa den hybriden Tribunalen. Auch der ICC, in dem die nun deutlich erhöhte Legitimität von Transitional Justice zu Beginn des 21. Jahrhunderts einen besonderen Ausdruck erhalten hat, rekurriert auf neue Vorstellungen und Konzepte von Gerechtigkeit und andere weltkulturelle Modelle.

So konnte ich zeigen, wie sich Transitional Justice über eine Einbettung in die World Polity bis heute global verbreitet hat. Auch wird so begreiflich, wieso immer weitere Momente des Umgangs mit Makrogewalt in ihrem Rahmen konzeptionalisiert wurden. Heute fördert eine stetig wachsende Zahl von (I)NGOs, (I)GOs und Staaten weltweit als rationale Andere die Aufarbeitung und Ahndung von Makrogewalt und leitet über professionelle Expertinnen andere Akteure in vielfältiger Weise im Umgang mit massiver Gewalt an.

Dieser Prozess der Globalisierung von Makrogewalt kann wohl kaum anders denn als bemerkenswert bezeichnet werden. Nichtsdestotrotz habe ich in einem letzten Kapitel auch gezeigt, dass den mahnenden Stimmen im Diskurs durchaus Recht zu geben ist, wenn sie auf die mit dem Prozess verbundenen Ambivalenzen hinweisen, die sowohl auf globaler wie auch lokaler Ebene festzustellen sind. Abermals in Rückgriff auf den hier entworfenen neoinstitutionalistischen Analyserahmen, sowie weiteren Überlegungen aus der WPT, habe ich aufgezeigt, inwiefern sich immer deutlicher ein grundlegendes Dilemma abzeichnet: Einerseits hat die Institutionalisier- ung längst noch nicht das Stadium einer Internalisierung erreicht, und auch sind mitunter deutliche Entkoppelungserscheinungen festzustellen. Andererseits strukturiert Transitional Justice als rationalisiertes Feld heute in hohem Maße ganz selbstverständlich einzelne Aufarbeitungsprozesse. Dies kann mitunter eher zu neuen Konflikten denn zu einer Förderung von Frieden und Gerechtigkeit führen. Somit fordert der gegenwärtige Stand der Entwicklung Befürworterinnen von Transitional Justice gleichermaßen dazu auf, die Institutionalisierung weiter voranzutreiben, wie sie zurückzunehmen. Transitional Justice muss somit auf globaler Ebene weiter legitimiert und zugleich ihre Legitimität auf der lokalen Ebene zumindest in ihrer kognitiven Dimension grundlegend reflektiert werden. Einen progressiven, praktischen Umgang mit diesem Dilemma zu finden, wird eine der zentralen Herausforderungen zukünftiger Unternehmungen von Transitional Justice darstellen.

***

Auf diese Weise hoffe ich nun, einen gewinnbringenden Beitrag für den weiteren wissenschaftlichen Diskurs und die kommenden Diskussionen in der Praxis bieten zu können. Dabei bin ich mir allerdings auch bewusst, dass meine Analyse mit ihrem theoretischen Rahmen, ihrem makrosoziologischen Fokus und ihren Anmerkungen über die Ambivalenzen der Globalisierung deutliche Grenzen aufweist. Es ist wohl oft so, dass für den Forschenden selbst am Ende der Untersuchung eher die noch offenen Fragen als die gegebenen Antworten relevant erscheinen. Das, was gerade auch mit seinen vielen Details unerwähnt bleiben musste, scheint uferlos, und weitere Untersuchungen sind in vielerlei Hinsicht geboten. Ich möchte an dieser Stelle auf einige Punkte und Aspekte hinweisen, die mir besonders bedenkenswert erscheinen.

In theoretischer Hinsicht habe ich mich in der Entwicklung des Analyserahmens um eine Zusammenführung des eher handlungstheoretischen Ansatzes von Finnemore und Sikkink und der stark strukturbetonten WPT bemüht. Damit wurde versucht, Anregungen, wie sie etwa von Dierkes und Koenig gegeben wurden, weiterzuführen.[634] Ich denke aber, dass gerade das Moment der Kognitivität und sein theoretischer „Widerpart", das strategische Handeln, im Kontext der Institutionalisierung von Transitional Justice noch weiter zu diskutieren ist. Der makroperspektivische Zuschnitt der Analyse erlaubte nur bedingt eine Vertiefung dieses Aspektes. Hier wäre etwa mit Einzelfallstudien zu untersuchen, wie „selbstverständlich" oder wie „instrumentell" die Bezugnahme auf Normen und Institutionen durch Akteure in einzelnen Situationen ausgefallen ist.[635]

Ebenfalls war es dem speziellen Fokus der Studie geschuldet, dass nur in begrenztem Umfang auf die Details in der Entwicklung von Skripten und Modellen eingegangen werden konnte. Der Anspruch dieser Arbeit bestand gerade darin, über eine „holistische" Sichtweise möglichst viele Facetten und Bereiche

---

[634] Dierkes & Koenig (2006).

[635] In theoretischer Hinsicht wird es sich dabei möglicherweise anbieten, auf den Ansatz von Risse, Ropp & Sikkink (1999) oder die Überlegungen von Marsh & Payne (2007) anzuknüpfen.

von Transitional Justice zu berücksichtigen und somit das rationalisierte Feld in seiner Gänze zu vermessen. Hier wäre es nun sicherlich interessant, den hier präsentierten neo- institutionalistischen Ansatz und Arbeiten zu einzelnen Konzepten und Ansätzen im Kontext der Aufarbeitung und Ahndung von Makrogewalt zusammenzuführen. Diesbezügliche Fragen könnten etwa lauten: Wie hat sich ein spezifisches Skript von „Lustration" im Rahmen einer weltkulturellen Transitional Justice *en detail* institutionalisiert - und wieweit hat es sich konkret ausgestaltet?[636] Inwiefern stellen bestimmte Genderkonzepte weltkulturelle Modelle dar, und welche Rolle spielen diese für Transitional Justice?[637] Derartige Forschungsprojekte könnten die hier entwickelte Makroperspektive durch die tiefergehende Analyse einzelner Institutionen in ihrem Verhältnis zu dem rationalisierten Feld sicherlich gewinnbringend ergänzen.

Mit Blick auf die „lokalistischen" Ansätze wurde kritisch angemerkt, dass diese oftmals nur auf ein recht nebulöses Bild globaler Transitional Justice rekurrieren würden. Im Rahmen dieser Arbeit habe ich bereits gezeigt, inwiefern eine neo- institutionalistische Analyse globaler Transitional Justice zusätzliche Einsichten in das Spannungsverhältnis zwischen globalen Mechanismen und lokalen Realitäten bieten kann.[638] Was ich dabei an dieser Stelle nicht leisten konnte, waren Einzelfallanalysen. Auch hier wäre sicherlich weiter zu untersuchen, welches Potential eine Verbindung dieser Perspektiven aufweisen kann. Dabei wäre es aus meiner Sicht auch interessant, nicht nur Momente der Exklusion und des Widerstandes gegen weltkulturelle Institutionen zu erforschen, sondern vielmehr das emanzipatorische Moment in einer offensiven Bezugnahme auf globale Normen seitens der Subalternen zu analysieren.

Zu guter Letzt ist noch auf den durchaus begrenzten Blick auf Globalisierung im Kontext dieser Arbeit einzugehen. Bereits in der Einleitung habe ich darauf hingewiesen, dass ich hier nur eine mögliche „Brille" zur Betrachtung des Prozesses „konstruieren" und „aufziehen" werde. Es wird sicherlich notwendig sein, weitere Analysewerkzeuge zu entwickeln, um auch andere Zugänge zur Betrachtung globaler Entwicklungstendenzen von Transitional Justice zu ermöglichen und damit das Gesamtbild zu erweitern. Krücken hat bereits eine Einordnung der WPT in die Globalisierungsdebatte vorgenommen, auf deren Basis auch die hier präsentierte Sichtweise kritisch reflektiert und weiterentwickelt werden könnte.[639] Mir scheint es auch sinnvoll, die Thesen und Erkenntnisse aus dieser Arbeit in kritischer und/oder materialistischer Hinsicht gegenzulesen -

---

[636] Zu Lustration s. etwa weiterführend DeGreiff & Mayer-Rieckh (2007).
[637] Zu Genderaspekten im Kontext von Transitional Justice vgl. Buckley-Zistel & Stanley (2011).
[638] Vgl. hier Kapitel 5.2.
[639] Vgl. Krücken (2005a, 2006).

nicht zuletzt um stärker auf Machtgefälle und machtpolitische Tendenzen eingehen zu können. Dabei sei etwa an Jason Beckfields interessante Überlegungen zu einer sozialstrukturellen bzw. netzwerktheoretischen Erweiterung der WPT verwiesen.[640] Ebenso möchte ich anregen, nach dem Potential von kritischen Ansätzen in der anglo-amerikanischen Rechtswissenschaft für Transitional Justice zu fragen.[641]

***

Ich habe mich in dieser Arbeit bemüht, möglichst wenig normative Stellungnahmen einfließen zu lassen. Dennoch sollte insgesamt deutlich geworden sein, dass es mir mit dieser Arbeit weder um eine Kritik globaler Transitional Justice und ihrer Proponenten ging, noch um eine Apologie. Am Ende des Tages bleibt in meinen Augen festzuhalten, dass die Globalisierung der Aufarbeitung und Ahndung von Makrogewalt immer auch ein emanzipatorischer Prozess war und es bis heute ist. Dass Jacksons berühmte Worte, dass nicht nur die Bagatelldelikte kleiner Leute, sondern gerade auch die Gräueltaten der Mächtigen in den Kammern nationaler und internationaler Gerichte verhandelt werden sollen[642], heute überall in der Welt Widerhall finden, kann nur als eine wegweisende zivilisatorische Errungenschaft bezeichnet werden. Das Nämliche gilt für alle anderen Versuche, die Verbrechen aufzuklären und zu dokumentieren und so den Mantel des Schweigens zu brechen, sowie alle Ansätze, mit denen sich bemüht wird, das Leid der Opfer zu lindern.

Jedoch: Der Prozess hat gewiss noch nicht das Ende seiner Institutionalisierung erreicht, und dass emanzipatorische Projekt von Transitional Justice bleibt prekär. Sich auf den Verdiensten der Vergangenheit auszuruhen, würde sich sicherlich nicht als eine gute Wahl erweisen. Auch bleibt festzuhalten, dass mit der Rationalisierung des Umgangs mit Makrogewalt zwar die weltweite Aufarbeitung und Ahndung größtmöglicher Verbrechenskomplexe möglich wurde. Doch das Unfassbare zu fassen, und der Irrationalität des Bösen die Kraft der Vernunft entgegenzustellen, ist kein bescheidener Anspruch. Die Fallhöhe kann mitunter immens sein. Angesichts der soziopolitischen Komplexität der Auseinandersetzung mit dem Erbe einer von massiver Gewalt geprägten Vergangenheit wird es nicht reichen, neue, bessere, ausgefeiltere Policies zu entwerfen - im Gegenteil. Jenseits dessen neue Wege zu finden, die einen Ausweg aus dem Di-

---

[640] Vgl. Beckfield (2008).
[641] Vgl. Rajagopal (2004); Miéville (2005); Anghie (2007).
[642] Das Zitat findet sich in der Einleitung zu Kapitel 3.

lemma der Institutionalisierung eröffnen, ist eine Aufgabe, die rationalen Anderen kreative Lösungen und viel selbstkritische Reflexion abverlangen wird. Es ist allerdings ein Weg, den zu gehen erstrebenswert erscheint.

∗∗∗

Im Namen der Weltgesellschaft wurde Kaing Guek Eav, genannt „Duch", am 26. Juli 2010 zu 35 Jahren Haft verurteilt. Das Urteil wurde in der Revision auf eine lebenslängliche Freiheitsstrafe erhöht.[643] Der Transitional Justice-Prozess in Kambodscha dauert zum heutigen Tage an, und ein Ende der Aufarbeitung ist kaum in Sicht. Die ECCC, die gegenwärtig in einem weiteren Fall gegen ehemalige Führungskader der Khmer Rouge ermitteln, stehen immer wieder vor finanziellen Schwierigkeiten. Der kambodschanischen Regierung wird vielfach vorgeworfen, die Arbeit des Gerichtes zu erschweren. Obgleich sie nicht zuletzt angesichts der Legitimität einer Norm zur Aufarbeitung und Ahndung von Makrogewalt die Einrichtung der Kammern förderte, war ihnen das Gericht aus macht- und interessenspolitischen Gründen immer auch ein Dorn im Auge.[644]

Jenseits der ECCC setzten eine Vielzahl von I(N)GOs und lokalen NGOs ihre vielfältigen Aktivitäten, etwa im Bereich der „Traumarbeit" oder der „Erinnerungspolitik" fort.[645] Auch im wissenschaftlichen Diskurs bleibt der kambodschanische Fall Gegenstand von Analysen und Versuchen, „lessons learned" und „best practices" herauszuarbeiten. In der Bevölkerung wurden mit den ECCC zwar durchaus Hoffnungen auf Gerechtigkeit verbunden.[646] Doch die tatsächliche Funktionsweise und die Aufgaben blieben vielen Menschen trotz der Anstrengungen der Zivilgesellschaft, sie im Rahmen von „Outreach"-Programmen darüber aufzuklären, unverständlich.[647] Für viele von ihnen scheint die Auseinandersetzung mit den Schrecken der Vergangenheit weit weniger wichtig, als einen Ausweg aus der Armut der Gegenwart eröffnet zu bekommen. Letztendlich ist dem kambodschanischen Übersetzer recht zu geben. Was sich in dem Gerichtssaal, vier Meilen außerhalb der Hauptstadt abspielt, stellt ein

---

[643]   http://www.eccc.gov.kh/en/articles/kaing-guek-eav-alias-duch-sentenced-life-imprisonment-supreme-court-chamber-0 (letzter Zugriff: 1.11.2013).

[644] Vgl. etwa Cioriari (2009).

[645] Vgl. Oeung & Lach (2012).

[646]   https://sites.google.com/site/transitionaljusticedatabase/transitional-justice-bibliography/asia-and-the-pacific#TOC-Cambodia (letzter Zugriff: 1.11.2013).

[647] Für repräsentative Studien zur Einstellung der Bevölkerung gegenüber den ECCC s. Balthazard et al. (2009; 2011).

Schauspiel dar - eine Inszenierung von Weltkultur, die Dramaturgie eines real existierenden Kosmopolitismus.

7 Literaturverzeichnis

Abrams, J. S., Bischoff, J., & Ratner, S. R. (2009). *Accountability for Human Rights Atrocities in International Law: Beyond the Nuremberg Legacy* (3. Aufl.). Oxford: Oxford University Press.

Aguilar, P. (2001). Justice, Politics and Memory in the Spanish Transition. In: A. Barahona de Brito, P. Aguilar, & C. González-Enríquez (Hrsg.), *The Politics of Memory: Transitional Justice in Democratizing Societies* (S. 92-118). Oxford: Oxford University Press.

Ahlbrecht, H. (1999). *Geschichte der völkerrechtlichen Strafgerichtsbarkeit im 20. Jahrhundert* (Band 2). Baden-Baden: Nomos.

Akcam, T. (2004). *Armenien und der Völkermord: Die Istanbuler Prozesse und die türkische Nationalbewegung* (Neuaufl.). Hamburg: Hamburger Edition.

Albuja, S., & Cavallaro, J. L. (2008). The Lost Agenda: Economic Crimes and Truth Commissions in Latin America and Beyond. In: K. McEvoy & L. McGregor (Hrsg.), *Transitional Justice from Below: Grassroots Activism and the Struggle for Change* (S. 121-141). Portland: Hart Publishing.

Amnesty International (Hrsg.) (2007). *Off the Record: U.S. Responsibility for Enforced Disapperances in the „War on Terror".* o.O.: Amnesty International.

Amnesty International (Hrsg.) (1977). *Torture in Greece: The First Torturers' Trial 1975.* London: Amnesty International Publications.

Amnesty International (Hrsg.). (2013). *Amnesty International Report 2013: Zur Weltweiten Lage der Menschenrechte.* Frankfurt am Main: S. Fischer.

Anghie, A. (2007). *Imperialism, Sovereignty, and the Making of International Law.* Cambridge: Cambridge University Press.

Arriaza, L. J., & Roht-Arriaza, N. (2008). Social Repair at the Local Level: The Case of Guatemala. In: K. McEvoy & L. McGregor (Hrsg.), *Transitional Justice from Below: Grassroots Activism and the Struggle for Change* (S. 143-166). Oxford - Portland: Hart Publishing.

Arriaza, L. J., & Roht-Arriaza, N. (2010). Weaving a Braid of Histories: Local Post-Armed Conflict Initiatives in Guatemala. In: P. Hazan, R. Shaw, & L. Waldorf (Hrsg.), *Localizing Transitional Justice: Interventions and Priorities after Mass Violence* (S. 205-227). Stanford: Stanford Universtity Press.

Arthur, P. (2009). How „Transitions" Reshaped Human Rights: A Conceptual History of Transitional Justice. *Human Rights Quarterly, 31*(2), 321-367.

Avruch, K., & Vejarano, B. (2002). Truth and Reconciliation Commissions: A Review Essay and Annotated Bibliography. *The Online Journal of Peace and Conflict Resolution, 4*(2), 37-76.

Bach, G. (2006). Genocide (Holocaust) Trials in Israel. In: H. R. Reginbogin & C. J. M. Safferling (Hrsg.), *The Nuremburg Trials: International Criminal Law Since 1945* (S. 216-223). München: K.G. Saur.

Backer, D. (2009). Cross-National Comparative Analysis. In V. Baxter, A. R. Chapman, & H. Van der Merwe (Hrsg.), *Assessing the Impact of Transitional Justice. Challenges for Empirical Research* (S. 23-89). Washington: United States Institute for Peace.

Baines, E. K. (2007). The Haunting of Alice: Local Approaches to Justice and Reconciliation in Northern Uganda. *International Journal of Transitional Justice, 1*(1), 91-114.

Balthazard, M., Hean, S., Pham, P. N., & Vinck, P. (2011). *After the First Trial: A Population-Based Survey On Knowledge and Perception of Justice and the Extraordinary Chambers in the Courts of Cambodia.* Berkeley: Human Rights Center, University of California, Berkeley.

Balthazard, M., Hean, S., Pham, P. N., Vinck, P., & Stover, E. (2009). *So We Will Never Forget: A Population-Based Surve on Attitudes about Social Reconstruction and the Extraordinary Chambers in the Courts of Cambodia.* Berkeley: Human Rights Center, University of California, Berkeley.

Banfield, G. (2004). What's Really Wrong with Ethnography? *International Education Journal, 4*(4), 53-63.

Barahona de Brito, A. (2001). Truth, Justice, Memory and Democratization in the Southern Cone. In: A. Barahona de Brito, C. González-Enríquez, & P. Aguilar (Hrsg.), *The Politics of Memory: Transitional Justice in Democratizing Societies* (S. 119-160). Oxford: Oxford University Press.

Barahona de Brito, A., González-Enríquez, C., & Aguilar, P. (2001). Introduction. In: A. Barahona de Brito, C. González-Enríquez, & P. Aguilar (Hrsg.), *The Politics of Memory: Transitional Justice in Democratizing Societies* (S. 1-39). Oxford: Oxford University Press.

Barnett, M. (2010). *The International Humanitarian Order.* New York: Routledge. Barnett, M. (2011). *Empire of Humanity: A History of Humanitarianism* (Kindle E-Book Ausgabe). Ithaca - London: Cornell University Press.

Barrett, J. Q. (2007). The Nuremberg Roles of Justice Robert H. Jackson. *Washington University Global Studies Law Review, 6*, 1-15.

Barth, B. (2006). *Genozid - Völkermord im 20. Jahrhundert: Geschichte, Theorien, Kontroversen.* München: C.H. Beck.

Bassiouni, M. C. (2011). *Crimes Against Humanity: Historical Evolution and Contemporary Application.* Cambridge: Cambridge University Press.

Baylis, E. (2008). Tribunal-Hopping with the Post-Conflict Justice Junkies. *Oregon Review of International Law, 10*, 361-390.

Baylis, J., & Smith, S. (2001a). *Introduction.* In: J. Baylis & S. Smith (Hrsg.), *The Globalization of World Politics: An Introduction to International Relations* (2. Aufl.) (S. 1-12). Oxford: Oxford University Press.

Baylis, J., & Smith, S. (Hrsg.). (2001b). *The Globalization of World Politics: An Introduction to International Relations* (2. Aufl.). Oxford: Oxford University Press.

Beachler, D. W. (2011). *The Genocide Debate: Politicians, Academics and Victims.* New York: Palgrave Macmillan.

Beck, U. (1997). *Was ist Globalisierung?* Frankfurt: Suhrkamp.

Becker-Ritterspach, F. A. A., & Becker-Ritterspach, J. C. E. (2006). Isomorphie und Entkoppelung im Neo-Institutionalismus. In: K.-U. Hellmann & K. Senge (Hrsg.), *Einführung in den Neo-Institutionalismus* (S. 118-136). Wiesbaden: VS Verlag für Sozialwissenschaften.

Becker, E. (1975). *Escape from Evil*. New York - London: The Free Press. Beckfield, J. (2008). The Dual World Polity: Fragmentation and Integration in the Network of Intergovernmental Organizations. *Social Problems, 55*(3).

Bell, C. (2009). Transitional Justice, Interdisciplinarity and the State of the ,Field' or ,Non-Field'. *International Journal of Transitional Justice, 3*, 5-27.

Berger, P. L., & Luckmann, T. (2007). *Die gesellschaftliche Konstruktion der Wirklichkeit. Eine Theorie der Wissensoziologie* (21. Aufl.). Frankfurt am Main: Fischer.

Berghof Foundation (Hrsg.). (2012). *Berghof Glossary on Conflict Transformation: 20 Notions for Theory and Practice*. Berlin: Berghof Foundation Operations.

Björkdahl, A. (2002). Norms in International Relations: Some Conceptual and Methodological Reflecions. *Cambridge Review of International Affairs, 15*(1).

Blaser, A. W. (1992). How To Advance Human Rights Without Really Trying: An Analysis of Nongovernmental Tribunals. *Human Rights Quarterly, 14*(3), 339-370.

Bleeker, M. (Hrsg.) (2006). *Dealing with the Past and Transitional Justice: Creating Conditions for Peace, Human Rights and the Rule of Law*. Proceedings from Dealing with the Past and Transitional Justice: Creating Conditions for Peace, Human Rights and the Rule of Law, Bern.

Bloxham, D. (2001). *Genocide On Trial: War Crimes Trials and the Formation of Holocaust History and Memory*. Oxford: Oxford University Press.

Blumenthal, D. A., & McCormack, T. L. H. (Hrsg.). (2008). *The Legacy of Nuremberg: Civilising Influence or Institutionalised Vengeance?* Leiden - Boston: Martinus Nijhoff Publishers.

Boli, J. (1987). World Polity Sources of Expanding State Authority and Organization, 1870-1970. In: J. Boli, J. W. Meyer, F. O. Ramirez, & G. M. Thomas (Hrsg.), *Institutional Structure: Constituting State, Society and the Individual* (S. 71-91). London: Sage.

Boli, J. (2005). Contemporary Developments in World Culture. *International Journal of Comparative Sociology, 46*(5-6), 383-404.

Boli, J., & Lechner, F. J. (2005). *World Culture: Origins and Consequences*. Malden: Blackwell.

Boli, J., Meyer, J. W., Thomas, G. E., & Ramirez, F. O. (2005a). Die Weltgesellschaft und der Nationalstaat. In: G. Krücken (Hrsg.), *Weltkultur. Wie die westlichen Prinzipien die Welt durchdringen* (S. 85-132). Frankfurt am Main: Suhrkamp.

Boli, J., Meyer, J. W., & Thomas, G. M. (2005b). Ontologie und Rationalisierung im Zurechnungssystem der westlichen Kultur. In: G. Krücken (Hrsg.), *John W. Meyer - Weltkultur. Wie die westlichen Prinzipien die Welt durchdringen*. (S. 17-46). Frankfurt am Main: Suhrkamp.

Boli, J., & Thomas, G. M. (Hrsg.). (1999a). *Constructing World Culture: International Nongovernmental Organizations since 1875*. Stanford: Stanford University Press.

Boli, J., & Thomas, G. M. (1997). World Culture in the World Polity: A Century of International Non-Governmental Organization. *American Sociological Review, 62*(2), 171-190.

Boli, J., & Thomas, G. M. (1999b). INGOs and the Organization of World Culture. In: J. Boli & G. M. Thomas (Hrsg.), *Constructing World Culture: International Nongovernmental Organizations since 1875* (S. 13-49). Stanford: Stanford University Press.

Bonacker, T. (2012). Globale Opferschaft: Zum Charisma des Opfers in Transitional Justice-Prozessen. *Zeitschrift für Internationale Beziehungen, 19*(1), 5-36.

Bonacker, T., Form, W., & Pfeiffer, D. (2011). Transitional Justice and Victim Participation in Cambodia: A World Polity Perspective. *Global Society, 25*(1), 113-134.

Bonacker, T., & Weller, C. (Hrsg.). (2006). *Konflikte der Weltgesellschaft: Akteure - Strukturen - Dynamiken.* Frankfurt am Main: Campus Verlag.

Booth Walling, C., & Sikkink, K. (2006). Argentina's Contribution to Global Trends in Transitional Justice. In: N. Roht-Arriaza & J. Mariezcurrena (Hrsg.), *Transitional Justice in the Twenty-First Century: Beyond Truth versus Justice* (S. 301-324). Cambridge: Cambridge University Press.

Boraine, A. (2000). Truth and Reconciliation in South Africa: The Third Way. In: R. I. Rotberg & D. Thompson (Hrsg.), *Truth v. Justice: The Morality of Truth Commissions* (S. 141-157). Princeton and Oxford: Princeton University Press.

Borgwardt, E. (2005). Re-Examining Nuremberg as a New Deal Institution: Politics, Culture and the Limits of Law in Generating Human Rights Norms. *Berkeley Journal of International Law, 23*(2), 401-462.

Boyle, E. H., & Meyer, J. W. (2005). Das moderne Recht als säkularisiertes globales Modell: Konsequenzen für die Rechtssoziologie. In: G. Krücken (Hrsg.), *Weltkultur. Wie die westlichen Prinzipien die Welt durchdringen* (S. 179-211). Frankfurt am Main: Suhrkamp.

Branch, A. (2011). The Role of the ICC in Northern Uganda. In A. Bartoli, Z. C. Mampilly, & S. A. Nan (Hrsg.), *Peacemaking: From Practice to Theory, Volume 1* (S. 122-134). Santa Barbara - Denver - Oxford: Praeger Security International.

Buckley-Zistel, S. (2008). Transitional Justice als Weg zu Frieden und Sicherheit: Möglichkeiten und Grenzen. *SFB Governance Working Paper Series, 15.*

Buckley-Zistel, S., & Stanley, R. (Hrsg.). (2011). *Gender in Transitional Justice.* New York: Palgrave Macmillan.

Buergenthal, T. (2006). The Evolving International Human Rights System. *The American Journal of International Law, 100*(4), 783-807.

Burnet, J. E. (2011). (In)justice: Truth, Reconciliation and Revenge in Rwanda's Gacaca. In: A. L. Hinton (Hrsg.), *Transitional Justice: Global Mechanisms and Local Realities after Genocide and Mass Violence* (S. 95-118). New Brunswick - New Jersey - London: Rutgers University Press.

Carnahan, B. M. (1998). Lincoln, Lieber and the Laws of War: The Origins and Limits of the Principle of Military Necessity. *The American Journal of International Law, 92*(2), 213-231.

Chalk, F., & Jonassohn, K. (1990). *The History and Sociology of Genocide: Analyses and Case Studies.* New Haven - London: Yale University Press.

Chandler, D. (2010). The Uncritical Critique of ‚Liberal Peace‘. *Review of International Studies, 36* (Special Issue S1), 137-155.

Chiam, M. (2008). Different Models of Tribunals. In: D. A. Blumenthal & T. L. H. McCormack (Hrsg.), *The Legacy of Nuremberg: Civilising Influence or Institutionalised Vengeance?* (S. 205-228). Leiden - Boston: Martinus Nijhoff.

Chua, A. (2007). *Day of Empire: How Hyperpowers Rise to Global Dominance - And Why They Fall.* New York: Doubleday.

Cicoriari, J. D. (2009). History and Politics Behind the Khmer Rouge Trials. In: J. D. Cicoriari & A. Heindel (Hrsg.), *On Trial: The Khmer Rouge Accountability Process* (S. 33-84). Phnom Penh: Documentation Center of Cambodia.

Civil Rights Council (US) (Hrsg.) (1970). *We Charge Genocide: The Historic Petition to the United Nations for Relief from a Crime of the United States Government against the Negro People.* o.O.: International Publishers.

Clark, P. (2007). Hybridity, Holism, and "Traditional" Justice: The Case of the Gacaca Courts in Post-Genocide Rwanda. *George Washington International Law Review, 39*, 765-837.

Clark, P. (2008). The Rules (and Politics) of Engagement: The Gacaca Courts and Post-Genocide Justice, Healing and Reconciliation in Rwanda. In: P. Clark & Z. D. Kaufman (Hrsg.), *After Genocide: Transitional Justice, Post-Conflict Reconstruction and Reconciliation in Rwanda and Beyond* (S. 229-260). London: Hurst & Company.

Commission on the Responsibility of the Authors of the War and on Enforcement of Penalties (1920). Report Presented to the Preliminary Peace Conference. *The American Journal of International Law, 14*(1/2), 95-154.

Cremer, U., & Lutz, D. S. (Hrsg.). (1999). *Nach dem Krieg ist vor dem Krieg: Die Sicht der anderen zum Kosovo-Krieg und ihre alternativen Lehren und Konsequenzen.* Hamburg: VSA Verlag.

Crenzel, E. (2008). Argentina's National Commission on the Disappearance of Persons: Contributions to Transitional Justice. *International Journal of Transitional Justice, 2*(2), 173-191.

Darge, T. (2010). *Kriegsverbrechen im nationalen und internationalen Recht: Unter besonderer Berücksichtigung des Bestimmtheitsgrundsatzes.* Heidelberg: Springer.

Davis, L. (2010). *The European Union and Transitional Justice.* o.O.: Initative for Peacebuilding.

De Coning, C. (2013). Understanding Peacebuilding as Essentially Local. *Stability, 2*(1), 1-6.

De Greiff, P., & Duthie, R. (Hrsg.). (2009). *Transitional Justice and Development: Making Connections.* New York: Social Science Research Council.

De Greiff, P., & Mayer-Rieckh, A. (Hrsg.). (2007). *Justice as Prevention: Vetting Public Employees in Transitional Societies.* New York: Social Science Research Council.

Deppe, F. (1997). *Fin de Siècle: Am Übergang ins 21. Jahrhundert.* Köln: PapyRossa.

Derrida, J. (2004). *Marx' Gespenster. Der Staat der Schuld, die Trauerarbeit und die neue Internationale* (1. Aufl.). Frankfurt am Main: Suhrkamp.

Des Forges, A. (1999). *Leave None to Tell the Story: Genocide in Rwanda.* o.O.: Human Right Watch.

Dickinson, L. A. (2003). The Promise of Hybrid Courts. *The American Journal of International Law, 97*(2), 295-310.

Dierkes, J., & Koenig, M. (2006). Zur Ambivalenz der universalistischen Weltkultur: Konfliktbearbeitung und Konfliktdynamik aus Sicht des neuen soziologischen Institutionalismus. In: T. Bonacker & C. Weller (Hrsg.), *Konflikte der Weltgesellschaft: Akteure - Strukturen - Dynamiken* (S. 127-148). Frankfurt am Main: Campus.

Dockrill, M. L., & Hopkins, M. F. (2006). *The Cold War, 1945-1991* (2. Aufl.). New York: Palgrave Macmillan.

Donnelly, J. (1986). International Human Rights: A Regime Analysis. *International Organization, 40*(3), 599-642.

Drori, G. S., & Krücken, G. (2009a). World Society: A Theory and a Research Program in Context. In: G. S. Drori & G. Krücken (Hrsg.), *World Society: The Writings of John W. Meyer* (S. 3-35). Oxford: Oxford University Press.

Drori, G. S., & Krücken, G. (Hrsg.). (2009b). *World Society: The Writings of John W. Meyer*. Oxford: Oxford University Press.

Drori, G. S., Meyer, J. W., Ramirez, F. O., & Schofer, E. (2009). World Society and the Authority and Empowerment of Science. In: G. S. Drori & G. Krücken (Hrsg.), *World Society: The Writings of John W. Meyer* (S. 261-279). Oxford: Oxford University Press.

Drumbl, M. A. (2007). *Atrocity, Punishment, and International Law*. Cambridge: Cambridge University Press.

Drychs, S. (2008). *Das hybride Khmer Rouge-Tribunal: Entstehung, Entwicklung und rechtliche Grundlagen*. Frankfurt am Main: Peter Lang.

Duffet, J. (Hrsg.). (1968). *Against the Crime of Silence: Proceedings of the Russell International War Crimes Tribunal, Stockholm - Copenhagen*. New York - London: O'Hare.

Duffy, H. (2005). *The "War on Terror" and the Framework of International Law*. Cambridge: Cambridge University Press.

Dülffer, J. (2001). Regeln im Krieg? Kriegsverbrechen und die Haager Friedenskonferenzen. In: W. Wette & G. R. Ueberschär (Hrsg.), *Kriegsverbrechen im 20. Jahrhundert* (S. 35-49). Darmstadt: Wissenschaftliche Buchgesellschaft.

Duthie, R. (2011). Afterword: The Consequences of Transitional Justice in Particular Contexts. In: A. L. Hinton (Hrsg.), *Transitional Justice: Global Mechanisms and Local Realities after Genocide and Mass Violence* (S. 249-256). New Brunswick - New Jersey - London: Rutgers University Press.

Ehrenfreund, N. (2007). *The Nuremberg Legacy: How the Nazi War Crimes Trials Changed the Course of History*. New York: Palgrave Macmillan.

Eisnaugle, C. J. N. (2003). An International 'Truth Commission': Utilizing Restorative Justice as an Alternative to Retribution. *Vanderbilt Journal of Transnational Law, 36*(1), 209-242.

Elster, J. (2005). *Die Akten schließen. Nach dem Ende von Diktaturen*. Bonn: Bundeszentrale für politische Bildung.

Eltringham, N. (2011). Judging the 'Crime of Crimes': Continuity and Improvisation at the International Criminal Tribunal for Rwanda. In: A. L. Hinton (Hrsg.), *Transitional Justice: Global Mechanisms and Local Realities after Genocide and Mass Violence* (S. 206-226). New Brunswick - New Jersey - London: Rutgers University Press.

Eshet, D. (2007). *Totally Unofficial: Raphael Lemkin and the Genocide Convention*. o.O.: Facing History and Ourselves.

Fassin, D., & Rechtman, R. (2009). *The Empire of Trauma: An Inquiry into the Condition of Victimhood*. Princeton: Princeton University Press.

Fenwick, M. (2003). The Dilemmas of Transitional Justice: Criminal Prosecutions or Truth Commissions? *The Seinan Law Review, 35*(3.4), 1-24.

Feyerabend, P. (1986). *Wider den Methodenzwang* (11. Aufl.). Frankfurt am Main: Suhrkamp.

Finlan, A. (2004). *The Collapse of Yugoslavia 1991-1999.* Oxford: Osprey.

Finnemore, M., & Sikkink, K. (1998). International Norm Dynamics and Political Change. *International Organization, 52*(4), 887-917. 211

Finnemore, M., & Sikkink, K. (2001). Taking Stock: The Constructivist Research Program in International Relations and Comparative Politics. *Annual Review of Political Science, 4*, 391-416.

Fisher, K., & Stewart, R. (Hrsg.). (2013). *Transitional Justice and the Arab Spring.* London - New York: Routledge.

Fletcher, L. E., Pham, P. N., Vinck, P., & Weinstein, H. M. (2010). Stay the Hand of Justice: Whose Priorities Take Priority? In: R. Shaw, L. Waldorf, & P. Hazan (Hrsg.), *Localizing Transitional Justice: Interventions and Priorities after Mass Violence* (S. 27-48). Stanford: Stanford University Press.

Fletcher, L. E., & Van der Merwe, H. (2013). Editorial Note. *International Journal of Transitional Justice, 7*(1), 1-7.

Foucault, M. (1984). Nietzsche, Genealogy, History. In: P. Rabinow (Hrsg.), *The Foucault Reader* (S. 76-100). New York: Pantheon Books.

Foucault, M. (1973). *Wahnsinn und Gesellschaft: Eine Geschichte des Wahns im Zeitalter der Vernunft.* Frankfurt am Main: Suhrkamp.

Foucault, M. (1994). *Überwachen und Strafen: Die Geburt des Gefängnisses.* Frankfurt: Suhrkamp.

Friedman, M. J., Keane, T. M., & Resick, P. A. (2010). PTSD: Twenty-Five Years of Progress and Challenges. In: M. J. Friedman, T. M. Keane, & P. A. Resick (Hrsg.), *Handbook of PTSD: Science and Practice* (S. 3-18). New York: Guilford Press.

Fukuyama, F. (1992). *The End of History and the Last Man.* New York: Free Press - Macmillan.

Ganser, D. (2004). *NATO's Secret Armies: Operation Gladio and Terrorism in Western Europe.* London - New York: Routledge.

García-Godos, J. (2008). Victim Reparations in Transitional Justice - What is at Stake and Why. *Nordisk Tidsskrift For Menneskerettigheter, 26*(2), 111-130.

Gareis, S. B., & Varwick, J. (2006). *Die Vereinten Nationen: Aufgaben, Instrumente und Reformen* (4. Aufl.). Opladen: Barbara Budrich.

Gilley, B. (2004). Against the Concept of Ethnic Conflict. *Third World Quarterly, 25*(6), 1155-1166.

Glasius, M. (2006). *The International Criminal Court: A Global Civil Society Achievment.* London: Routledge.

Goldman, R. K. (2009). History and Action: The Inter-American Human Rights System and the Role of the Inter-American Commission on Human Rights. *Human Rights Quarterly, 31*, 856-887.

Goldstone, R. (1999). Preface. In C. Hesse & R. Post (Hrsg.), *Human Rights in Political Transitions: Gettysburg to Bosnia* (S. 9-12). New York: Zone Books.

Grodsky, B. (2009). Beyond Lustration: Truth-Seeking Efforts in the Post-Communist Space. *Taiwan Journal of Democracy, 5*(2), 21-43.

Guilhot, N. (2002). The Transition to the Human World of Democracy: Notes for a History of the Concept of Transition, from Early Marxism to 1989. *European Journal of Social Theory, 5*(2), 219-243.

Hafner-Burton, E. M., & Tsutsui, K. (2005). Human Rights in a Globalizing World: The Paradox of Empty Promises. *American Journal of Sociology, 110*(5), 1373-1411.

Hammersley, M. (1992). *What's Wrong With Ethnography?* New York: Routledge.

Hammersley, M. (1995). *The Politics of Social Research.* London: Sage Publications.

Hankel, G. (2003). *Die Leipziger Prozesse: Deutsche Kriegsverbrechen und ihre strafrechtliche Verfolgung nach dem Ersten Weltkrieg.* Hamburg: HIS-Verlag.

Hansen, T. O. (2011). Transitional Justice: Toward a Differentiated Theory. *Oregon Review of International Law, 13*(1), 1-46.

Harris, W.R. (2008). *Tyrannen vor Gericht: Das Verfahren gegen die deutschen Hauptkriegsverbrecher nach dem Zweiten Weltkrieg in Nürnberg 1945-1946. Hrsg. von C.J.M. Safferling.* Berlin: Berliner Wissenschafts-Verlag.

Hasse, R., & Krücken, G. (1999). *Neo-Institutionalismus.* Bielefeld: Transcript.

Hayner, P. B. (1994). Fifteen Truth Commissions -1974 to 1994. A Comparative Study. *Human Rights Quarterly, 16*(4), 597-655.

Hayner, P. B. (2002). *Unspeakable Truths: Confronting State Terror and Atrocity.* London: Routledge.

Hazan, P., Shaw, R., & Waldorf, L. (Hrsg.). (2010). *Localizing Transitional Justice: Interventions and Priorities after Mass Violence.* Stanford: Stanford University Press.

Higonnet, E. R. (2006). Restructuring Hybrid Courts: Local Empowerment and National Criminal Justice Reform. *Arizona Journal of International and Comparative Law, 23*(2), 347-435.

Hilberg, R. (1999). *Die Vernichtung der europäischen Juden* (Band 3) (9. Aufl.). Frankfurt am Main: Fischer Taschenbuch Verlag.

Hinton, A. L. (2011a). Introduction: Toward an Anthropology of Transitional Justice. In: A. L. Hinton (Hrsg.), *Transitional Justice: Global Mechanisms and Local Realities after Genocide and Mass Violence* (S. 1-22). London: Rutgers University Press.

Hinton, A. L. (Hrsg.). (2011b). *Transitional Justice: Global Mechanisms and Local Realities after Genocide and Mass Violence.* London: Rutgers University Press.

Hobe, S., & Kimminich, O. (2004). *Einführung in das Völkerrecht* (8. Aufl.). Tübingen - Basel: A. Franke Verlag.

Hobsbawm, E. (2009). *Das Zeitalter der Extreme: Weltgeschichte des 20. Jahrhunderts* (9. Aufl.). München: Deutscher Taschenbuch Verlag.

Horowitz, D. L. (2000). *Ethnic Groups in Conflict* (2. Aufl.). Berkeley - Los Angeles - London: University of California Press.

Human Rights Watch (Hrsg.) (2011). *Getting Away with Torture: The Bush Administration and Mistreatment of Detainees.* o.O.: Human Rights Watch.

Human Rights Watch (Hrsg.) (2010). *„No Questions Asked": Intelligence Cooperation with Countries that Torture.* o.O.: Human Rights Watch.

Huyse, L. (2008). Introduction: Tradition-Based Approaches in Peacemaking, Transitional Justice and Reconciliation Policies. In: L. Huyse & M. Salter (Hrsg.), *Traditional Justice and Reconciliation after Violent Conflict. Learning from the African Experiences* (S. 1-22). Stockholm: International IDEA.

Huyse, L., & Salter, M. (Hrsg.). (2008). *Traditional Justice and Reconciliation after Violent Conflict. Learning from the African Experiences.* Stockholm: International IDEA.

Ignatieff, M. (1999). Human Rights. In: C. Hesse & R. Post (Hrsg.), *Human Rights in Political Transitions: Gettyburg to Bosnia* (S. 313-324). New York: Zone Books.

IMT Nürnberg (Hrsg.). (1947). *Trials of the Major War Criminals before the Internatio-nal Military Tribunal: Official Text in the English Language* (Vol. I). Nürnberg.

Jackson, R. H. (2001). The Evolution of International Society. In: J. Baylis & S. Smith (Hrsg.), *The Globalization of World Politics: An Introduction to International Relations* (2. Aufl.) (S. 35-50). Oxford - New York: Oxford University Press.

Jäger, H. (1982). *Verbrechen unter totalitärer Herrschaft: Studien zur nationalsozialisti-schen Gewaltkriminalität.* Frankfurt am Main: Suhrkamp.

Jäger, H. (1989). *Makrokriminalität: Studien zur Kriminalität kollektiver Gewalt.* Frank-furt am Main: Suhrkamp.

Jallow, H. B. (2008). The Contribution of the United Nations International Criminal Tri-bunal for Rwanda to the Development of International Criminal Law. In: P. Clark & Z. D. Kaufman (Hrsg.), *After Genocide: Transitional Justice, Post-Conflict Re-sonstruction and Reconciliation in Rwanda and Beyond* (S. 261-279). London: Hurst & Company.

Jepperson, R. L., & Meyer, J. W. (2005). Die "Akteure" der modernen Gesellschaft: Die kulturelle Konstruktion sozialer Agentschaft. In: G. Krücken (Hrsg.), *John W. Mey-er - Weltkultur. Wie die westlichen Prinzipien die Welt durchdringen.* (S. 47-84). Frankfurt am Main: Suhrkamp.

Kaldor, M. (2012). *New & Old Wars: Organised Violence in a Global Era* (3. Aufl.). Cambridge - Malden: Polity Press.

Karstedt, S. (2008). The Nuremberg Tribunal and German Society: International Justice and Local Judgement in Post-Conflict Reconstruction. In: D. A. Blumenthal & T. L. H. McCormack (Hrsg.), *The Legacy of Nuremberg: Civilising Influence or Instituti-onalised Vengeance?* (S. 13-35). Leiden - Boston: Martinus Nijhoff.

Karstedt, S. (1988). Coming to Terms with the Past in Germany after 1945 and 1989: Public Judgements on Procedures and Justice. *Law & Policy, 20*(1), 15-56.

Kaufman, Z. D. (2008). The United States Role in the Establishment of the United Na-tions International Criminal Tribunal for Rwanda. In: P. Clark & Z. D. Kaufman (Hrsg.), *After Genocide: Transitional Justice, Post-Conflict Reconstruction and Reconciliation in Rwanda and Beyond* (S. 229-260). London: Hurst & Company.

Kayser-Whande, U., & Schell-Faucon, S. (2008). Transitional Justice and Civilian Con-flict Transformation: Current Research, Future Questions. *CCS Working Papers, 10,* 1-77.

Kingsbury, B., & Strautmann, B. (2010). State of Nature versus Commercial Sociability as the Basis of International Law: Reflections on the Roman Foundations and Cur-rent Interpretations of the International Political and Legal Thought of Grotius, Hobbes and Pufendorf. In: S. Besson & J. Tasioulas (Hrsg.), *The Philosophy of In-ternational Law* (S. 33-51). Oxford: Oxford University Press.

Koskenniemi, M. (2009). The Advantage of Treaties: International Law in the Enlighten-ment. *Edinburgh Law Review, 13,* 27-67.

Koskenniemi, M. (2007). The Fate of Public International Law: Between Technique and Politics. *The Modern Law Review, 70*(1), 1-30.

Kramer, A. (2001). Versailles, deutsche Kriegsverbrechen und das Auslieferungsbegehren der Alliierten 1919/20. In W. Wette & G. R. Ueberschär (Hrsg.), *Kriegsverbrechen im 20. Jahrhundert* (S. 72-84). Darmstadt: Wissenschaftliche Buchgesellschaft.

Krause, D. (2001). *Luhmann-Lexikon: Eine Einführung in das Gesamtwerk von Niklas Luhmann* (3. Aufl.). Stuttgart: Lucius & Lucius.

Kress, C. (2006). Germany and International Criminal Law: Continuity or Change? In: H. R. Reginbogin & C. J. M. Safferling (Hrsg.), *The Nuremberg Trials: International Criminal Law Since 1945* (S. 235-240). München: K.G. Saur.

Kritz, N. J. (Hrsg.). (1995). *Transitional Justice: How Emerging Democracies Reckon with Former Regimes* (Band 1-3). Washington D.C.: United States Institute of Peace.

Krücken, G. (2005a). Der ‚World Polity' - Ansatz in der Globalisierungsdiskussion. In: G. Krücken (Hrsg.), *John W. Meyer - Weltkultur. Wie die westlichen Prinzipien die Welt durchdringen* (S. 300-318). Frankfurt am Main: Suhrkamp.

Krücken, G. (2005b). Einleitung. In G. Krücken (Hrsg.), *John Meyer - Weltkultur. Wie die westlichen Prinzipien die Welt durchdringen* (S. 7-16). Frankfurt am Main: Suhrkamp.

Krücken, G. (Hrsg.). (2005c). *John W. Meyer - Weltkultur: Wie die westlichen Prinzipien die Welt durchdringen*. Frankfurt am Main: Suhrkamp.

Krücken, G. (2006). World Polity Forschung. In: K. Senge & K.-U. Hellmann (Hrsg.), *Einführung in den Neoinstitutionalismus* (pp. 139-149). Wiesbaden: VS Verlag.

La Haye, E. (2008). *War Crimes in Internal Armed Conflicts*. Cambridge: Cambridge University Press.

Lamnek, S. (2002): Norm. In: G. Endruweit & G. Trommsdorff (Hrsg.), *Wörterbuch der Soziologie* (386-389). 2. Üb. Auflage. Stuttgart: Lucius & Lusicus.

Latham, M. E. (2011). *The Right Kind of Revolution: Modernization, Development, and US Foreign Policy from the Cold War to the Present*. Ithaka: Cornell University Press.

Latham, M. I. E. (2000). *Modernization as Ideology: American Social Science and "Nation Building" in the Kennedy Era*. Chapel Hill: University of North Carolina Press.

Laughland, J. (2008). *A History of Political Trials: From Charles I to Saddam Hussein*. Oxford: Peter Lang.

Lechner, F. J. (2009). *Globalization: The Making of World Society*. Malden: Wiley-Blackwell.

Lemay, B., & Letourneau, P. (2001). Die Herausforderung der Männer des Friedens oder der Briand-Kellog Pakt. In: W. Wette & G. R. Ueberschär (Hrsg.), *Kriegsverbrechen im 20. Jahrhundert* (S. 99-110). Darmstadt: Wissenschaftliche Buchgesellschaft.

Lemkin, R. (2005). *Axis Rule in Occupied Europe: Laws of Occupation - Analysis of Government - Proposals for Redress*. Clark: The Lawbook Exchange.

Loening, T. C. (1987). *The Reconciliation Agreement of 403/402 BC in Athens: Its Content and Application*. Stuttgart: Steiner Verlag.

Lutz, E., & Sikkink, K. (2001). The Justice Cascade: The Evolution and Impact of Foreign Human Rights Trials in Latin America. *Chicago Journal of International Law*, *2*(1), 1-34.

Magarrell, L., & Peterson, L. (2010). After Torture: U.S. Accountability and the Right to Redress. *ICTJ Report*.

Mallinder, L. (2008). *Amnesty, Human Rights and Poliitcal Transitions: Bridging the Peace and Justice Divide*. Oxford - Portland: Hart.

Mani, R. (2002). *Beyond Retribution: Seeking Justice in the Shadows of War*. Malden: Blackwell.

Maogoto, J. (2009). Early Efforts to Establish an International Criminal Court. In: J. Doria, H.-P. Gasser, & M. C. Bassiouni (Hrsg.), *The Legal Regime of the ICC* (S. 3-22). Leiden - Boston: Martinus Njihoff.

Marks, S. (2000). *The Riddle of all Constitutions: International Law, Democracy, and the Critique of Ideology.* Oxford: Oxford University Press.

Marrus, M. R. (1997). *The Nuremberg War Crimes Trial 1945-46: A Documentary History.* Boston - New York: Bedfords/St. Martin's.

Marsh, C., & Payne, D. P. (2007). The Globalization of Human Rights and the Socialization of Human Rights Norms. *Brigham Young University Law Review, 3,* 665-688.

Marx, K., & Engels, F. (1969). Die deutsche Ideologie: Kritik der neuesten deutschen Philosophie in ihren Repräsentanten Deuerbach, B. Bauer und Stirner, und des deutschen Sozialismus in seinen verschiedenen Propheten. In: *Marx-Engels Werke (MEW) Band 3* (S. 9-530). Berlin: Dietz.

Mazower, M. (2009). *No Enchanted Palace: The End of Empire and the Ideological Origins of the United Nations.* Princton: Princeton University Press.

McEvoy, K. (2008). Letting Go of Legalism: Developing a ‚Thicker' Version of Transitional Justice. In: K. McEvoy & L. McGregor (Hrsg.), *Transitional Justice from Below: Grassroots Activism and the Struggle for Change* (S. 15-45). Portland: Hart Publishing.

McEvoy, K., & McGregor, L. (Hrsg.). (2008a). *Transitional Justice from Below: Grassroots Activism and the Struggle for Change.* Portland: Hart Publishing.

McEvoy, K., & McGregor, L. (2008b). Transitional Justice from Below: An Agenda for Research, Policy and Praxis. In: K. McEvoy & L. McGregor (Hrsg.), *Transitional Justice from Below. Grassroots Activism and the Struggle for Change* (S. 1-13). Portland: Hart Publishing.

McSherry, J. P. (2005). *Predatory States: Operation Condor and Covert War in Latin America.* Lanham: Rowman & Littlefield.

Medico International (Hrsg.). (1997). *Schnelle Eingreiftruppe "Seele": Auf dem Weg in die therapeutische Weltgesellschaft.* Frankfurt am Main: Medico International.

Mekonnen, D. (2010). Indigenous Legal Tradition as a Supplement to African Transitional Justice Initiatives. *African Journal On Conflict Resolution, 10*(3), 101-122.

Melcic, D. (Hrsg.). (2007). *Der Jugoslawienkrieg: Handbuch zu Vorgeschichte, Verlauf und Konsequenzen* (2. Aufl.). Wiesbaden: VS Verlag.

Meltzer, B. D. (2004). Robert H. Jackson: Nuremberg's Architect and Advocate. *Albany Law Review, 68*(1), 55-65.

Meurant, J. (1987). Inter Arma Caritas: Evolution and Nature of International Humanitarian Law. *Journal of Peace Research, 24*(3), 237-249.

Meyer, J. W. (2000). Globalization: Sources and Effects on Nation States and Societies. *International Sociology, 15*(2), 233-248.

Meyer, J. W., & Ramirez, F. O. (2005). Die globale Institutionalisierung der Bildung. In: G. Krücken (Hrsg.), *John W. Meyer - Weltkultur. Wie die westlichen Prinzipien die Welt durchdringen.* (S. 212-234). Frankfurt am Main: Suhrkamp.

Miéville, C. (2005). *Between Equal Rights: A Marxist Theory of International Law.* Leiden: Brill.

Mitchell, N. J. (2012). *Democracy's Blameless Leaders: From Dresden to Abu Ghraib, How Leaders Evade Accountability for Abuse Atrocity, and Killing* (Kindle E-Book Aufl.). New York - London: New York University Press.

Moghalu, K. C. (2008). *Global Justice: The Politics of War Crimes Trials.* Stanford: Stanford University Press.

Moyn, S. (2010). *The Last Utopia: Human Rights in History.* Cambridge - London: The Belkap Press of Harvard University Press.

Müller, K. (2001). Oktroyierte Verliererjustiz nach dem Ersten Weltkrieg. *Archiv des Völkerrechts, 39*(2), 202-222.

Münkler, H. (2004). *Die neuen Kriege* (4. Aufl.). Hamburg: Rowolth.

Nagel, T. (2010). The Problem of Global Justice. In: G. W. Brown & D. Held (Hrsg.), *The Cosmopolitanism Reader* (S. 393-412). Cambridge: Polity Press.

Nagy, R. (2008). Transitional Justice as a Global Project: Critical Reflections. *Third World Quarterly, 29*(2), 275-289.

Nagy, R. (2013). The Scope and Bounds of Transitional Justice and the Canadian Truth and Reconciliation Commission. *International Journal of Transitional Justice, 7*(1), 52-73.

Nalepa, M. (2010). *Skeletons in the Closet: Transitional Justice in Post-Communist Europe.* Cambridge: Cambridge University Press.

Nash, K. (2007). The Pinochet Case: Cosmopolitanism and Intermestic Human Rights. *The British Journal of Sociology, 58*(3), 417-435.

Neier, A. (2005). How Not to Promote Democracy and Human Rights. In: R. A. Wilson (Hrsg.), *Human Rights in the "War on Terror"* (S. 137-143). Cambridge: Cambridge University Press.

Newman, E., Paris, R., & Richmond, O. P. (2009a). Introduction. In: E. Newman, R. Paris, & O. P. Richmond (Hrsg.), *New Perspectives on Liberal Peacebuilding* (S. 3-25). Tokyo: United Nations University Press.

Newman, E., Paris, R., & Richmond, O. P. (2009b). *New Perspectives on Liberal Peacebuilding.* Tokyo: United Nations University Press.

Nouwen, S. M. H. (2006). ‚Hybrid Courts': The Hybrid Category of a New Type of International Crimes Courts. *Utrecht Law Review, 2*(2), 190-214.

OECD (Hrsg.). (1996). *Shaping the 21st Century: The Contribution of Development Co-Operation.* Paris: OECD.

Oettler, A. (2004a). Der Stachel der Wahrheit: Zur Geschichte und Zukunft der Wahrheitskommission in Lateinamerika. *Lateinamerika Analysen, 9*, 93-126.

Oettler, A. (2004b). *Erinnerungsarbeit und Vergangenheitspolitik in Guatemala.* Frankfurt am Main: Vervuert.

Oeung, J., & Lach, S. T. (2012). *An Overview of Roles of Civil Society in the Process of Transitional Justice and Reconciliation in Cambodia* (1(1)). Phnom Penh: CHRAC Secretariat.

OHCHR (Hrsg.). (2006). *Rule-of-Law Tools for Post-Conflict States: Truth Commissions.* New York - Genf: United Nations.

OHCHR (Hrsg.). (2009). *Rule-of-Law Tools for Post-Conflict States: Amnesties.* New York - Genf: United Nations.

Olsen, T. D., Payne, L. A., & Reiter, A. G. (2010). *Transitional Justice in Balance: Comparing Processes, Weighing Efficacy.* Washington, D.C.: United States Institute of Peace Press.

Oomen, B. (2005). Donor-Driven Justice and its Discontents: The Case of Rwanda. *Development and Change, 36*(5), 887-910.

Orentlicher, D. F. (2007). ,Settling Accounts' Revisited. Reconciling Global Norms with Local Agency. *International Journal of Transitional Justice, 1*(1), 10-22.

Overy, R. (2003). The Nuremberg Trials: International Law in the Making. In: P. Sands (Hrsg.), *From Nuremberg to The Hague: The Furture of International Criminal Justice* (S. 1-29). Cambridge: Cambridge University Press.

Pagnucco, R., Lopez, G. A., & Smith, J. (1998). Globalizing Human Rights: The Work of Transnational Human Rights NGOs in the 1990s. *Human Rights Quarterly, 20*(2), 379-412.

Panizza, F. (1995). Human Rights in the Processes of Transition and Consollidation of Democracy in Latin America. *Political Studies, 43*, 168-188.

Paris, R., Ron, J., & Thoms, O. N. T. (2008). The Effects of Transitional Justice Mechanisms: A Summary of Empirical Research Findings and Implications for Analysts and Practitioners. *CIPS Working Paper*.

Parker, R. A. C. (2003). *Das Zwanzigste Jahrhundert I: Europa 1918-1945* (Lim. Sonderausgabe). Frankfurt am Main: Fischer.

Perreau-Saussine, A. (2010). Immanuel Kant on International Law. In: S. Besson & J. Tasioulas (Eds.), *The Philosophy of International Law* (S. 53-75). Oxford: Oxford University Press.

Pinto, A. C. (2001). Settling Accounts With the Past in a Troubled Transition to Democracy: The Portugese Case. In: A. Barahona de Brito, C. González-Enríquez, & P. Aguilar (Hrsg.), *The Politics of Memory: Transitional Justice in Democratizing Societies* (S. 65-91). Oxford: Oxford University Press.

Popkin, M. (2001). Building the Rule of Law in Post-War El Salvador. In: M. S. Studemeister (Hrsg.), *El Salvador: Implementation of the Peace Accords* (S. 10-19). Washington, D.C.: United States Institute for Peace.

Pouligny, B. (2009). Supporting Local Ownership in Humanitarian Action. *Humanitarian Policy Paper Series, 1.*

Prunier, G. (1995). *Rwanda Crisis: History of a Genocide.* London: C. Hurst & Co.

Rabinbach, A. (2009). *Begriffe aus dem Kalten Krieg: Totalitarismus, Antifaschismus, Genozid* (5). Göttingen: Wallstein.

Rajagopal, B. (2004). *International Law from Below: Development, Social Movements and Third World Resistance* (Neuaufl.). Cambridge: Cambridge University Press.

Raub, L. (2009). Positioning Hybrid Tribunals in International Criminal Justice. *New York University Journal of International Law and Politics, 41*(4), 1013-1054.

Reginbogin, H. R., & Safferling, C. J. M. (Hrsg.). (2006). *The Nuremberg Trials: International Criminal Law Since 1945.* München: K.G. Saur.

Reich, H. (2006). „Local Ownership" in Conflict Transformation Projects: Partnership, Participation or Patronage? *Berghof Occasional Paper, 27.*

Richmond, O. P. (2010). A Genealogy of Peace and Conflict Theory. In: O. P. Richmond (Hrsg.), *Palgrave Advances in Peacebuilding: Critical Developments and Approaches* (S. 14-38). New York: Palgrave Macmillan.

Risse, T., Ropp, S. C., & Sikkink, K. (Hrsg.). (1999). *The Power of Human Rights: International Norms and Domestic Change.* Cambridge: Cambridge University Press.

Ritsert, J. (2003). *Einführung in die Logik der Sozialwissenschaften* (2. Aufl.). Münster: Westfälisches Dampfboot.

Ritzer, G. (2007a). Introduction. In: G. Ritzer (Hrsg.), *The Blackwell Companion to Globalization* (S. 1-13). Malden - Oxford - Victoria: Blackwell.

Ritzer, G. (Hrsg.). (2007b). *The Blackwell Companion to Globalization*. Malden - Oxford: Blackwell Publishing.

Roht-Arriaza, N. (2006). The New Landscape of Transitional Justice. In: J. Mariezcurrena & N. Roht-Arriaza (Hrsg.), *Transitional Justice in the Twenty-First Century. Beyond Truth versus Justice* (S. 1-16). Cambridge: Cambridge University Press.

Roht-Arriaza, N. (2001). The Pinochet Precedent and Universal Jurisdiction. *New England Law Review, 35*, 311-319.

Roht-Arriaza, N. (2005). *The Pinochet Effect: Transnational Justice in the Age of Human Rights*. Philadelphia: University of Pennsylvania Press.

Roht-Arriaza, N., & Mariezcurrena, J. (2006). *Transitional Justice in the Twenty-First Century: Beyond Truth versus Justice*. Cambridge: Cambridge University Press.

Rousseau, J. (2002). *The Social Contract and The First and Second Discourses*. New Haven - London: Yale University Press.

Sadat, L. N. (2007). The Effect of Amnesties before Domestic and International Tribunals: Morality, Law and Politics. In: E. Hughes, W. A. Schabas, & R. Thakur (Hrsg.), *Atrocities and International Accountability: Beyond Transitional Justice* (S. 225-245). Tokyo - New York - Paris: United Nations University Press.

Safferling, C. J. M. (2010). Die Rolle des Opfers im Strafverfahren: Paradigmenwechsel im nationalen und internationalen Recht? *Zeitschrift für die gesamte Strafrechtswissenschaft, 122*, 87-116.

Safferling, C. J. M. (2011). *Internationales Strafrecht: Strafanwendungsrecht, Völkerstrafrecht, Europäisches Strafrecht*. Berlin - Heidelberg: Springer.

Sarkin, J. (2007). The Historical Origins, Convergence and Interrelationship of International Human Rights Law, International Humanitarian Law, International Criminal Law and Public International Law and their Application from at least the Nineteenth Century. *Legal Studies Research Paper Series, Hofstra University, 8*(24).

Schabas, W. A. (2009a). Custormary Law or 'Judge-Made' Law: Judicial Creativity at the UN Criminal Tribunals. In: J. Doria, H.-P. Gasser, & M. C. Bassiouni (Hrsg.), *The Legal Regime of the International Criminal Court: Essays in Honour of Professor Igor Blishchenko* (S. 77-101). Leiden - Boston: Martinus Nijhoff Publishers.

Schabas, W. A. (2011). *An Introduction to the International Criminal Court*. Cambridge: Cambridge University Press.

Schabas, W. A. (2009b). *Genocide in International Law: The Crime of Crimes* (2. Aufl.). Cambridge: Cambridge University Press.

Scharf, M. P. (2011). Special Tribunal for Lebanon Issues Landmark Ruling on Definition of Terrorism and Modes of Participation. *American Society of International Law Insights, 15*(6), o.S.

Scharf, M. P. (2007). The Iraqi High Tribunal: A Viable Experiment in International Justice? *Journal of International Criminal Justice, 5*, 258-263.

Schiff, B. N. (2008). *Building the International Court*. Cambridge: Cambridge University Press.

Seale, C. (1999). Quality in Qualitative Research. *Qualitative Inquiry, 5*(4), 465-478.

Sen, A. (2010). *Die Idee der Gerechtigkeit*. München: C.H. Beck.

Senge, K. (2006). Zum Begriff der Institution im Neo-Institutionalismus. In: K. Senge & K.-U. Hellmann (Hrsg.), *Einführung in den Neoinstitutionalismus* (S. 35-47). Wiesbaden: VS Verlag.

Senge, K., & Hellmann, K.-U. (2006). Einleitung. In: K. Senge & K.-U. Hellmann (Hrsg.), *Einführung in den Neoinstitutionalismus* (S. 7-31). Wiesbaden: VS-Verlag.

Senier, A. (2008). Traditional Justice as Transitional Justice: A Comparative Case Study of Rwanda and East Timor. *The Fletcher Journal of Human Security, 13*, 67-88.

Servaes, S., & Zupan, N. (2010). *New Horizons: Linking Development Cooperation and Transitional Justice for Sustainable Peace.* Proceedings from New Horizons: Linking Development Cooperation and Transitional Justice for Sustainable Peace, Berlin.

Shaw, R., & Waldorf, L. (2010). Introduction: Localizing Transitional Justice. In: P. Hazan, R. Shaw, & L. Waldorf (Hrsg.), *Localizing Transitional Justice. Interventions and Priorities after Mass Violence* (S. 3-26). Stanford: Stanford University Press.

Short, D. (2012). When Sorry isn't Good Enough: Official Remembrance and Reconciliation in Australia. *Memory Studies, 5*(3), 293-304.

Siegel, R. L. (1998). Transitional Justice: A Decade of Debate and Experience. *Human Rights Quarterly, 20*(2), 431-454.

Sikkink, K. (1993). Human Rights, Principled Issue-Networks, and Sovereignty in Latin America. *International Organization, 47*(3), 411-441.

Sikkink, K. (2008). From Pariah State to Global Protagonist: Argentina and the Struggle for International Human Rights. *Latin American Politics and Society, 50*(1), 1-29.

Sikkink, K. (2011). *The Justice Cascade: How Human Rights Prosecutions are Changing World Politics.* New York - London: W.W. Norton & Company.

Smith (Mos Def), D. T. (1999). Mathematics. Von dem Album *Black on Both Sides*, New York: Rawkus Records.

Smith, C. D. (1995). Introduction. In: N. J. Kritz (Hrsg.), *Transitional Justice: How Emerging Democracies Reckon with Former Regimes* (Band 2) (S. xv-xvii). Washington D.C.: United States Institute for Peace.

Smyser, W. R. (2003). *The Humanitarian Conscience: Caring for Others in the Age of Terror.* New York: Palgrave Macmillan.

Snyder, J., & Vinjamuri, L. (2004). Advocacy and Scholarship in the Study of International War Crime Tribunals and Transitional Justice. *Annual Review of Political Science, 7*, 345-362.

Solis, G. D. (2010). *The Law of Armed Conflict: International Humanitarian Law in War.* Cambridge: Cambridge University Press.

Sriram, C. L. (2009). Transitional Justice and the Liberal Peace. In: E. Newman, R. Paris, & O. P. Richmond (Hrsg.), *New Perspectives on Liberal Peacebuilding* (S. 112-129). Tokyo: United Nations University Press.

Stan, L. (2009a). Introduction: Post-Communist Transition, Justice, and Transitional Justice. In: L. Stan (Hrsg.), *Transitional Justice in Eastern Europe and the Former Soviet Union: Reckoning with the Communist Past.* London - New York: Routledge.

Stan, L. (Hrsg.). (2009b). *Transitional Justice in Eastern Europe and the Former Soviet Union: Reckoning with the Communist Past.* London - New York: Routledge.

Steinberg, R. (2013). Transitional Justice in the Age of the French Revolution. *International Journal of Transitional Justice, 7*(2), 1-19.

Struett, M. J. (2008). *The Politics of Constructing the International Criminal Court: NGOs, Discourse, and Agency.* New York: Palgrave Macmillan.

Sunga, L. S. (2009). Ten Principles for Reconciling Truth Commissions and Criminal Proceedings. In: M. C. Bassiouni, J. Doria, & H.-P. Gasser (Hrsg.), *The Legal Regime of the International Criminal Court: Essays in Honor of Professor Igor Blishchenko* (S. 1071-1104). Leiden - Boston: Martinus Nijhoff.

Taylor, T. (1992). *The Anatomy of the Nuremburg Trials.* New York: Alfred A. Knopf.

Teitel, R. G. (1997). Human Rights Genealogy. *Fordham Law Review, 66*(2), 301-317.

Teitel, R. G. (2000). *Transitional Justice.* Oxford: Oxford University Press.

Teitel, R. G. (2003). Transitional Justice Genealogy. *Harvard Human Rights Journal, 16,* 69-94.

Teitel, R. G. (1999). Bringing the Messiah Through the Law. In: C. Hesse & R. Post (Hrsg.), *Human Rights in Political Transitions: Gettysburg in Bosnia.* New York: Zone Books.

Teitel, R. G. (2005). The Law and Politics of Contemporary Transitional Justice. *Cornell International Law Journal, 38,* 837-862.

Teitel, R. G. (2006). Transtitional Justice: Postwar Legacies. *Cardozo Law Review, 27*(4), 1615-1631.

Teitel, R. G. (2010). Global Transitional Justice. *Project on Human Rights, Global Justice & Democracy Working Papers, 8,* 1-24.

Teitel, R. G. (2011). *Humanity's Law.* Oxford: Oxford University Press.

Thallinger, G. (2007). The UN Peacebuilding Commission and Transitional Justice. *German Law Journal, 8*(7), 681-710.

Tiemessen, A. E. (2004). After Arusha: Gacaca Justice in Post-Genocide Rwanda. *African Studies Quarterly, 8*(1), 57-76.

Torpey, J. (2006). *Making Whole What Has Been Smashed: On Reparations Politics.* Harvard: Harvard University Press.

Tusa, A., & Tusa, J. (2010). *The Nuremberg Trial* (Kindle E-Book Aufl.). New York: Skyhorse.

Tutu, D. (2000). *No Future Without Forgiveness.* Random House.

Van Boven, T. (2009). Victims' Rights and Interests in the International Criminal Court. In: M. C. Bassiouni, J. Doria, & H.-P. Gasser (Hrsg.), *The Legal Regime of the International Criminal Court* (S. 895-906). Leiden - Boston: Martinus Nijhoff.

Von Ameln, F. (2004). *Konstruktivismus.* Tübingen und Basel: A. Francke.

Wandres, T., & Werle, G. (1995). *Auschwitz vor Gericht: Völkermord und bundesdeutsche Strafjustiz.* München: C.H. Beck.

Weitz, E. D. (2003). *A Century of Genocide: Utopias of Race and Nation.* Princeton: Princeton University Press.

Wilson, R. A. (2003). Anthropological Studies of National Reconciliation Processes. *Anthropological Theory, 3*(3), 367-387.

Wilson, R. A. (2001a). Justice and Legitimacy in the South African Transition. In: A. Barahona de Brito, C. González-Enríquez, & P. Aguilar (Hrsg.), *The Politics of Memory: Transitional Justice in Democratizing Societies* (S. 190-217). Oxford - New York: Oxford University Press.

Wilson, R. A. (2001b). *The Politics of Truth and Reconciliation in South Africa: Legitimizing the Post-Apartheid State.* Cambridge: Cambridge University Press.

Wittmann, R. (2006). The Normalization of Nazi Crime in Postwar West German Trials. In: H. R. Reginbogin & C. J. M. Safferling (Hrsg.), *The Nuremberg Trials: International Criminal Law Since 1945* (S. 209-215). München: K.G. Saur.

Wobbe, T. (2000). *Weltgesellschaft*. Bielefeld: Transcript.

The manufacturer's authorised representative in the EU is Springer
Nature Customer Service Centre GmbH, Europaplatz 3, 69115 Heidelberg,
Germany. If you have any concerns regarding our products, please
contact ProductSafety@springernature.com

Printed and bound by CPI Group (UK) Ltd, Croydon, CR0 4YY
28/04/2026
02098479-0003